KB205777

창세기를 캐스팅하다

창세기를 캐스팅하다

발　행 2023년 10월 17일
지은이 김준수
펴낸이 김준수
펴낸곳 밀라드
등　록 제018-000031호
주　소 서울특별시 양천구 지양로 15길24
전　화 02-6093-0999
이메일 bookssen@naver.com
기　획 이명희
디자인 김인애
ISBN 979-11-971578-4-4

밀라드 밀라드는,
　　　　좋은 책을 만들어 우리가 사는 공동체를 한층 아름답고
　　　　행복하게 만드는 데 최선을 다하는 출판사입니다
　　　　밀라드는 여러분에게 활짝 열려 있습니다
　　　　밀라드와 함께 건강하고 행복하세요

미래세대를 위한
모세오경
시리즈
①

창세기를 캐스팅하다

김준수 지음

신학, 인문학, 문학을 맛깔나게 버무린 경이로운 역작!
그대 서가에 꽂아 놓고 가끔씩 꺼내 읽으세요.

밀라드

머리말

이 책은 《창세기를 캐스팅하다》라는 제목으로 내놓게 되었습니다. 제목이 시사하는 것처럼 약간은 에세이 같은 책이죠. 독자들이 까다롭고 딱딱한 신학책을 에세이처럼 술술 읽어나간다면 이 책은 절반은 성공한 셈입니다.

인류는 수많은 책들을 남겨 놓았습니다. 성경은 인류 문화의 으뜸가는 유산입니다. 성경은 구약 39권, 신약 27권을 한데 묶어놓은 어마어마하게 큰 책입니다. 성경 각 권은 중요하지 않은 게 하나도 없습니다. 그중에서도 모세가 3400년 전 썼다는 오경(창세기-출애굽기-레위기-민수기-신명기)은 성경 전체의 기초와 중심을 이루고 있습니다. 또한 오경은 기독교인들의 세계관 형성과 신앙과 실천에 있어서 절대적인 가치를 부여한다는 점에서, 성경 안에서도 책 중의 책이라고 할 수 있을 것입니다.

저는 6년 전 이 오경을 신앙인들이 바로 알도록 《모세오경-구약신학의 저수지》(킹덤북스, 2017)란 제목으로 펴냈습니다. 쪽수가 1,120이고, 주석수가 1,923개나 되는 책! 제가 이런 책을 어떻게 썼는지 저 스스로도 책을 집어 들고 놀란 적이 한두 번이 아니었습니다. 김상복 박사(전 횃불트리니티신학대학원대학교 총장)는 추천사에서 "이 책은 그 자체가 경이로운 대작이다."고

평했지요. 장영일 박사(전 장로회신학대학교 총장)는 "이 책이야말로 최근 한국에서 나온 구약성경의 오경 개론서 가운데 가장 철저하고 완벽한 내용을 담고 있는, 괄목할 만한 대역작이다"고 평했고요.

그런데 문제는, 많은 분들이 "이 책이 너무 두꺼워 읽기에 벅차니 7권으로 나누어 다시 책을 내보는 게 어떻겠느냐"고 조언했습니다. 창세기-출애굽기-레위기-신명기-구약신학-오경개론으로 이어지는 7권!

이런 말을 들을 때마다 '어이구, 이게 말이 되냐고? 요즘같이 책을 안 읽는 때 한 권도 아니고 7권이라니!' 속으로 기겁을 했지만, 성령께서 제게 용기를 주셨습니다. 그래서 '미래세대를 위한 모세오경 시리즈 1'이라는 안내 문구를 책 제목 앞에 붙여 개정판으로 첫 번째 내놓은 게 바로 이 《창세기를 캐스팅하다》입니다.

이 책은 창세기의 핵심적인 쟁점들에 대한 학자들의 다양한 신학사상을 균형감 있게 다뤘습니다. 20-21세기 국내외 유명 신학자들의 사상과 견해들을 비교 · 평가하면서 사안별로 필자의 견해를 가미한 이 책은 교조주의적인 보수주의 학자들로부터 극단적인 자유주의 비평학자들의 견해에 이르기까지 신학의 폭넓은 스펙트럼을 고르게 제시, 독자들이 신학사상의 보수와 자유의 경계를 종횡무진 오가며 성경에 대한 깊은 이해를 할 수 있도록 하였습니다.

저는 이 책을 써가면서 전통 보수주의 신앙과 신학 위에 서 있다는 게 얼마나 축복인가를 여러 번 실감했습니다. 이 책은 입문서이므로 누구나 쉽게 읽을 수 있습니다. 많은 분들이 이 책을 보면 좋겠습니다. 배울수록 기본이 중요하다는 말 있잖아요? 공부도 그렇고, 스포츠도 그렇고, 놀이도 그렇고, 뭐든⋯. 이 책은 신학도에게는 신학을 열리게 하고, 설교자에게는 영감과 자극을 주고, 신앙인에게는 신앙에 활력을 불어넣을 것으로 기대합니다.

이 책은 몇 분의 헌신과 기도로 빛을 보게 되었습니다. 먼저 표지를 멋지고 훌륭하게 디자인한 브릿지교회의 김인애 사모님께 진심 어린 감사의 마음을 전합니다. 원고를 완벽하게 교열하고 좋은 책이 되도록 수시로 조언을 아끼지 않은 임은묵 목사님께 감사하고요, 한국 구약학의 권위 있는 학자들로서 이 책을 추천해주신 강성열 교수님(호남신학대학교 구약학 교수), 유윤종 교수님(평택대학교 피어선신학전문대학원장, 구약신학 교수), 하경택 교수님(장로회신학대학교, 구약학 교수)께 감사합니다.

특별히 세계 최대의 풍력타워 제조회사인 씨에스윈드의 김성권 회장님께 마음속 깊이 고마운 마음을 전합니다. 김 회장님의 재정 지원이 있었기에 이 책이 빛을 보게 되었습니다. 스스로 인디자인을 터득해가며 훌륭한 작품으로 만들어낸 아내 프리실라에게 고맙습니다. 그리고 일일이 이름을 열거하지 않아도 이 책이 나올 수 있도록 해준 모든 분들에게 감사하고 싶습니다. 제가 책을 내놓을 때마다 한 권에서 수백

권씩 구매하시고 기도해 주시는 분들에게 감사합니다. "나의 하나님이 그리스도 예수 안에서 영광 가운데 그 풍성한 대로 너희 모든 쓸 것을 채우시리라"는 빌립보 교인들을 향한 사도 바울의 축복의 마음을 전합니다.

기독교가 세상으로부터 심한 공격과 도전을 받고 교회가 날로 무력해가고 전통적인 기독교 신앙이 크게 위협을 받는 이때, 재야의 한 보잘것없는 저술가가 내놓는 이 책이 한 알의 밀알이 되어 많은 열매를 맺기를 소망해봅니다. 이 책을 읽는 분들에게 우리 하나님의 놀라운 은혜가 임하길 바랍니다.

2023년 가을

김 준 수

추천의 글

2017년 출간한 김준수 목사님의 대작 《모세오경-구약신학의 저수지》를 처음 손에 쥐었을 때의 놀라움이 지금도 남아 있다. 1,100쪽이 넘는 경이로운 책이었다. 이 두꺼운 책을 7권으로 나누어 새로 만들어낸다니 그저 아연할 따름이다. 그 첫 번째로 선보이는 책이 본서다. 이 책은 《창세기를 캐스팅하다》는 흥미로운 제목을 가진 창세기 연구서로, 저자의 굉장한 학문적 노력과 광범위한 연구의 성과물이다. 누구나 쉽게 읽을 수 있도록 학문적인 논쟁조차 평이한 문체로 잘 정리한 본서의 일독을 적극 추천한다.

/강성열 교수(호남신학대학교 구약학 교수)

이 책은 창세기에 관한 종합백화점과 같다. '창세기의 모든 것', 즉 창세기에 관해 알고 싶은 내용뿐 아니라 창세기가 말하고 싶은 것까지 포괄적이고 핵심적으로 안내하고 있다. 인공지능이 생명의 말씀을 대체하며, 말씀의 힘이 사라져가는 우리 시대에 이 책은 창세기가 지닌 HIS스토리의 힘을 독자들에게 불어 넣고 풍성한 말씀 잔칫상을 제공한다. 이보다 더 화려하고 영양가 만점의 창세기 뷔페를 찾기는 어려울 것 같다. 독자 여러분이 직접 확인하면 알 것이다.

/유윤종 교수(평택대학교 피어선신학전문대학원장, 구약신학 교수)

창세기는 성경의 첫 번째 책으로서 모든 것의 '기원'을 제공한다. 그러한 의미에서 창세기는 '역사'와 '신학'의 뿌리이자 출발점이다. 저자는 이러한 의미가 있는 창세기를 '캐스팅'해서 흥미진진한 하나님의 드라마를 독자들에게 소개한다. 이 책에는 창세기의 모든 것이 망라되어 있다고 말해도 과언이 아니다. 그만큼 다양한 논쟁과 연구결과들이 이해하기 쉽도록 소개되어 있다. 평소 창세기에 관심 있는 사람이라면 궁금한 내용 — 이를테면 모세 저작설, 창조와 진화, 아브라함의 역사성 등 많은 내용들이 잘 정리되어 있다. '이해를 추구하는 신앙'(fides quaerens intellectum)이 무엇인가를 잘 보여주는 창세기 연구서다. 이 책에서 하나님의 말씀인 성경에 대한 저자의 뜨거운 사랑을 느낄 수 있다. 더욱이 복잡하고 어려운 내용도 쉽고 재미있게 풀어내는 저자의 필력이 돋보인다. 저자에 의해 '캐스팅'된 창세기가 이 책을 읽는 독자들을 결코 실망시키지 않을 것이다.

/하경택 교수(장로회신학대학교, 구약학 교수)

차례

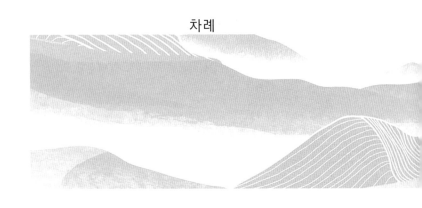

창세기를 캐스팅하다

제 1 부 | 창 세 기 개 관

창세기를 들어가면서

    무엇이든 믿기 힘든 요즘 세상에 성경을 믿는다면 그야말로 그는 복 받은 사람이다. 성경을 믿는다면 하나님이 말씀으로 이 세계를 창조하셨고, 피조물인 인간과 교류하고 싶어 하시고, 인간이 허물과 실수가 많아도 버리거나 내치지 않고 보듬어 주시고 은혜를 베푸실 거라고 믿는 사람이다.

    창조 전에는 아무것도 없었다. 하나님만이 계셨을 뿐이다. 하늘이 만들어지고 땅이 만들어져 거기에 동식물과 인간이 살게 되었다. 그리고 세계와 인간의 역사가 시작되었다. 이렇게 놀랍고 흥미진진한 이야기들이 나오는 책이 창세다. 창세기는 눈부신 과학시대에 사는 현대인들을 당황하게 하는 이야기들이 많이 나온다. 그런데도 이 책이 현대인들을 매료하는 이유는 여기에 나오는 사건들이 역사적 사실 여부를 떠나 인간과 세계에 대해 심오한 질문들을 던지고 있대서다. 그래서 창세기가 빠져 있는 역사란 상상하기조차 끔찍하다.

    역사는 무엇이고, 역사의 주인은 누구인가? 역사가 흐르는 동안 인간, 특히 현대인은 인간이 역사를 만들어 나가고 인간이 역사의 주인인 것처럼 착각하고 행세한다. 하나님을 지워버린 역사는 인간에게 자유롭고 멋있어 보이지만, 그런 역사는 처음부터 없다. 인간은 자신을 만드신 하나님과 더불어 하나님과 자신에 관한 이야기를 써 가면서 사는 존재이기 때문이다.

창세기가 없다면 인간은 자신이 누군지 모른다. 우리는 창세기에서 창조와 축복, 심판과 용서, 구원과 약속 등 신비하고 거룩한 하나님의 행동들을 보게 된다. 그러므로 우리는 이 책을 읽을 때, 일체의 편견과 고집을 내려놓고 열린 마음으로 감사와 경외감으로 대해야 한다. 하나님은 그런 사람에게 단비 같은 은혜를 내리시고 만나 주신다.

초 점	전 역사(네 가지 사건)				족장들의 역사(네 명의 사람)			
구 성	창조	타락	홍수	나라들	아브라함	이삭	야곱	요셉
	1-2장	3-5장	6-9장	10-11장	12:1 -25:18	25:19 -26:35	27-36장	37-50장
주 제	인류의 시작				이스라엘의 시작			
	역사적				전기적			
무 대	비옥한 초승달 지역				가나안 일대			애굽
연 대	기원전 5000(?)-2166년				기원전 2166-1859년			기원전 1916 -1806

개관

창세기는 모세오경의 첫 번째 책이자 신구약 정경 66권의 맨 처음에 나오는 책이다. 우리는 책을 펴는 순간 이 세계와 인간을 만드신 창조주 하나님을 압도적인 감격으로 만난다. 그리고 책의 중간도 넘어가기 전에, 우리는 하나님이 한 평범한 사람을 사용해 이스라엘이라는 나라를 만들어 웅대한 구원의 대 파노라마를 엮어 가실 것을 예견한다. 그러면서 하나님의 기대에 부응하지 못하는 이스라엘의 뼈아픈 실패를 어렴풋이 감지하고는, 이 불완전한 민족이 대표하는 인간 역사의 어두운 실패가 자신의 실패로 투사되는 것을 절망적으로 경험한다. 하지만 그 절망은 희망의 전주곡이기에 창세기를 읽는 독자들은 안심할 수 있다. 하나님이 인간을 기대하시고 뭔가를 하시기 때문이다.

창세기, 이 놀라운 이야기를 누가 언제 썼을까? 창세기는 오경의 나머지 책들과 마찬가지로 저자의 이름이 분명하게 나타나지 않는다. 현대 비평학자들은 오경의 저자가 모세가 아니라고 주장하지만, 기독교와 유대교 전통은 모세가 이 책들의 전부 혹은 대부분을 썼을 것이라고 신봉한다. 오경의 저자가 모세냐 아니면 모세를 흉내낸 후대의 인물 혹은 편집자들이냐는 성서를 대하는 태도에 있어서 하늘과 땅만큼의 차이가 난다. 하나님의 종인 모세가 어떠한 방식으로든 오경의 저술에 간여했다고 한다는 것은 오경의 내용들이 역사적으로 사실일 뿐만 아니라 하나님의 영감을 받았다는 것을 의미한다. 오경이 창세기-출애굽기-레위기-민수기-신명기의 순서로 되어 있는 정경 배열의 첫 부분에 위치한다는 사실은 이 책들이 모든 신학적인 연구의 원천이라는 전제를 확인해 준다.[1]

창세기는 이스라엘 역사를 명확하게 기록한 책도 아니고 독립적인 신학을 가지고 있는 것도 아니다. 그런데도 이 책이 오경의 서두를 장식하는 것은 이 책이 오경 전체의 실제적인 주인공인 여호와 하나님의 창조와 구원 계획을 서술해 주고 있고, 이스라엘 역사의 기초가 되는 출애굽의 서론적인 역할을 하기 때문이다. 출애굽의 역사는 족장들의 역사(12-50장)에 의해 확고하게 예견되어 있고, 원 역사(1-11장)는 족장들의 역사와 출애굽의 역사에 의해 보편적·우주론적 상황이라는 광대한 세계를 열어준다. 그리하여 창세기의 독자들은 하나님의 창조 목적과 온 인류를 위한 구원 계획, 피조물인 인간과의 친밀한 교제, 인간의 삶을 규율하는 명령과 그 명령에 대한 순응 등 성경의 중요한 주제들을 감동적으로 만끽할 수 있다.

독자들은 하나님이 이스라엘이란 특별한 민족을 사용해 전 인류를 축복하시고 구원하시려는 분명한 계획을 갖고 있다는 것을 알게 된다. 독자들은 또한 하나님의 창조와 하나님의 구원 역사는 서로 밀접한 관계가 있다는 것을 발견하게 될 것이다. "히브리 성서는 이 두 개의 영역을 쉴 새 없이 넘나드는 분리선을 유감없이 돌파한다."[2]

창조는 상상 속의 그림이 아니다. 그것은 역사적으로 일어났다! 창조의 역사성 규명이 지난한 일이긴 해도 우리는 믿음으로 세계와 우주가 하나님의 말씀으로 질서 있게 창조되었다고 확신한다. 창조는 그 역사성을 규명하기 어렵다고 해서 구약신학에서 "소문난 의붓아들"[3] 취급을 받아서는 안 된다. 창조는 성서를 종합적으로 진지하게 접근해야 그 진가가 드러난다.

제1장

창세기의 명칭과 기능

　창세기가 세계와 인류의 역사와 무관한 책이라고 취급해서는 곤란하다. 창세기는 과학이 결코 밝혀낼 수 없는 세계와 인류에 대한 궁극적인 질문과 답변을 하고 있기 때문이다. "우리(나)는 누구인가? 우리(나)는 어디에서 왔는가? 우리(나)는 어떻게 될 것인가?"라는 질문에 창세기는 명쾌하게 답변하고 있다.

　/본문 중에서.

1. 창세기의 명칭

히브리 경전의 창세기 명칭은 베레쉬트(히브리어 בראשית)다. 첫 단어를 명칭으로 삼는 모세오경의 다른 책들처럼 창세기 역시 '태초에'라는 첫 단어를 명칭으로 사용한다. 탈무드 시대 때 창세기는 '세상의 창조에 관한 책'으로 알려져 있었다.

창세기를 영어 성경은 '제네시스'(Genesis)라고 부른다. 현대자동차가 자랑하는 고급 자동차 브랜드인 'GENESIS'가 이 책의 명칭을 딴 이름이다. 이 차가 인간의 기술로 만들 수 있는 가장 완벽한 승용차로서 모든 승용차의 원조라는 뜻일 거다. 'Genesis'란 말은 기원전 3세기경 히브리어 성서를 최초로 헬라어로 번역한 알렉산드리아 칠십인역(LXX)이 이 책을 '게네시스'(γένεσις)라고 이름한 데서 유래했다. '게네시스'는 '시작', '기원', '창조', '계보', '세대', '내력' 등을 의미하는 헬라어 '게네세오스'(γενεσεως)의 단수 형태다.

'게네세오스'를 히브리어로는 '톨레도트'(תולדות)라고 한다. 이 단어는 창세기에서 2:4을 비롯해 11군데나 나타난다.[4] 한글 성경에서 "…의 계보는 이러하다", "…의 족보는 이러하다" 등으로 번역된 이 말은 창세기의 전체 이야기를 이끌어가는 문학적 장치로 기능한다. 구약에서 맨 처음에 나오는 책 이름을 기독교가 '제네시스'라고 명명한 것은 잘한 일이다. 이 단어 하나에 책이 전달하고자 하는 의미들이 산뜻하게 함축되어 있기 때문이다. 우리말로 번역된 '창세기'라는 책 이름은 이보다 더 좋은 이름이 없을 만큼 멋들어진 작명이다.

'창세기'는 세계의 창조로 시작해 그 세계 역사의 한복판에 서게 될 이스라엘의 창조로 끝나는 이야기를 다룬다. 이 과정에서 세계와 인간을 향한 하나님의 의지와 인간의 책임 사이의 긴장과 투쟁의 역사가 실감나게 펼쳐진다. 하나님의 으뜸가는 피조물로서 책임이 주어진 인간은 "죄-추방-회복"[5]의 패러다임 안에서 늘 한계에 봉착해 있는 존재다. 인간의 한계상황을 잘 아시는 하나님은 그런 인간을 억압과 속박의 세계로부터 자유와 행복의 세계로 옮겨 주시려고 구체적으로 행동하신다. 그래서 창세기는 인간의 이야기이자 그 인간을 구원하시려는 하나님의 이야기다.

2. 창세기의 기능

　　　　'창세기'라는 책 제목에서 알 수 있듯 이 책은
자연과 만물의 기원을 알려준다. 그뿐만 아니라 이 책은
기독교의 주요한 교리들과 신앙의 모판을 제공해 준다.
창세기는 구속사의 시작과 종결을 전망하게 하는 책이다.
과학과 종교를 융합해 철학적으로 탐색하려 했던 미국의
저명한 과학자이며 교육자인 레온 카스(Leon Kass)처럼 우리는
창세기를 훌륭한 도덕 교과서쯤으로 혼동해서는 안 된다.[6]
우리가 살고 있는 이 지구를 포함한 광대한 우주에 대한 정확한
역사랄지 생물학, 지리학 등 현대의 자연과학에 필요한 고급
정보들을 창세기에서 얻어내려고 노력하는 것은 부질없는
짓이다. 왜냐하면 창세기는 "현상적인 세계를 다루는 책이
아니라 근본적으로 신학서이기 때문이다."[7] 그렇다고 해서,
창세기가 세계와 인류의 역사와 무관한 책으로 취급해서는
곤란하다. 창세기는 과학이 결코 밝혀낼 수 없는 세계와
인류에 대한 궁극적인 질문과 답변을 하고 있기 때문이다.
"우리(나)는 누구인가? 우리(나)는 어디에서 왔는가? 우리(나)는
어떻게 될 것인가?"라는 질문에 창세기는 명쾌하게 답변하고

있다. 인간과 우주의 존재와 목적에 관한 이러한 궁극적인 질문들에 대한 최상의 답변은 '하나님'이시다. 구약성경의 모든 메시지는 천지를 창조하시고 통치하시며 인간과 교제하시며 동역하시고자 하는 창조자이며 구원자이신 '하나님' 한 분에게 수렴된다. 하나님은 말씀하시고 행동하시는 분이시다. 창세기는 이 하나님이 누구인지를 가르치는 책이다. 창세기가 없었더라면 우리는 하나님이 누구고, 어떤 일을 하시는 분인지 종잡을 수 없게 된다. 그러하기에 창세기의 사상은 신약성경의 계시록까지 관통하면서 신론, 인간론, 인죄론, 구원론, 성령론, 기독론, 교회론 등 기독교의 중요한 교리들과 신앙 원리의 기초를 제공하고 있다.

창세기를 대할 때 우리는 이 책이 구약성서를 여는 최초의 책이면서 오경의 첫 번째 책이라는 점을 우선 아는 게 중요하다. 창세기는 창조로 시작해 이스라엘의 모태가 되는 히브리인들이 애굽(이집트)으로 이주해 가는 이야기를 다루는 것을 끝으로 모두 50장으로 구성되어 있다. 하나님의 창조부터 이스라엘 자손들의 애굽 이주까지는 2,300년 이상의 긴 기간이 소요된다. 이 기간은 구약의 나머지 이런저런 기간들을 모두 합한 것보다 훨씬 길다.

창세기 1-11장의 내용은 역사적으로나 과학적으로 증명하기 어렵다고 해서 이 시기를 원 역사(primeval history)라고 부른다. 12장부터 50장까지는 아브라함-이삭-야곱으로 이어지는 이스라엘 족장들의 이야기를 다루고 있으므로 이 시기를 족장사(patriarchal history)라고 부른다. 족장사의 실제 연대에 대해서는 학자마다 의견이 분분하지만, 개혁주의 신학자들은 족장들이 팔레스타인에서 실제로 살았던 역사적 인물들이었으며, 그들이 살았던 때는 기원전 2000년부터 1500년까지의 중기 청동기 시대로 추정한다. 창세기가 신구약성경, 특히 구약에서 어떤 위치에서 어떤 기능을 하는지 파악하기는 그리 어려운 일이 아니다. 성서에서 창세기가 차지하는 위치와 기능을 다음과 같이 다섯 가지로 제시해 본다.

1) 오경과 신구약성경의 신학의 토대를 놓는 책

맨 먼저 창세기는 오경을 포함한 구약성경, 그리고 신약성경의 기초를 놓는 책이다. 창세기에서 다하지 못한 이야기는 그다음 책인 출애굽기로 이어진다. 야곱의 자녀들이 애굽으로 이주하는 창세기의 마지막 부분은 출애굽기가 시작하는 첫 부분과 연결되므로, 창세기는 출애굽기와 긴밀한 관계가 있다.

창세기는 또한 오경의 나머지 책들과 구약의 책들에 신학의 토대를 놓는다. 오경을 비롯한 나머지 구약의 책들은 창세기로부터 직접 인용하지는 않지만, 창세기의 영향을 많이 받았다. 특히 창세기의 창조나 언약 개념은 이스라엘의 종교 역사에서 이사야, 예레미야, 에스겔, 다니엘, 아모스 등 예언문학과 시편, 잠언, 욥기 등 지혜문학에 기회 있을 때마다 단골 메뉴로 등장하다시피 한다. 창세기의 창조신학 사상은 구약의 다른 책들의 사상들을 떠받쳐 주는 것으로서 많은 곳에서 상호본문 형태로 네트워크화 되어 있다.[8] 즉 창조 사상은 선택, 언약 사상과 더불어 구약 백성인 이스라엘의 세계관 형성에 결정적인 요인으로 작용했던 것이다.

창세기는 신약성서의 기자들에게도 상당한 영향을 주었다. 신약성서 17권에 창세기 본문은 주로 창조를 중심으로 무려 60회 이상 직간접적으로 인용되었다. 신약성서의 기자들은 하나님의 영감으로 된 말씀을 기록할 때 창세기의 사건들과 말씀들을 빈번히 인용하거나 거론했다. 특히 창세기는 요한 문학(요한복음, 요한1서)에서 그 진수가 잘 드러나 있다.[9] 기독교 선교에 가장 크게 공헌한 사도 바울도 창세기를 15차례나 인용하였는데, 유대교의 율법과 새 시대의 새로운 율법인 복음을 비교하면서 아담과 그리스도를 극명하게 대조한 로마서 5장의 논지는 놀랍도록 예리하고 탁월하다.

창세기는 신학자들은 물론 철학자들 사이에도 수많은 논란거리가 되어 왔다. 예수님은 창세기에 관한 논란의 종결자다. 예수님은 하나님의 창조, 노아의 홍수, 소돔과 고모라의 멸망 등 까마득한 옛날에 일어난 일들을 역사적 사건들로 인정하시며 복음을 선포하셨다. 예수님은 또한 자신보다 수천 년 전 먼저 활동했던 창세기의 인물들이 역사적 인물들이라고 확인해 주셨고, 그들이 자신과 어떤 관계에 있고 복음에 어떠한 의미가 있는가를 밝히셨다. 창세기에는 예수님에 대한 직접적인 언급은 없지만, 예수님이 그리스도의 자격으로 오시지 않으면 안 되는 "필요, 그의 위치, 그의 사역의 내용등이 예상되고 예언되어 있다."[10]

2) 하나님 말씀인 성경의 권위에 시금석이 되는 책

창세기는 성경의 영감과 깊은 관련이 있는 책이다. 성경의 영감은 오경의 저자와 밀접한 관련성이 있다. 오경을 모세가 기록했다고 생각하는 사람은 기록된 내용을 영감 된 하나님의 말씀으로 받아들여 오경에 최고의 권위를 부여한다. 이 경우 오경은 '모세오경'이다. 하나님의 초자연적인 계시가 모세를 통해 인간의 언어로 상당 부분 기초가 세워지고 모세 이후 그 기초 위에 어떤 내용들이 첨가되었다면, 오경의 권위는 다소 약화한다. 이 경우 창세기부터 신명기까지 다섯 권의 권위 있는 책들은 그냥 '오경'이다. 신학자들은 이런 두 가지 경향의 오경을 '모세적'(Mosaic)이라고 부르기 좋아한다.

오경이 다양한 직종의 사람들을 통해 인간의 언어나 글자라는 수단을 통해 여러 세기에 걸쳐 문서 혹은 전승의 형태로 발전과정을 거쳐 형성되었다면 오경의 권위는 현저히 약화한다. 이런 식으로 생각하면 오경은 후대에 모세의 권위를 등에 업고 완성된 책이다. 신학자들은 이런 경향의 오경을 '모세적'(mosaic)이라고 부른다. 오경의 형성을 '모세적'(mosaic)에 방점을 두는 학자들은 오경이라는 용어 대신 사경 혹은 육경이라는 용어를 쓰기도 한다.

역사비평 학자들과 전승사비평 학자들은 성경을 단지 인간의 문서로 받아들여 인간의 작품으로 이해하려고 한다. 여기에 제동을 걸고 나온 신학의 조류가 정경비평이다. 정경비평 학자들은 성경의 최종 형태를 하나님의 계시를 증거하는 본문(Childs, Brueggemann), 혹은 기록된 하나님의 계시 그 자체(House, Kline, Dumbrell)로 받아들인다. 그러나 정경비평 학자들은 하나님의 계시의 말씀이 오랜 기간 정경화 과정을 거쳐 최종 형태의 본문이 완성되었다고 보기 때문에 오경의 저자를 반드시 모세라고 보지 않는다. 이런 이유로 정경비평 학자들의 경향은 '모세적'(Mosaic)이면서 동시에 '모세적'(mosaic)이다. 정경비평은 보수와 진보의 양 극단에 치우치지 않고 중도를 표방한다는 점에서 그렇다.

　유대교가 모세오경을 '토라'(히브리어 תורה)라고 부르는 이유는 모세가 기록했다고 믿는 이 책에 권위를 부여하며 그들의 삶과 신앙을 규율하는 율법이 바로 이 다섯 권의 책에 있다고 인정하기 때문이다. 즉, 토라는 자신들을 향한 하나님의 계시를 총체적으로 표현한다는 신념의 발로로서 유대인에게 '모세오경'은 자연스럽게 '모세 율법'으로 받아들여졌다. 이런 의미에서 토라는 그의 언약백성을 향한 하나님의 '가르침', '교훈', '율법' 등의 뜻을 담고 있다.

　모세오경이 모세 시대 혹은 이스라엘 왕정 시대 이전에 작성된 문헌이 아니라, 그보다 훨씬 후대인 바벨론 포로기에 작성되었다고 보는 문서비평 학자들은 모세로부터 기원한 율법에 관한 생각이 전통 기독교와 유대교와는 사뭇 다르다.

왕정 시대 이전의 이스라엘 정치체제와 종교 재구성에 관심을
두고 문헌을 연구하는 문서비평 학자들은 율법의 출현을 고대
이스라엘의 기원이나 오경의 기원과 등치시키기를 꺼리는
경향이 있다. 벨하우젠(Julius Wellhausen, 1844-1918)이 불꼬를
텄다. 벨하우젠은 이스라엘 사회에 율법이란 개념이 들어오기
시작한 때는 포로 시대 이후이며, 이때부터 비로소 율법이
유대교의 기초를 놓았다고 강하게 확신했다.

구약의 율법은 신약시대에 이르러 예수 그리스도의 율법으로
승화했다(고전 9:21). "율법은 모세로 말미암아 주어진 것이요
은혜와 진리는 예수 그리스도로 말미암아 온 것"(요 1:17)이기
때문이다. 그리하여 신약의 그리스도인들은 그리스도가
하나님의 말씀에 순종하며 율법을 완성하신 것같이, 그리스도를
따라 하나님의 선하시고 기뻐하시고 온전하신 뜻을 이루려고
열심히 노력하고 있으며, 받은 은혜에 감사해 목숨을
버리면서까지 복음을 담대히 전하게 되었다

3) 세상에 존재하는 것들의 기원을 알려 주는 책

창세기는 기원의 책이다. 창세기는 세계와 인류가 어떻게
존재했는지를 알려 주는 책이다. 창세기의 기원(시작)은
근본이다. 창세기는 만물, 인류, 안식일, 결혼제도, 죄, 구원,
예배, 살인, 일부다처 제도, 문화, 대홍수, 언약, 나라들, 언어들,

선택, 믿음, 선민 이스라엘 등 성서의 중요한 사건과 개념이 어떻게 시작되었는지를 알려 주는 '기원'에 관한 책이다. 창세기가 기원에 관한 책이라는 사실은 이 책이 신학의 저장 창고라는 것을 말해 준다. 창세기는 이 세계와 인류가 어느 날 우연히 그냥 나타난 게 아니라 하나님이 창조하셨다고 말한다. 나타난 것들은 시작이 있고 끝이 있다. 그러므로 창세기의 메시지는 기원을 알려 주면서 동시에 종말론적이다. 만물과 인간이 시작이 있고 끝이 있다는 것은 역사 속에 그 존재가 있다는 것을 보여 준다.

이런 의미에서 본다면, 창세기는 또한 역사책(독일어로 Geschichtsbuch)이다. 하지만 그 역사는 신앙고백적인 역사라기보다는 실제로 일어난 하나님과 인간의 역사다. 고대 이스라엘인이 바라본 창세기의 역사가 반드시 과학적 사실과 일치한다고는 단언할 수 없지만, 우리는 이스라엘의 믿음이 역사적 사실 위에 세워져 있다는 아이히롯트의 견해에 동의한다.[11] 구약성서에는 이스라엘이 인간을 대표한다. 하나님은 인간을 그의 나라로 초청하시어 인간과 교제하기를 원하신다.

이스라엘이 하나님에 대한 응답으로서 보여주는 믿음은 역사적 사실 위에 근거하고 있다. 이스라엘의 믿음은 공상적이거나 종교적인 게 아니다. 하나님은 보편적 역사 속에서 자기를 계시하신다. 이 보편적 역사 속에서 인류의 운명은 창조 이후부터 지금까지 하나님의 주도면밀한 계획에 의해 펼쳐지고 있다.[12] 구속사는 보편사와 따로 떨어져 있는 개념이 아니라 보편사와 결합한 개념이다. 창세기에 묘사된 이스라엘의 하나님은 추상적인 신이 아니라 구체적인 신이시다. 그리고 살아 계시고 인격적인 신이시다.

4) 기독교 신학의 전 분야를 안내하는 책

창세기는 신학의 모든 것을 제시하는 책이다. 창세기의 독자는 이 책에서 신학의 핵심적인 것들을 조우할 수 있다. '하나님이 누구인가'라는 신론, '인간은 누구인가'라는 인간론, '인간은 왜 죄를 지었나'라는 인죄론, '죄를 지은 인간의 운명은 어떻게 될 것인가'라는 구원론, '하나님은 왜 아브라함을 부르시어 이스라엘 민족을 자기 백성으로 삼으셨나'라는 선택론, '이스라엘이란 공동체는 훗날 어떤 형태로 보존되면서 하나님의 뜻을 이행하며 사명을 완수할 것인가'라는 교회론, '인간과 세계의 궁극적인 결말은 어떻게 될 것인가'라는 종말론 등 실로 중요한 신학적인 질문들이 제기되고, 이 질문들에 일정 부분 답변하는 책이 창세기이다. 이러한 중요한 신학적 개념들로부터 기독론, 예정론, 성령론, 선교론, 실천신학론 등 신학은 연결되고 확장되어 간다. 창세기 안에 나타나는 이러한 신학적 개념들은 구속이라는 위대한 드라마를 위해 합창하면서 구속사의 목적지인 예수 그리스도까지 이끌어 간다.

창세기는 이처럼 인류를 구원하시려는 하나님의 심원한

계획과 간절한 희망을 담고 있다는 점에서 기독교의 가장 중요한 구속 교리의 기초를 제공하는 책이다. 창세기의 이러한 성질 때문에 마튼즈(Martens)는 창세기를 구약신학의 축소판이라고 주장한다. 창세기는 구약 안의 커다란 운동을 축소해 놓은 책이라는 것이다. 마튼즈의 '구약의 커다란 운동'이란 하나님의 계획이 제시되고, 시험되고, 마침내 포로 후기 시대에 재확인되는 일련의 과정이다.

그는 50장으로 구성된 창세기 안에 이러한 3단계 운동이 모두 들어 있다고 주장한다. 창세기 1-2장은 하나님이 목적하시는 기본 의도를, 3-11장은 하나님의 의도가 인간의 죄로 인해 무산될 뻔한 위기를, 12-50장은 무산될 뻔한 하나님의 의도(4중 목적)가 족장들과 하나님과의 관계를 통해 수면 아래 있다가 수면 위로 다시 새롭게 떠오르고 있다는 것이다.[13]

5) 하나님이 그의 백성에게 약속하신 언약의 책

창세기는 언약의 책이다. 창세기는 인간과 언약을 맺으시고 그들에게 복을 주시고 구원을 베푸시려는 인격적인 하나님에 관한 이야기다. 하나님의 언약은 창조, 인간의 죄, 메시아 약속과 긴밀히 연결되어 있다. 언약은 신구약성경, 특히 구약신학의 중심 주제다. 하나님께서 이스라엘 족장들을 선택하시어 그들과 맺은 언약은 이스라엘 신학과 정체성의 기초가 된다.[14]

오늘날 대다수 개혁주의 신학자는 언약의 관점에서 성경에 접근하고 있다. 이러한 경향의 신학을 '언약신학'이라고 한다. 언약신학자들은 구약과 신약의 언약적 연속성을 강조한다. 메리딧 클라인(Meredith Kline)은 구약 정경신학은 언약적 구조에 의해 그 교리를 명확하게 진술할 수 있다고 생각한다. 그는 "성경에서 우리가 직면하는 신적 권위의 구체적인 역사적-법적 특성을 설명해주는 것은 바로 언약적 형식"[15]이라고 주장한다. 시작을 알리는 창세기의 주제들은 근본적으로 하나님과 인간 사이에 맺은 언약이라는 틀 속에 직조되어 있다. 만일 구약의 통일적인 주제를 '하나님 나라(왕국)'라고 한다면 창세기는 "왕국의 서막"(Kingdom Prologue)으로 기능한다.[16] 창세기에는 구약의 다섯 가지 주요 언약(창조 언약, 노아 언약, 아브라함 언약, 시내산 언약, 다윗 언약) 가운데 세 개의 언약(창조 언약, 노아 언약, 아브라함 언약)이 나온다. 세 언약은 통일성을 이루며 신구약성경을 관통하는 중심을 이루고 있다.

제2장

창세기의 저자

우리는 오경, 특히 창세기를 기록한 사람이 누구인지 정확히 알기 어렵다. 그것은 신비에 둘러싸여 있고 어쩌면 예수님이 다시 오시고 이 의문 많은 세상이 끝나는 그때까지 신비로 남을 것이다. 다만 우리는 예수님이 토라를 모세가 썼다고 여러 번 말씀하셨기 때문에, 온갖 복잡한 사정에도 불구하고 토라의 저작자가 모세라는 사실을 주저 없이 받아들인다.

/본문 중에서.

1. 모세인가, 모세 후대의 여러 사람인가?

창세기의 저자는 오경의 다른 책들과 마찬가지로 익명으로 되어 있다. 창세기의 저자가 익명이라는 사실은 이 책의 저작권 문제가 오경 전체의 형성 과정과 불가분의 관계에 있다는 것을 말해 준다. 성경에는 창세기를 누가 저술하였는지 명확한 언급이 없으므로 저작권에 대한 성급한 판단은 언제나 유보적이다. 문서비평 학자들이 수많은 책을 출간해 모세 저작권을 부인해 왔음에도 불구하고, 이 책의 저자와 선 역사의 텍스트는 여전히 미스터리로 남아 있다.[17]

문학비평가인 존 바튼(John Barton)은 창세기의 저자가 모세가 아니라고 생각한다. 그는 창세기가 한 사람에 의해 쓰인 질서 있는 통일된 문서가 아니라 여러 인위적인 파편화된 자료들의 모음집이라고 주장한다.[18] 그러므로 창세기는 문학적인 관점에서 볼 때는 "애매모호"[19]하다는 것이다. 신문학비평의 기수인 갓월드(Gottwald)도 모세를 오경의 저자로 인정하지 않는다. 갓월드는 창세기부터 민수기까지의 책들은 기원전 5세기에 이르러서야 현재와 같은 모습을 갖추었다고

주장한다.[20]

그렇지만 유대 전통과 기독교 전통은 모세가 이 책을 쓴 것으로 본다. 모세 저작을 뒷받침하는 내적 증거로 흔히 거론되는 것들로는, 모세는 율법계시의 수여자(출 24:4; 34:27)이고 하나님의 구원 행위를 직접 목격한 사람(출 17:14; 민 33:2)이라는 것이다. 또한 모세가 율법 수여를 노래했다는 것(신 31:22,30; 32장)과, 모세가 시내산에서 수여한 율법을 율법책(수 1:7), 모세의 책(대하 25:4; 스 6:18; 느 13:1)이라고 말한 후대의 증언을 내세운다. 무엇보다도 예수님과 사도들이 모세가 쓴 율법책의 존재와 그 권위를 인정했다는 사실은 모세 저작의 신빙성을 강화해 준다. 성경의 외적 증거들도 모세 저작에 힘을 실어 주고 있다. 이를테면 미쉬나, 탈무드 등 권위 있는 유대교 문서들은 창세기의 모세 저작에 힘을 실어 준다. 초기 기독교 저술가인 필로, 요세푸스와 로마제국 시대의 명망 있는 교부 제롬(Jerome)을 비롯한 교부들도 창세기를 모세가 썼다고 믿었다.

하지만 12세기 존경받는 랍비인 아브라함 이븐 에즈라(Abraham Ibn Ezra)는 시대와 맞지 않거나 상황적으로 오류가 있다고 생각되는 성경 구절들(예를 들면 창 12:6; 13:7; 22:2; 신 1:1-4; 3:11; 31:10)을 적시하며, 창세기가 쓰인 시기는 다윗이 가나안을 완전히 정복한 무렵인 기원전 1000년경이라고 주장했다.[21] 오경의 권위는 17세기 들어서 스피노자(Spinoza)가 모세 저작에 회의를 표명하면서 심각한 도전을 받기 시작했다. 스피노자는 명석한 엘리트가 아니어도

"이성의 자연적 빛"을 가지고 있는 자라면 누구나 성서 해석을 할 수 있다면서, "모세 시대보다 훨씬 후대에 산 사람이 오경을 기록했다는 사실은 정오의 태양보다 더 분명하다."[22]고 공언했다. 18세기 중반 프랑스의 의학자인 아스트뤽(J. Astruc)은 창세기에 나타나는 하나님의 이름이 두 이름(엘로힘과 여호와)을 가지고 있는 것을 발견, 창세기가 처음부터 각기 다른 두 명의 저자가 있다고 주장하고 나서 오경 비평에 불을 지폈다. 오경의 모세 저작권은 18세기 후반 아이히호른(J. Eichhorn) 등 신학자들에 의해 전보다 더욱 노골적인 위협을 받다가 19세기에 들어오기 무섭게 문서가설이 주목을 끌면서 오경의 권위는 땅에 떨어졌다.

2. 위세를 떨치는 문서비평

문서가설은 20세기 중반 무렵까지 하나의 정설로 굳어져 신학계를 주름잡았다. 드 베테(de Wette), 벨하우젠(Wellhausen)이 멍석을 깔아놓은 성서비평학은 궁켈(Gunkel), 드라이버(S. R. Driver), 로빈슨(Robinson), 폰 라드(von Rad), 마틴 노트(Martin Noth) 등 문서비평, 양식비평, 전승사비평에 기초한 고등 비평론이 주목받으면서 크게 위세를 떨쳤다. 비평학자들은 거의 예외 없이 모세 저작을 부인하고 있다. 비평학자들은 오경의 저작 시기를 초기 통일왕국 시대로부터 바벨론 포로 이후로까지 끌어내렸다. "법은 예언보다 후대다."라는 벨하우젠의 구약성서에 대한 급진적인 생각을 좇도 추종하고 답습해온 문서비평 학자들은 하나님의 영감받은 말씀인 성경을 지속으로 격하시켜 왔다.

비평학자들의 성향은 다양하고 천차만별이어서 매우 넓은 스펙트럼을 가지고 있다. 그중에서도 특히 반 세터스(Van Seters)나 필립 데이비스(Philip Davies) 같은 학자는 굉장히 과격하다. 반 세터스는 『역사와 전승에 나타난 아브라함』(Abraham in History and Tradition)을 비롯해 오경 연구에 관한 몇 권의 저서와 논문 등을 통해 오경에 대한 기존의 관점을 허물어 버렸다. 그는 아예 오경을 역사적 전승과 연결하려는 일마저도 부질없는 짓이라고 본다. 그에게 오경은 사실상 허구이기 때문이다.[23] 반 세터스에게 창세기의 내러티브들은 이스라엘의 실제 역사를 기록한 게 아니라 종교 · 사회적인 기능을 서술한 데 불과하다.[24]

미국의 존경받는 과학자이자 교육철학자인 레온 카스(Leon Kass)는 창세기의 어떤 곳에서도 모세가 저자라는 암시조차 없다고 하면서, "우리는 우리가 읽고 있는 말씀이 누구의 말씀인지 모를 뿐만 아니라, 또한 우리가 읽고 있는 말씀이 누구의 말씀인지 모른다고 하더라도 그게 왜 탈이 되는지조차 알지 못한다."[25]고 말한다. 영국 셰필드 대학의 신학부문 명예교수인 필립 데이비스는 『고대 이스라엘을 찾아서』(In Search of 'Ancient Israel')라는 책을 통해 오경 전체의 역사성은 물론 여호수아에서부터 사무엘서와 열왕기서의 역사성을 전면 부정했다. 데이비스에 따르면, 이스라엘의 실제적인 역사는 기껏해야 기원전 8세기 앗수르의 침략으로 파괴된 팔레스타인 왕국에서부터 시작한다.[26] 그는 이스라엘의 과거가 실제로 있었던 과거가 아니라 일천 년 이상 오랜 세월이 흐른 뒤인 페르시아 시대의 서기관들이 포로 후기 예루살렘 공동체를 통합할 목적으로 그 과거를 창안해 냈다고 호언한다. 데이비스에게 이스라엘 역사는 실제로 있었던 '역사적 이스라엘'(historical Israel)이 아니고 순전히 '성경적 이스라엘'(biblical Israel)이다. 실제 역사와 그 실제 역사에 신학적 의미를 부여한 역사기록(historiography)은 다르므로, 역사적이고 실제적인 고대 이스라엘(ancient Israel)은 성경의 이스라엘(biblical Israel)과 엄연히 구별해야 한다는 것이다.[27]

반 세터스나 필립 데이비스보다는 덜 급진적이지만 맥스웰 밀러(Maxwell Miller)도 과격하긴 마찬가지다. 그는 헤이즈(Hayes)와 함께 애굽 고고학에 대한 상당한 식견이 있는 학자다. 하지만 그는, 족장들의 역사는 물론 출애굽의 역사와 12지파의 동맹연합에 의한 초기 이스라엘의 역사를 부정한다.[28] 밀러의 성경관은 성경에서 역사성을 제거하는 데서부터 출발한다. 밀러에 의하면, 창세기부터 열왕기까지는 역사적 실제라기보다는 신학적 논문들에 더 가깝다.[29] 그는 이스라엘에 '역사'라는 단어를 붙이는 것조차 혐오한다. 앞으로 학문하는 사람들은 그 역사를 "이스라엘의 역사(혹은 '유다의 역사', 혹은 '이스라엘과 유다의 역사')"라고 부르지 말고 "성경의 사건들과 인물들에 대한 있을 법한 역사성 조사"라고 불러야 한다고 주장한다.[30]

자유주의적인 기풍을 가진 적잖은 현대 신학자들이 이러한 급진적인 견해에 동조하고 있다.[31] 성경의 권위에 도전하는 이러한 큰 물결의 중심에 문학비평, 독자반응비평 학자들이 활동하고 있다. 이들 학자들의 학문적 경향은 정도의 차이는 있지만 공통적인 특징은 성경에서 역사성을 제거해 버리고 문학적인 특징들을 강조한다는 것이다.

반 세터스나 필립 데이비스같이 극단적인 생각은 갖지 않더라도 비평학자들은 그들의 직업적인 일 앞에 붙은 수식어인 '비평'이란 말 그대로 성경에 대해 늘 비평적이다. 그들은 문체와 어휘에 있어서 오경의 비통일성, 비역사성을 지적하며 오경은 후대의 편집자들이 특정한 종교적·정치적 목적을 위해 여러 개의 전승의 단위들을 한데 모아 편집했을 것이라는 생각이 강하다. 선심을 쓰더라도 오경의 어떤 부분은 모세 사후에 증보되었다고 주장하는 비평학자들도 더러 있지만, 이런 학자들은 학계에서 고리타분한 사람으로 따돌림을 받는다. 문서비평 학자들이 창세기가 모세가 아닌 다른 사람에 의해 쓰였다며 의문을 제기하는 것들 가운데 가장 문제시되는 성경구절들은 다음과 같다.

1. 창세기 12:6의 '가나안'에 대한 때 이른 언급

2. 창세기 14:14의 '단'에 대한 시대착오적 언급

3. 창세기 36:31의 '에돔 왕'에 대한 난데없는 언급

4. 민수기 12:3의 모세의 온유한 성품에 관한 자화자찬식 발언

5. 신명기 34:7의 모세의 죽음에 관한 정체불명의 언급

3. 신비로 둘러싸인 모세 저작권

　　　　　성서의 이야기들은 정말 역사적인 것일까? '역사적'이라면 역사의 현장에서 실제로 일어난 일이어야 한다. 그것을 어떻게 증명해 낼 수 있을 것인가? 성서고고학의 활동은 그래서 중요하다. 창세기에 기록된 내용들의 역사성을 과학적으로 확인하기 위해 호기심이 많은 성서고고학자들이 험난한 분야에 뛰어들었다. 성서고고학자들은 외적인 증거들을 통해 성서의 기록이 역사와 부합되는지 부합되지 않는지 일생을 바쳐 연구하는 사람들이다. 어떤 고고학자는 고고학적 발굴 결과가 성경의 기록과 일치한다며 찬탄하고, 어떤 고고학자는 맞지 않는다며 환호한다.

　올브라이트(Albright)는 탁월한 고고학자였지만 그의 학문은 다소 어정쩡한 중도적 입장을 보였다. 그는 이스라엘의 종교가 유일신적인 모세 전승(Mosaic tradition)에 뿌리를 두었다고 생각하면서도, 정작 모세가 역사적 실존 인물이었는지에 관해서는 확신하지 못했다. 이렇다 보니 모세보다 500년 앞선 인물인 아브라함의 실존성은 그야말로 짙은 안개 속에서 보일락 말락 하는 희미한 물체와 같았다. 올브라이트는 아브라함이 기원전 17세기 중기 청동기 시대에 살았을지도 모를 유목민이거나 아모리 계통의 사람이었을 것으로 추측했다. 이러한 생각은 그로 하여금 아브라함이 당나귀에 상품을 짊어지게 하고 먼 거리를 오가며 교역하는, 옛 팔레스타인의 영락없는 장사꾼 모습인 고대의 "당나귀 카라반"(a donkey caravaneer)[32]이었다. 올브라이트의 이러한 해괴한 공상적인 주장은 너무나 어설퍼서 많은 학자에게 지탄받고 곧 소멸되어 버렸다. 아무튼 이것은 오경의 역사성을 밝혀내는 일이 얼마나 어려운지를 잘 보여주는 사례다.

오경의 저자가 모세가 아닐 것이라는 학계의 지배적인 견해들에도 불구하고 모세가 오경의 저자라는 견해 또한 만만치 않다.[33] 가령 세일해머(Sailhamer) 교수 같은 복음주의적인 학자는 족장 시대의 풍부한 역사적 자료나 풍습에 대한 세밀한 묘사로 미루어보아 역사적 신빙성과 함께 그 생생한 표현들이 모세가 아니고서는 도저히 가능하지 않은 일이라고 확신한다.[34] 영국의 저명한 개혁주의 구약학자인 고든 웬함도 창세기의 역사적 신빙성에 무게를 두는 학자에 속한다. 웬함은 구약성서에 등장하는 사람들의 행위는 국가적이거나 국제적인 문제가 아니라 개인적인 가족사에 관한 것이라는 사실에 주목, "그들의 출생과 죽음, 가족 분쟁, 방목과 매장권 등이 실제 역사적 이야기로 특징지어지는 것은 창세기 저자에게 그가 묘사한 인물들이 실제 역사적인 인물들이었다는 것을 분명히 해준다."[35]고 말한다. 그렇다면 창세기의 이야기들은 없는 씨족을 마치 있는 것처럼 만들어냈거나, 혹은 소설과 같이 저자가 머릿속에서 그려낸 상상력의 산물이 아니라는 것이다.

글리슨 아처(Gleason Archer, 1916-2004)는 20세기 복음주의의 대표적인 학자 중 한 사람이다. '복음 전도사'를 자처한 그는 모세가 처한 독특한 상황이 그의 저작권을 옹호해 준다고 확신했다. 아처에 따르면, 모세는 약속의 땅에서 곧 수립될 하나님의 신정정치에 대한 헌법을 써서 언약백성인 이스라엘 백성들의 민족적 통일성(혹은 연대성)을 확실히 해둘 사명으로 충만했다고 주장했다.[36] 레이몬드 딜러드(R. Dillard)나 트렘퍼 롱맨 3세(T. Longman III)는 모세 이후 삽입구들과 증보 부분이 어느 정도 있다는 것을 인정하면서도 오경의 대부분을 모세가 저술했다고 보는 중도적인 입장을 보이는 학자들이다.[37]

하틀리(Hartley)는 창세기의 정교한 구조와 독특한 문학적 특징으로 보아 모세가 이 책의 대부분을 기록했다고 본다.[38] 그는 모세 아닌 다른 사람의 개입은 단순한 편집 활동에 불과했을 것으로 본다. 모세 이후 최초의 편집 활동은 사사 시대에 있었고, 왕정 시대에는 다윗 왕과 솔로몬 왕 때 있었을 것으로 추측한다. 사사 시대에 편집 작업이 있었을 것으로 추측하는 이유는 지파들의 장래에 관한 야곱의 예언(창 49장)에서 주류인 유다와 요셉에 관한 언급이 사사 시대의 정황을 반영했기 때문이다. 다윗과 솔로몬 시대에도 유다와 요셉이 지파들 가운데서 가장 뛰어났음을 의도적으로 부각하려고 한 흔적들(창세기 38장; 48장; 49:8-12; 49:22-26)이 엿보인다. 모세 이후 이러한 편집 작업이 있다고 해서 모세 저작이 손상을 받는다는 생각은 잘못이라고 하틀리는 주장한다. 족장들에 관한 서술은 모세가 한 것이지 편집자들이 소설처럼 고안해 낸 작품이 아니기 때문이다. 편집자들은 기껏해야 사료들을 수집하고 배열하고 순서를 매기는 등 제한적인 활동에 그쳤다.[39]

우리는 오경, 특히 창세기를 기록한 사람이 누구인지 정확히 알기 어렵다. 그것은 신비에 둘러싸여 있고 어쩌면 예수님이 다시 오시고 이 의문 많은 세상이 끝나는 그때까지 신비로 남을 것이다.[40] 다만 우리는 예수님이 토라를 모세가 썼다고 여러 번 말씀하셨기 때문에 온갖 복잡한 사정에도 불구하고 토라의 저작자가 모세라는 사실을 주저 없이 받아들인다.[41]

여하튼 오경의 저자가 누구든, 중요한 것은 최종 형태의 본문이라고 하겠다. 성경을 통전적인 입장으로 보려는 최근 학계의 경향은 성경의 최종 형태의 본문에 무게를 두고 있다. 최종 형태의 단순한 독서야말로 어떠한 심도 있는 역사비평이나 문학비평의 연구결과를 능가할 것이기 때문이다.[42] 그러나 본문의 최종 형태와 맥락을 중시하는 정경적인 접근도 성경 해석에 최선은 아니라는 비판의 목소리가 지난 세기말부터 부쩍 높아졌다. 정경적 성경 해석이라는 것도 따지고 보면 구약의 본문을 파편화시켜 본문들을 분리 · 단절시키는 통시적 접근방법을 구사하는 역사비평과 결국 '거기서 거기'란 이유 때문이다.

우리는 지금 슬프게도 성경의 권위가 크게 무너져 내린 시대에 살고 있다. 하나님 없이도 세상은 그런대로 굴러가고 있고, 절대 진리니 구원이니 하는 고상한 것들은 있어도 그만 없어도 그만이라고 여기는 세태다. 그러나 신앙인은 두려워하거나 낙심할 것까지는 없다. 엘리야 시대에 하나님께서 바알에게 무릎을 꿇지 아니한 7,000명을 남겨 두신 것처럼 영적으로 무지한 오늘날에도 하나님은 신실한 그리스도인들을 남겨 두셨기 때문이다. 이들 중에는 성경에 무한한 신뢰감을 가지고 성경의 권위 확보를 위해 수고하는 사람들도 꽤 많이 있다. 그리스도인은 이러한 사람들을 위해 기도하고 응원을 보내야 한다.

제3장

창세기의 저작 연대와 배경

창세기의 저작권에 관한 질문은 "누가 창세기의 최종적인 내용들을 기록하여 그 내용들을 짜임새 있게 구성했나?"라는 질문과 같은 것이다. 창세기의 "최종 형태의 본문"[43]을 만일 모세가 기록했다면, 그 기록 시기는 출애굽 시기와 가나안 정복의 초기가 될 것이다. 출애굽의 연대는 멀게는 기원전 1446년부터 가깝게는 1230년까지 다양한 견해들이 있다. 보수적인 학자들은 출애굽의 연대를 대체로 기원전 1446년이라고 보고 있다. 필자도 이 연대를 선호하는 편이다.

하나님은 아브라함과 계약을 맺으시어 이스라엘을 제사장 나라의 상속자로 삼으셨다. 하나님은 아브라함에게 큰 나라를 이루고 그 후손들이 거주할 곳으로 가나안 땅을 주시겠다고 약속하셨다. 이스라엘은 이 복을 누리기 위해 어엿한 한 나라로 탄생해야 했다. 하나님은 이 일을 치밀하게 준비하셨고, 마침내 때가 되어 아브라함에게 하신 약속을 지키시기 위해 모세를 부르셨다. 모세는 어떻게 수천 년 전의 일들을 자기 시대에 일어난 사건처럼 생생하게 기록했을까? 하나님의 성령으로 감동되었기에 그런 일이 가능했던 것이다. 그러므로 성경은 인간이 썼지만, 인간을 감동시킨 하나님이 쓰신 것이다.[44] 모세는 이 책을 기록하여 그의 독자들에게 창조주 하나님이 자기의 백성 이스라엘과의 언약의 약속에 들어오셨다는 사실을 알리려 했던 것이다.[45]

창세기는 내러티브 전개로 볼 때 크게 두 부분으로 나뉜다. 앞부분(1:1-11:26)은 선 역사, 뒷부분은 족장들의 역사(11:27-50:26)다. 앞부분은 뒷부분에 비해 분량이 4분의 1밖에 안되지만, 내용면으로 볼 때는 오히려 뒷부분보다 많은 주제가 있다. 앞부분은 다시 세 부분 ─창조와 그 의미(1-2장), 타락(2장), 타락의 효과(4-11장)─ 으로 나뉜다. 1-2장의 주제가 축복이라면 3-11장의 주제는 죄-추방-회복이다. 빅터 해밀턴(Victor Hamilton)에 의하면, 이러한 주제들은 여섯 개의 내러티브와 족보들로 구성되어 제시된다.[46]

한편, 뒷부분은 고대 근동의 한 특별한 민족과 국가로서의 이스라엘을 태동시킨 세 명의 조상들의 삶에 관한 이야기를 하나님과의 친소관계 관점에서 다루고 있다. 족장들의 역사를 다룬 뒷부분은 다시 세 부분 ─1세대인 아브라함에 관한 내러티브(11:27-25:18), 2세대인 이삭에 관한 내러티브(25:19-37:1), 3세대인 야곱에 관한 내러티브(37:2-50:26)─ 으로 나뉜다. 족장 내러티브들은 문학적으로 정교하게 균형과 대칭을 이루고 있다. 이삭에 관한 내러티브는 독립적인 한 단위(톨레도트)를 이루고 있으나, 내용상으로 볼 때 야곱 내러티브에 흡수되고 아쉬운 부분을 요셉 내러티브가 대신 채워준다. 4세대인 요셉은 족장은 아니지만 창세기에서 워낙 중요한 인물이므로 창세기 기자는 14장에 걸쳐 지면을 할애했다. 그러나 요셉 내러티브는 톨레도트 구조상 그의 부친인 야곱 이야기에 포함되어 있다.

전술한 바와 같이 창세기는 선 역사(원 역사)와 족장들의 역사로 크게 두 부분으로 나눌 수 있지만, 일반적으로 창세기 구조는 세 부분으로 나누는 게 통례이다. 첫 번째 이야기는 창조기사가 나오는 1장부터 바벨탑 기사와 이스라엘 최초의 족장인 아브라함의 등장이 미리 나오는 11장까지이다. 여기에서는 약 2,400km에 달하는 비옥한 초승달 지역을 무대로 펼쳐지는 약 2,000년의 원 역사를 다루고 있다.[47] 두 번째 이야기는 아브라함의 소명 기사인 12장부터 시작해서 에서의 족보와 이삭의 죽음으로 끝나는 36장이다. 여기에서는 이스라엘 족장들의 약 250년 동안의 생애를 다루고 있다. 세 번째 이야기는 이스라엘 민족의 영웅인 요셉의 청소년 시절을 다룬 37장부터 시작해서 그의 죽음으로 끝나는 50장까지이다. 여기에서는 93년간 애굽을 무대로 요셉의 형제들 사이에 벌어지는 배신과 화해를 실감나게 다루고 있다. 그러므로 원 역사를 다루는 11장까지 약 2,000년의 기간은 아브라함이 등장하는 창세기 12장부터 모세의 죽음으로 끝나는 신명기 34장까지의 기간을 모두 합한 700년이 채 안 되는 기간에 비해 세 배 정도 된다.[48]

오경의 순서는 창세기 다음에 모세의 출생 배경으로부터 시작하는 출애굽기가 이어지고, 그다음에 레위기와 민수기가 이어지고 신명기가 전개된다. 신명기의 마지막 장은 모세의 죽음을 전해 주는 34장이다. 아무튼 출애굽기에서 시작해 신명기로 끝나는 네 권의 책에는 모세가 120년 생애 동안 겪었던 일들이 수록되어 있다. 그러고 보면 모세오경에서 창세기의 기간은 나머지 네 권의 책을 모두 합한 기간의 수십 배 되는 동안에 일어난 일들을 기록한 셈이 된다.

제4장

창세기의 핵심 단어, 장, 구절

창세기에는 많은 주제가 나타난다. 이런 주제들을 집약해 주는 핵심이 되는 말이 핵심 단어다. 많은 단어 가운데 가장 핵심적인 단어는 '내력', '족보' 등으로 표현된 '기원'이다. 이 단어는 창세기의 구조를 멋들어지게 나누는 역할을 한다. 이 단어는 또 직접적인 언급이 없어도 우주와 만물에 있는 모든 것의 시작을 알려 주는 암시적인 역할도 하고 있다.

창세기는 실로 우리에게 "하나님을 제외하곤 모든 것들의 시작을 말해주고 있다."[49] 이를테면 천지(1:1), 사람(1:27), 결혼 제도(2:22-24), 죄악(3:1-7), 희생 제사와 구원(3:15,21), 가족과 살인(4:1-15), 문화와 일부다처제(4:16-24), 예배(4:26), 죽음(5:5), 육식(9:3), 농사(9:20), 나라와 민족(10:1-32), 여러 언어(11:1-9), 소명과 선택(12:1-3), 믿음(15:6), 선민 이스라엘(35:23-26) 등이 그것들이다. 창세기에는 실로 하나님만 빼놓고 이 세상의 모든 것의 시작을 알려 주는 정보들로 꽉 차 있다.

시작을 알려 주는 이러한 단어들 말고 창세기에서 매우 중요한 또 하나의 단어는 '하나님'(엘로힘, 히브리어 אֱלֹהִים)이다. 하나님은 창세기뿐 아니라 구약 전체에서 사실상 주인공이시다. 하나님은 구약성경의 맨 처음인 창세기 1:1부터 등장해 말라기로 끝나는 구약 39권의 책에서 단 한 순간도 없어서는 안 될 '주인공 중의 주인공'이시다. 하나님의 이름은 '여호와'인데, 두 단어가 결합한 '여호와 하나님'이란 표현은 창세기 2:4부터 나온다.

하나님의 파트너는 '사람'이다. 그래서 '사람'도 창세기에서는 '하나님' 다음으로 매우 중요한 단어다. 창조주 하나님과 피조물의 영장인 '사람', 사람들과 동식물이 어우러져 사는 세계와의 관계에서 파생되는 '창조' 그리고 '죄', '구원' 등은 창세기에서 굉장히 중요한 단어다. 창세기에는 '역사'라는 단어는 직접 나타나지는 않지만, 모든 사건과 인물들은 역사 속에서 전개되고 활동하므로 창세기는 역사서인 것처럼 보일 때도 있다. 하지만 이 역사는 정확히 말하면 구속사(구원 역사)이다. 그렇다면 하나님이 이스라엘의 역사 가운데서 활동하신 이 구속사(Heilsgeschichte)를 단지 해석의 역사로 그 의미를 축소해서는 안 된다. 해석의 역사란 다른 말로 표현하면 역사에 신학적인 의미를 부여한 신학적 역사다. 창세기의 역사가 신학적인 해석의 요소가 있다고 하더라도 구원사를 해석의 역사로만 볼 경우 이스라엘의 실제 역사(과학적 역사, 독일어 Historie)는 약화하기 때문에 신중하게 다뤄져야 한다. 결국 창세기를 포함한 구약의 이스라엘 역사는 보편적 역사 속에서 이루어진 하나님의 계시의 역사이므로, 원래의 의미와 해석의 의미는 전체적 실재로서 하나로 통합된다. 따라서 구원사를 보편사와 꼭 일치시키지 않더라도, 우리는 정경에 담겨 있는 본문의 맥락을 역사적인 사실로 받아들이는 데는 크게 문제 될 게 없을 것이다.

창세기에서 세 번째로 중요한 핵심적인 단어는 '언약'이다. 언약은 앞서 언급한 창조, 죄, 구원과 긴밀히 연관되어 있다. 언약은 하나님께서 자신이 선택하신 백성과의 교제를 통해 은혜와 사랑을 베푸시겠다는 약속을 가리킨다. 하나님의 언약은 '땅'과 깊은 관계가 있다. '땅'에 관한 관심은 창세기 내러티브를 이끌고 가는 중요한 주제이므로 '땅'에 관한 모티브는 창세기를 이해하는 데 필수적이다. 창세기에서 '사람'(아담)과 '땅'(아다마)은 히브리어로 발음이 비슷하다. 이것을 보더라도 창세기 기자가 처음부터 '땅'에 대한 관심이 얼마나 많은지를 보여 준다.[50] 언약을 만들고 시행하는 당사자는 하나님이시다. 그 때문에 언약은 무조건적이며, 그 혜택의 범위는 이스라엘과 이스라엘의 지경 너머 전 세계에 미친다. 구약 백성인 이스라엘은 언약관계를 통해 신앙의 근본적인 통일성을 이룰 수 있었고, 아브라함의 복은 그리스도의 사역을 통해 훗날 신약백성에게 이어진다.

하나님, 기원, 언약이 창세기를 이끌어가는 중요한 개념들이라면, 이 개념들이 이끌어가는 창세기 내러티브에 계속되는 긴장을 불러일으키는 단어들이 있다는 것도 유념해야 할 독법 포인트다. 이런 단어들은 이야기로서의 창세기에서 여러 사건의 발단과 결말이 어떻게 진행되어 가고 있는지를 알게 하는 문학적 장치로 기능한다는 점에서 창세기 독자들은 계속해서 눈여겨볼 필요가 있다. 이를테면, 자손의 번성과 축복에 장애요인으로 매번 등장하는 '씨'와 '불임', 하나님께 전적으로 헌신함으로써 믿음을 보여주어야만 하는 '시험', 피조물인 인간과 초월적 하나님이 만나는 수단인 '꿈'과 '환상', 인류와 세상을 향한 하나님의 '축복'(blessing), 하나님의 축복된 세계질서를 훼방하는 어두운 세력인 '저주', 한계상황과 미래에 대한 인간의 '두려움', 개인 대 개인 그리고 집단 대 집단 간에 벌어지는 '다툼'과 '살육', 장기간 곡식 수확을 가로막는 '기근', 똑똑한 요셉에 대한 요셉의 형들의 '시기', 그리고 애굽의 실력자인 보디발의 아내가 요셉을 유혹하려고 붙잡은 '옷' 등이 그러한 단어들이다.[51]

　한편, 창세기의 중심 장은 15장이 아닌가 한다. 하나님께서 아브라함과 맺은 언약(12:1-3)이 15장에서 확실하게 비준(횃불 언약)이 되었기 때문이다. 창세기 1장부터 예비된 하나님의 신묘막측한 구원의 은혜와 역사가 이 장에서 충만하게 나타난다. 할례 언약에 대해 말하는 17장은 횃불 언약과 함께 아브라함 언약의 핵심을 이루는 것이므로 이 장도 중요하다. 할례는 이스라엘이 하나님의 백성이 되었다는 외적 흔적으로서 언약 백성의 정체성을 나타낸다. 창세기의 핵심이 되는 구절은 하나님의 창조를 선언하는 1:1과 신구약성경 전체에서 최초로 메시아를 약속하는 3:15, 아브라함의 소명과 축복을 언급하는 12:1-3, 그리고 언약 공식문구인 17:8을 대표적으로 꼽을 수 있다.

제5장

창세기의 구조와 문학

창세기 독자는 이 책이 현대의 과학적 질문들과 인류 역사에 확실히 응답하는 안내서라는 기대부터 우선 하지 않는 게 좋다. 다시 한번 말하지만, 창세기는 과학책도 역사책도 아니기 때문이다. 그러나 유념할 것은, 그 반대로 창세기가 과학이나 역사 같은 내용이 전혀 없다고 단정해서도 안 된다. /본문 중에서.

1. 구조

복잡한 성경의 내용을 이해하는 지름길은 본문의 구조를 먼저 파악하는 작업이다. 책의 구조를 파악하면 그 책이 무엇을 말하려고 하는지를 어느 정도 짐작할 수 있고, 많은 부차적인 주제들의 파악에도 용이하기 때문이다. 50장으로 구성된 구약성경의 첫 번째 책인 창세기의 구조는 어떻게 짜여 있을까?

창세기의 독자들은 먼저 이 신기한 책이 인류를 하나님과 그의 나라로 인도하는 성경 전체의 서문적인 역할을 하고 있다는 것을 염두에 둬야 한다. 창세기는 모든 성경의 시작과 기초를 제공한다. 이 책은 정말이지 인류를 당황하게 하는 많은 이슈가 취급되고 있다. 창조는 어떻게 이루어졌는가? 하나님은 사람을 창조해 놓으시고 왜 죄를 짓도록 내버려 두셨는가? 대홍수는 역사적인 사건이었으며 지구적 차원의 재앙이었는가? 하나님께 대한 신앙은 어떤 과정을 거쳐 생겨난 것인가? 족장들이 믿었던 하나님과 후기 이스라엘 종교가 신앙했던 하나님은 어떻게 같은 하나님인가? 하나님은 왜 하필이면 그 많은 민족 가운데 이스라엘을 선택하셨는가? 이스라엘을 끈질기게 괴롭혀온 이웃 나라들(이방인)은 어떻게 태동하였는가? 창세기의 사건들, 특히 1-11장의 원 역사(primeval history)의 사건들은 역사인가 문학적 허구인가?

창세기는 이런 문제들에 대해 신학적인 의도를 가지고 기록된 '신학적 역사기록'이라고 할 수 있다. 창세기의 구조에 대해서는 많은 견해가 제시되었으나, 구조를 한눈에 파악하는 데는 비교적 간결한 아래 네 가지 방식이 유용하다. 현대 학자들은 본문의 이차적 독법에 의해 발견한 세부적인 구조(교대적 구조와 동심원적 구조)를 제시한다.[52]

1) 아브라함의 소명을 기준으로

창세기의 구조를 나눌 때 가장 간편한 방법이다. 이 방법은 아브라함의 소명을 중심으로 1-11장은 원 역사, 12-50장은 족장들의 역사를 서술한다는 것을 쉽게 알 수 있다. 내용과 외관 면에서 1-11장은 우주적인 이야기, 12-50장은 한 가족에 오밀조밀하게 초점을 맞춘 이야기다.

맥쿤(J. McKeown)은, 1-11장은 창세기 전체의 원리와 주제를 세움에 있어서 12-50장의 해석학적 열쇠로 기능한다고 생각한다.[53] 네 명의 위대한 이스라엘 족장들의 신앙 열전을 보여주는 12-50장은 하나님의 씨가 한 가족의 삶을 통해 준비되어, 마침내 70명으로 이루어진 사람들로 한 민족이 구성되고 약속의 땅을 바라보는 차원으로 발전하는 이야기다. 힐(Hill)과 왈톤(Walton)이 공동집필한 『구약서론』(A Survey of the Old Testament)은 아브라함이 등장하는 12장을 기준으로 창세기를 두 부분으로 간명하게 나누었다.[54] 원 역사 또는 태고사(proto-history)를 보여주는 창세기 1-11장은 창세기는 물론 오경의 나머지 책들에 대한 서론적인 기능을 한다. 이것은 이중의 토대를 미리 쌓아 놓는다. 하나는 족장들의 이야기를 위한 무대를 장치하고, 또 하나는 시내산 언약 체결(출 19-24장)을 위한 배경을 마련해 준다.

구약신학에서 아브라함의 소명을 보여주는 창세기 12:1의 의미는 매우 크다. 그것은 창세기뿐 아니라 구약 전체의 분수령을 이루는 지점이기도 하다. 창세기의 메시지는 오경 전체와 맞물려 있다. 설화비평 분야의 대가로 평판이 난 크니림(Knierim)은 오경 독자들에게 오경을 창세기와 나머지 네 권의 책으로 나누어 볼 것을 권유했다. 크니림과 함께 구약신학을 설화비평으로 접근하는 클라인즈(Clines)는 오경이 크게 창세기 1-11장과 창세기 12장-신명기 34장의 두 부분으로 나뉜다고 주장한다. 창세기 12장에 의해 오경의 거대 구조를 간명하게 두 부분으로 나눈 클라인즈의 견해는 크니림(Knierim)의 견해보다 파격적이다. 클라인즈는, 첫 부분은 인간의 타락을 다루고, 둘째 부분은 하나님과의 파괴된 관계의 회복을 위한 해결책을 제시한다고 본다.[55]

어떤 과격한 학자들은 창세기를 두 부분으로 나누는 기준점이 되는 12:1을 신약성경의 갈라디아서 3:8과 연계해 믿음의 백성이 시작되는 구절로 보고, 이 구절을 기준 삼아 신구약성경 전체를 두 개의 큰 그림으로 나누기도 한다. 아브라함이 역사의 무대에 본격적으로 출현하는 것은 데라의 족보가 나오는 11:27-32의 톨레도트 단락이 끝나고 바로 이어지는 12장부터이지만, 그의 이름이 등장하는 곳은 셈의 톨레도트 단락이 끝나고 곧바로 이어지는 데라의 톨레도트 단락이라는 점을 유념해야 한다. 따라서 엄밀히 창세기를 두 부분으로 나눈다면, 첫 번째 부분은 세상의 창조와 인류의 기원을 설명하는 1:1-11:26, 두 번째 부분은 이스라엘의 조상들인 아브라함으로부터 야곱에 이르는 세 명의 족장을 설명하는 11:27-50:26이다. 하지만 창세기 12:1은 흔히 성경의 구조를 파악할 때 편의상 기준이 된다는 생각을 가지는 게 좋다.

1:1	12:1		50:26
원 역사		족장들의 역사	

2) 세계, 인류, 이스라엘을 기준으로

이 구조는 창세기에 나오는 세 가지 이야기가 서술되어 가는 대로 창세기를 나눠보는 방법이다. 아브라함이 등장하는 12:1(혹은 11:27)이 역시 중요한 기준이 된다. 이 경우 세상의 기원(1장), 민족들의 기원(2-11장), 이스라엘의 기원(12-50장), 세 부분으로 나눠볼 수 있다.

웬함(G. Wenham)은 이스라엘 족장들에 관한 이야기를 다루는 11:27-50:26의 세 번째 부분이 6개의 창조 이야기를 다룬 첫 번째 해석(Hexaemeron, 1:1-2:3)이나 원 역사를 다룬 두 번째 해석(proto-history, 2:4-11:26)보다 창세기의 핵심을 이룬다고 본다.[56] 레온 카스(Leon Kass)의 견해를 빌면, 창세기는 "우주 전체의 광범위하고 보편적인 파노라마로 시작해서(1장), 인간 삶의 자연적이고 보편적인 초상화로 옮겨가(2-11장), 땅 위에서 새롭고 구별된 길을 가는 자그맣고 독특한 사람들의 출현으로 끝을 맺는다(12-50장)."[57] 창세기를 세계, 인류, 이스라엘 세 부분으로 나누는 방법은 신학을 하는 사람들에게 통찰력을 준다. 이처럼 구약신약의 주제를 세계-인류-이스라엘로 보는 접근방법은 그동안 보수적인 구약신학자들이 즐겨 사용해온 하나님(신론)-인간(인간론)-구원(구원론)으로 보는 접근방법과 나란히 구약신학을 발전시켰다.

성서신학자들이 방대한 구약의 내용을 단 하나의 창으로 꿰뚫어 볼 수 있는 통합적인 중심사상을 창세기에서 얻은 것은 우연이 아니다. 그만큼 창세기 안에는 신학의 많은 주제를 하나로 통합할 만큼 신학의 광맥이 있다. 가톨릭 신학자인 다이슬러(Deissler)는 구약신학을 통일적으로 구성하는 원리로 하나의 주제가 필요하다면서, "하나님과 세상, 하나님과 인간의 관계"가 구약의 중심사상이라고 제시했다.[58] 구약을 이런 방법으로 관찰하는 것은 대개 언약 또는 교통 개념을 해석의 중심으로 삼는다. 슐츠(Schultz), 프록쉬(Procksch), 아이히롯트(Eichrodt), 스프릭스(Spriggs), 침멀리(Zimmerli), 프리젠(Vriezen), 포러(Fohrer) 등 학자들은 이런 접근을 통해 다양한 구약사상을 하나의 개념으로 표현하려고 했다. 특히 아이히롯트는 역사적 원리와 체계적 원리를 교차적으로 사용, 구약신학 방법론에 돌풍을 일으켰다. 아이히롯트는 선배들이 사용한 기존의 역사비평적 원리와 자기가 고안한 언약 개념에 의한 체계적 원리를 배합해 하나님과 백성, 하나님과 세상, 하나님과 인간이라는 세 가지 범주로 구약사상을 체계화하려고 했다.[59]

1:1 2:1   12:1   50:26
세계 세상민족들   이스라엘

3) 등장인물들을 중심으로

등장인물에 대한 서술(narrative) 전개를 중심으로 창세기 구조를 보는 것도 창세기를 한눈에 파악할 수 있는 좋은 방법이다.[60] 창세기 1-11장은 이스라엘 백성들에게 자기들이 어디서부터 시작되었는가를 알려 주는 동시에 성경 전체 이야기의 출발점을 제시해 준다. 그리고 12장이다. 12장에는 아브라함의 소명이 기록되어 있다. 아브라함이 등장하는 이

12장을 분기점으로 앞부분은 원 역사가, 뒷부분에는 족장들의 역사가 펼쳐진다. 창세기에 등장하는 중요 인물들은 아브라함, 이삭, 야곱으로 이어지는 세 명의 이스라엘 족장이다. 구약의 정경해석학적 방법론에 포스트모던 정신을 과감하게 수용한 브루그만(Brueggemann)은 족장들의 역사적 실재를 선뜻 받아들이지 못하기 때문에 족장이라는 용어는 적절하지 못하다고 주장하고, 족장들의 내러티브를 "가족 이야기"(family stories)[61]라고 부르는 게 좋다고 생각한다.

학식 있는 이러한 학자들의 주장들은 그들의 의도가 무엇이든 간에 성경의 권위를 약화하고 전통 신앙인들의 신앙을 어지럽히므로, 본서는 족장들의 역사성 문제를 비교적 자세하게 다루어 사실을 규명할 것이다. 브루그만은 족장들의 역사성에 회의를 품고 있으므로 족장들의 역할을 축소하려 하고 있으며 족장들에 관한 기록을 단지 이야기로 격하하고 있다. 유감스럽게도 현대 신학계에 영향력 있는 브루그만의 견해는 왜곡되어 있다.

아브라함, 이삭, 야곱, 이 세 명은 이스라엘 민족을 형성하게 한 시조들이다. 그런데 이스라엘 12지파는 야곱에게서 나왔으므로 일반적으로 이스라엘의 시조라 하면 야곱을 꼽는다. 특이하게도 세 명의 족장 가운데서 이삭에 관한 서술은 26장 단 한 장에만 할애되었다. 이삭의 이야기는 25장의 팥죽 사건부터 앞당겨 나오는 야곱 이야기에 묻힌 바람에 그 존재감이 아버지 아브라함이나 아들 야곱보다 떨어지는 것처럼 보인다. 이삭에 관한 이야기가 아브라함이나 야곱에 비해 턱없이 빈약한 까닭은, 이삭이 그의 아버지인 아브라함이나 아들인 야곱에 비해 존재감이 열등한 데서 기인한 게 아니라, 그가 아버지나 아들보다 훨씬 안락하고 평온한 삶을 살아서 화제가 될 만한 '이야깃거리'가 상대적으로 적었기 때문이 아닌가 한다(그렇다고 우리는 자신의 생애가 일부러 '이야깃거리'로 차고 넘치도록 살아서는 안 되겠지만).

야곱의 열한 번째 아들인 요셉은 창세기에서 가장 많은 부분(37-50장)을 차지하고 있음에도 족장은 아니다. 독자들이 이 부분을 읽을 때 주인공은 요셉으로 보이지만 진짜 주인공은 야곱이라는 사실을 잊어서는 안 된다. 요셉 내러티브는 요셉의 배후에서 실질적인 이야기를 이끌어 가는 사람이 요셉의 아버지 야곱이라는 것을 염두에 두어야 한다. 물론 요셉, 야곱과 그리고 그들 주변의 모든 환경과 여건을 배후에서 지켜보시고 사건에 간여하시고 조정하시는 분은 하나님이시다. 창세기의 독자는 전면에 하나님이 나타나지 않는 경우에도 창세기 전체를 이끌어가는 주인공은 하나님이시라는 사실을 한시도 망각해서는 안 된다.

족장들 못지않게 내러티브에서 두드러진 역할을 하는 사람들은 족장들의 아내들인 사라, 리브가, 라헬이다. 이들 세 사람은 보통 여자들과는 달리 임신하지 못하는 공통점이 있다. 이것은 남성 중심의 가부장적 사회에서는 치명적인 약점이기에 관련 당사자 사이에 늘 갈등을 일으키는 요인이 되었고, 또한 아브라함을 통해 자손들을 번성하게 할 것이라는 하나님의 약속의 성취를 방해하는 위협적인 요인으로 작용했다.

창세기에 등장하는 네 명의 이스라엘 족장 가운데서 가장 비중이 높은 사람은 아무래도 아브라함이 아닌가 싶다(유대인들에게는 야곱인지는 몰라도). '믿음'의 대명사인 아브라함은 신약성경에서 그 중요한 역할이 압도적이라는 사실은 독자 여러분도 잘 아시리라. 그런 점에서 아브라함의 이야기가 생각보다 빠른 12장부터 나온다는 사실은 성경의 독자들에게는 그 자체로 힐링(치유)의 효과가 있다.

아브라함이 역사의 무대에 나타나기 전까지 인류는 지속적으로 실패를 거듭하고 혹독한 대가를 치르지 않으면 안 되었다. 은혜로우신 하나님의 구원의 손길이 스며있기는 하지만, 원 역사는 전반적으로 좌절과 절망의 분위기가 짙게 깔려 있어 독자들은 성경을 보면서도 스트레스에 시달려야 했다. 그러나, 창세기 12장부터 절망은 희망으로 바뀌고, 칙칙한 인류의 미래는 갑자기 동터오는 새벽처럼 밝아 오르기 시작한다. 여기서부터 구원의 교향곡이 울려 퍼지는 것이다. 그 팡파르는 웅장하고 감미로운 멜로디를 타고 쉴 새 없이 이스라엘을 퍼 나를 것이다.

이스라엘이 역사의 전면에 하나의 어엿한 민족으로 출현한 것은 출애굽기에서 나타나지만, 창세기는 요셉 이야기를 통해 이미 그것을 예견할 만큼 충분한 정보들을 제공하고 있다. 신구약성서를 구속사적으로 본다면 창조에서 타락으로, 타락에서 구속으로, 그리고 마지막에는 재창조로 이어지는 대드라마다. 하나의 통일된 "큰 이야기"[62]인 성경은 네 악장으로 이루어진 교향곡과 같다. 창세기는 창조와 타락이라는 교향곡 제1악장과 제2악장을 완벽하게 연주하고 구속이라는 감동적인 연주를 준비한다. 관객은 제3악장을 꼭 듣지 않아도 하나님의 구원 활동이 훌륭하게 펼쳐질 것을 확신하고 있으며(예수 그리스도의 사역으로 훌륭하게 연수된다), 신약성서의 마지막 두 장(계 21-22장)의 은혜롭고 황홀한 재창조를 연주할 제4악장까지 하나님께 대한 무한한 신뢰를 보내게 된다. 드라마든 교양곡이든 이 모든 것은 예수 그리스도 안에서 어떻게 하나의 드라마, 하나의 교향곡을 만들어 가는지 초점이 모이고 있다.

성경을 예수 그리스도 중심으로 하는 이야기 형태로 실감 나게 써 나간 사람은 캐나다 신학자인 바솔로뮤(Bartholomew)와 고힌(Goheen)이다. 두 학자는 신구약성서의 주제를 '하나님 나라'로 삼고, 성서 전체의 이야기를 6막으로 구성했다.[63] 신구약 중간기를 막간으로 전반부에 3막, 후반부에 3막이 있다. 전반부 3막은 구약의 드라마다. 제1막은 창조, 제2막은 타락, 제3막은 구속의 시작을 다룬다. 제1막은 창세기 1장을, 제2막은 창세기 2장을, 제3막은 창세기 3장부터 나머지 구약의 책 35권을 다루고 있다. 이것은 창세기 한 권이 구속사의 압축판이라는 것을 실감 나게 보여 준다.

타락과 구속의 시작 사이에는 인류의 절망적인 타락과 그 타락의 정도를 능가하는 하나님의 구속의 은혜가 곳곳에 스며 있고, 마침내 하나님의 구속 활동은 아브라함 한 사람과 개인적인 교제를 통해 본격적으로 전개된다. 바벨탑 사건에서 볼 수 있듯 "하나님이 거하시는 곳에서 하나님의 통치를 받는 백성이 없는 것처럼"[64] 보였을 때, 아브라함의 등장으로 우리는 전과 다른 새로운 유형의 사람들이 나타나 축복을 받을 것 같은 안도감에 사로잡힌다. 그 복스럽고 새로운 사람은 아브라함을 통해 비록 흐릿하고 불완전한 모습으로 출현하게 될 것이지만, 그리스도 안에서 전혀 새로운 인간성을 지닌 사람으로 회복되고 완성될 것이다(고후 5:17; 엡 2:15; 4:24; 골 3:10). 이런 점에서 구속의 은혜가 임한 구약의 아브라함은 그 구속을 성취하고 완성하실 신약의 예수 그리스도의 모형이 되고 있다. 아브라함이 등장하는 12장은 그래서 성경 전체의 분수령을 이룬다.

4) 톨레도트(תוֹלֵדוֹת) 서술방식을 중심으로

창세기의 분명한 문학적 특징은 이 책의 저자가 주의 깊게 고안한 '톨레도트' 구조에서 발견할 수 있다. 톨레도트에 대한 영어 성경의 버전은 다양하다. 이 말의 번역이 통일이 안 된 것은 한국어로 된 성경들도 마찬가지다. 한국어 성경들은 톨레도트를 "…의 계보(족보)는 이러하다", "…의 내력은 이러하다", "…의 아들들의 이름은 이러하다"라는 세 가지로 번역해 놓았다.

창세기의 독특한 문학적인 틀인 이 '톨레도트' 표현은
보수주의 학자들은 물론 문서비평 학자들을 당혹하게 하는
문구다. 이 독특한 문구는 창세기에서 열 번 나타난다.
문서설을 추종하는 학자들은 이 문구가 창세기의 제사장
문서들과 관계가 있다고 본다. 이들 학자들은 창세기의
전체적인 문학적·구조적인 틀로 미루어보건대 제사장 문서가
독립적으로 존재했다고 하기보다는, 오히려 오경의 마지막
편집자로서 그 고유한 틀과 자신이 가지고 있던 전승들을
사용해 창세기를 새롭게 구성했다고 주장한다.[65]

그와는 반대로 전통 보수진영의 글리슨 아처(Gleason
L. Archer) 같은 학자는 문서비평 학자들의 문서발달설을
단호히 배격한다. 글리슨 아처에 따르면, 톨레도트는 은혜
언약이라는 중심원리가 창세기의 전체 기사를 관통하게 하면서
창세기 기자가 얼마나 세심하고 체계 있게 전체 족장시대를
다루었는지를 보게 하는 문학적 장치라고 한다. 바튼(J.
Barton)도 그러한 점은 인정한다. 톨레도트 구조는 독자들에게
연대기적인 날짜를 역사로 정향시키게 하면서, 이스라엘의
다양한 그룹들과 또는 이스라엘과 고대 근동 세계의 다른
민족들과의 관계들에 대해 사건들이 과연 무엇을 묘사하려고
하는가를 파악하는 데 일종의 지도와 같은 역할을 한다는
것이다.[66]

창세기 기자가 공식적 가족력인 톨레도트 서술방식을 채택한

것은 분명한 의도가 있다. 이 톨레도트 구조에서 우리가 발견할 수 있는 것은 지구가 생겨난 이래 모든 민족은 하나님의 형상을 닮은 가치 있는 존재로서 상호 연관되어 있고, 씨족과 부족과 민족을 이루며 인구가 급속도로 늘어난 인류의 번영은 하나님의 축복(창 1:18; 9:1)으로 인한 것이라는 점이다. 그뿐만 아니라 역사적 이스라엘의 위치와 유산이 하나님의 약속의 담지자인 아브라함으로 거슬러 올라가고 있고, 아브라함 이후 세대와 이전 세대의 연결을 분명히 해두려는 창세기 기자의 의지를 엿볼 수 있다는 점이다.[67] 그 당시 고대 근동의 나라들에서 유행한 왕들의 통치를 기록한 연대기적 족보가 역사적으로 공신력이 있는 문서로 받아들여졌듯, 창세기 기자는 톨레도트 서술방식이 역사적으로 신뢰할 만한 종교적 문서로 받아들여지기를 원했던 게 확실하다.

이에 따라 톨레도트는 독자들로 하여금 아담과 노아에 대한 성경의 기록이 이들보다 후대에 살았던 아브라함이나 이삭이나 야곱에 대한 기록보다 역사성이 떨어진다는 생각을 갖게 할 여지를 원천적으로 차단하고 있다. 하나님이 창조하신 땅에서 까마득히 오래전에 있었던 일이지만, 이 서술방식은 맨 처음의 족보가 역사적 사실이라면 맨 마지막 족보 또한 당연한 역사적 사실이고, 그 역으로 맨 마지막의 족보가 역사적 사실이라면 맨 처음 족보 또한 충분히 역사적 사실임을 보여 준다. 그것은 유추가 아니라 실제로 역사 속에서 발생한 사건인 것이다.

창세기의 마지막은 요셉의 죽음으로 끝난다. 그리고 이어지는 책이 출애굽기이다. 출애굽기는 아브라함의 씨인 이스라엘이 애굽에서 창대하게 되지만, 애굽 본 국민의 탄압을 받아 비참한 노예생활을 하던 중 하나님의 놀라우신 은혜로 애굽을 벗어나 약속의 땅을 향해 가는 이야기가 그려져 있다. 이렇게 톨레도트는 이스라엘의 뿌리가 애굽의 노예생활로부터 낙원의 아담과 하와까지 거슬러 올라가는 것을 일목요연하게 보여준다.[68]

톨레도트의 문구가 정확히 무엇을 의미하는지 파악하는 일은 그리 어렵지 않다.[69] 이 문구는 한 인물의 전기에 대한 서문적인 역할을 넘어서는 것 이상의 의미들을 내포하고 있다. 창세기 2:4a처럼 "···의 계보(족보)는 이러하다"라는 문구가 앞의 내용이 종결되는 결론구를 의미하는지, 아니면 그다음부터 나오는 내용의 서론적인 역할을 하는 서론구인지도 주석가들 사이에는 합의가 안 되어 있다. 학자들은 차일즈(B. Childs)처럼 대체로 이 문구를 족보 목록의 서론적인 역할을 하는 것으로 보지만, 해리슨(Harrison), 맥쿤(McKeown) 같은 학자는 족보 목록을 마감하는 결론부 역할을 한다고 본다.[70]

이 톨레도트의 문구가 서론적인 역할을 하든 결론부적인 역할을 하든 분명한 것은, 하나님이 창조하신 하늘과 땅의 역사는 이스라엘 사람들이 자신들의 시대에 관찰할 수 있었던 계보의 전개 방식과 유사하게 펼쳐진다는 사실을 알려준다. 그리고 "···의 계보(족보)"라고 할 때, "···의" 사람은 계보의 중심적인 인물이라고 보는 게 자연스러워 보이지만, 자세히 보면 꼭 그렇지만은 않다. 이를테면 아담 자손의 계보(5:1), 이삭의 계보(25:19), 야곱의 계보(37:2)가 그런 경우인데, 이 계보들은 정작 아담, 이삭, 야곱에 관한 이야기보다는 그들의 자손들에 관한 이야기로 가득하다. 이 공식문구는 뒤에 나오는 에피소드가 시작된다는 것을 알려주며, 한결같이 문구와 함께 언급된 인물의 죽음으로 일단락된다.

톨레도트 기록방식에서 또 하나 흥미로운 사실은 덜 중요한 인물이 중요한 인물보다 앞에 나온다는 점이다. 가령 노아의 아들인 야벳과 함의 계보가 셈보다 먼저 나오고, 아브라함의 서자인 이스마엘의 계보가 적자인 이삭보다 먼저 나오는 식이다. 더욱 이상한 것은 창세기에서 두드러진 인물 중 하나이며 이스라엘 역사의 기원을 이루는 아브라함은 계보가 없다는 점이다. 아브라함은 11:27부터 시작하는 데라의 족보에 다른 형제들과 함께 살짝 언급되어 있을 뿐이다. 창세기 기자가 아브라함 대신에 데라의 족보로 대체한 것은 나름 이유가 있기 때문으로 보인다. 데라의 세 아들을 이스라엘의 가족들로 편입하고 아울러 아직 자녀가 없는 아브라함의 아내인 사라의 두드러진 역할을 기대하고 있기 때문이다.[71]

위와 같이 톨레도트에 관해 비교적 자세히 언급했지만, 톨레도트의 역할이 무엇인지는 전반적으로 명확하지 않다. 어쨌든 톨레도트는 가족의 역사를 가리키는 말이 분명하므로 이 공식 어휘는 창세기의 독자들에게 책의 구조를 파악하는 데 상당한 도움을 준다는 것만큼은 기본적으로 알아두자. 만물의 시작을 말해주는 부분과 선민 이스라엘의 태동을 알려 주는 아브라함의 소명이 나타나는 부분을 10개의 톨레도트와 연관 지어 창세기의 구조를 한눈에 보려면 도표 1을 보라.

1:1 2:4   5:1   6:9   10:1 11:10 11:27 25:12 25:19   36:1 37:2   50:26
우주   아담 노아 아들들 셈 데라 이스마엘 이삭   에서   야곱

[도표 1] 톨레도트에 의한 창세기의 구조

제1부 우주와 만물의 기원 (원 역사)	
하늘과 땅의 이야기	2:4-4:26
아담 이야기	5:1-6:8
노아 이야기	6:9-9:29
셈과 함과 야벳 이야기	10:1-11:9
셈의 이야기	11:10-26
제2부 선민 이스라엘의 기원 (족장들의 역사)	
데라 이야기	11:27-25:11
이스마엘 이야기	25:12-18
이삭 이야기	25:19-35:29
에서 이야기	36:1-37:1
야곱 이야기	37:2-50:26

2. 문학(장르)

창세기는 세상의 기원(1장), 민족들의 기원(2-11장), 이스라엘의 기원(12-50장)을 차례로 서술해간다. 이러한 역사적인 새로운 발전 단계는 앞서 언급한 것처럼 '톨레도트'(계보)라는 공식 표제와 반복기법에 의해 구조화되어 있다. 즉, 창세기의 구조는 계보의 역사를 따라 펼쳐진다. 창세기는 오경 중에서도 가장 정교하고 현란한 문학적 특징을 보여 주고 있다. 톨레도트에 의해 구분되는 단락들은 성격상 두 가지로 나뉜다. 창조 이야기를 비롯해 노아 이야기, 데라 이야기, 이삭 이야기, 야곱 이야기는 내러티브(설화체) 형식으로 내용이 길고 상세하지만, 나머지 단락들은 상세한 언급 없이 연대기적 서술만 있을 뿐이다. 또한 톨레도트로 구분되는 가족사에서 흥미로운 것은 덜 중요한 가족사가 중요한 가족사보다 항시 앞에 먼저 나온다는 점이다.[72] 톨레도트에 의한 단락 구분은 문체와 어휘에 있어서 일관성이 다소 결여되는 이 책의 통일성을 유지해주는 중요한 기능을 발휘한다.

통일성은 이야기의 구성을 한층 짜임새 있게 해주면서 이 책을 읽는 독자들을 세계와 우주의 창조로부터 이스라엘 백성의 애굽 체류까지 인도해간다. 그러면서 시(poet), 산문(prose), 우화(fable), 신화(mith), 민담(saga), 설화(legend), 기원담(etiology) 등 다양한 장르가 내러티브 플롯을 채워주고 있다. 양식비평 학자인 헤르만 궁켈(Herman Gunkel)은 창세기의 문학적 장르 연구의 선구자다. 그는 창세기에 등장하는 족장들의 이야기가 민담이나 설화 등 문학형태로 전해져 내려왔다고 본다.[73] 따라서 창세기의 장르는 기본적으로 내러티브(설화)이지만, 49장을 제외하면 형태상으로는 산문이다. 궁켈에 따르면, 거룩한 공동체에서 전승되어 온 문학양식은 설화든 민담이든 찬양이든 공동체의 삶의 본래적인 환경이나 혹은 삶의 자리(Sitz im Leben)를 규정해 준다고 한다.

오덴(Oden)은 창세기의 장르를 신화라고 본다. "신화라고 하는 신들에 관한 이야기"에 근거해 이스라엘 종교가 유일신교라는 전통적인 견해에 반대하는 오덴은 성경의 내러티브를 역사적 사실로서가 아닌 신화로 본다.[74] 그러나 아놀드(Arnold)는 원 역사의 기록들을 신화라고 해서는 곤란하고 역사라고 단정하기에도 미흡한 "신화-역사적인"(mytho-historical)[75] 문학작품으로 이해한다. 족장들의 내러티브(12-36장)는 선사시대와 역사시대의 중간인 "이스라엘의 원 역사적-전승사적 서사시"[76]이지만, 원 역사의 사건들은 역사적으로 입증할 수 없으므로 그야말로 그 사건들은 "원시 역사적"(proto-historical)[77]이라는 것이다.

역사비평적 입장으로 볼 때는 창세기의 역사성이 분명하지 않다는 이유로 오늘날 신학자들은 창세기 전부를 가급적이면 역사성과 결부시키지 않고 연구하려고 하는 것 같다. 신학자들은 창세기 본문을 대할 때 먼저 이 책이 인간의 상상력에 의한 신학적·문학적 내용을 이야기나 민담 형식을 통해 제시했다고 보는 경향이 강하다.[78] 철저한 역사비평주의자인 존 콜린스(John J. Collins)를 대표적인 학자로 꼽을 수 있다. 콜린스는 창세기의 내용을 역사성이 떨어지는 설화나 이야기 같은 차원의 시적인 상상작품으로 이해한다.[79] 스턴버그(Sternberg)는 문학적 관점에서 볼 때 성경은 기본적으로 소설이므로 역사성이 가미된 소설로 읽을 것을 주문한다.[80] 알터(R. Alter)는 성경을 거룩한 역사로 보면서도 성경의 이야기들을 "역사화된 산문 소설"(historicized prose fiction)[81]로 읽을 것을 권장한다.

포이트레스(Vern S. Poytheress)는 하버드대학교에서 수학으로 박사 학위를 받고 신학, 언어, 과학 등 6개의 학위를 가진 웨스트민스터 신학교수다. 포이트레스는 창세기의 사건들, 특히 창세기의 오프닝 섹션인 1:1-2:3에 기록된 사건들은 현실세계에서든 상상의 세계에서든 어디에선가 일어난 것으로 추정되는 사건들에 대한 설명으로 확신한다. 그는 창세기에 기록된 사건들에 대해 허구(fiction)와 비허구(nonfiction)의 가능성을 둘 다 열어놓으면서도, 분명한 것은 그 모든 사건은 현실세계에서 일어났던 내용을 시적, 미래 지향적인 본문들(창 49장)이 끼어 있는 히브리어 산문 내러티브로 본다.[82] 그러므로 창세기는 열왕기 및 역대기와 마찬가지로 과거에 실제로 있었던 사건들을 서술해 놓은 "광범위한 산문 내러티브 장르"[83]에 속한다. 그것은 논픽션이다.[84]

창세기 본문이 역사성에 바탕을 두고 만든 고도의 세련된 문학적 작품은 요셉 내러티브(37-50장)다. 요셉 내러티브는 족장들의 3개 내러티브와는 다르게 역사성에 바탕을 두고 치밀한 문학적 기법으로 구성된 "소설"(novel)이다.[85] 후기 자유주의적인 신학자로 분류되는 프라이(H. Frei)나 콜린스(C. J. Collins)는 창세기를 "역사류"(history-like)로 읽어야 올바른 해석을 할 수 있다고 주장한다. 구약성경을 역사보다는 문학적 관점에서 접근한 프라이는 구약성경, 특히 창세기의 내러티브를 "역사류"(history-like)로 본다. 프라이는 노아의 홍수나 큰 물고기에 삼킨 요나의 이야기나 그리스도의 부활 사건이나 성경의 기적들은 그 사건이 개별적으로 역사적인 사건인지 아닌지로 구태여 구별하기보다는, 전체로서의 기적 사건에 아우러져 있는 것으로 보는 게 좋다고 말한다. 그것들은 역사 속에서 실제로 일어난 것과 같은 정당성을 지닌 '역사 같은 것'이기 때문이다.[86] 콜린스는 창세기의 문학적 장르가 무엇인지 유심히 살피며 읽을 때 설화 형식의 이 책을 역사 아닌 "역사 같은 것"이라고 확언한다.[87] 우리는 창세기 장르를 표현하는 이 용어들이 이 책의 역사 기록적인 의도를 훼손할 수 있기에 문학비평적인 접근이나 양식비평적인 접근을 경계할 필요가 있다. 왜냐하면 이러한 장르를 제시하는 현대의 비평학자들은 거의 예외 없이 창세기의 역사적 사실성을 받아들이는 데 인색하기 때문이다.

　본서는 창세기의 문학이 역사성과 밀접히 연관되어 있는 문제이므로 지면을 더 할애하여 설명하고자 한다. 비평학자들은 원 역사(1-11장)가 족장들의 역사(12-50장)와는 달리 기록 이전의 역사(prehistoric)로서 역사 속에서 실제 일어난 일이라고 볼 수 없다고 생각한다. 20세기 신학의 거장인 폰 라드가 대표적인 학자이다. 폰 라드는 하나님의 계시가 역사 속에서 나타난다고 본다. 그는 이스라엘의 신앙이 역사의 신학에 근거를 두고 있다고 생각한다.[88] 하나님은 역사의 현장에서 이스라엘과 열방과 세계에 대해 행동하신 분이시다. 그러므로 그 역사는 하나님의 구원 역사(Heilsgeschichte)인 것이다. 그러나 폰 라드에게 구약의 역사는 실제로 일어난 역사라기보다는 신앙고백을 통한 역사적으로 결정된 역사다. 그는 이스라엘의 역사를 어떻게 보느냐에 따라 구약신학은 두 개의 큰 흐름으로 갈라지게 될 것이고, 이스라엘의 역사를 거부하는 신학사상은 신학의 혼란을 초래하게 될 거라고 예견했다.[89]

　하지만 애석하게도 천재 신학자인 폰 라드는 그 스스로 신학의 오리무중에 빠져버리고 말았다. 구약성경을 사건들의 과정인 역사책(Geschichtsbuch)으로 간주한 폰 라드가 생각하는 창세기의 역사는 실제로 일어난 역사가 아니라 그 역사를 신앙으로 선포한 이스라엘의 초기의 역사적 경험에 불과하다.[90] 그는 창세기의 창조를 본질적으로는 신화나 영웅담이 아닌 P(제사장) 기자의 전통적인 신조라고 본다.[91]

창조에 대한 그의 생각의 밑바탕에는 신화적 분위기가 짙게 드리워져 있다. 창세기 1장은 고대 이스라엘에서 살았던 거룩한 제사장들이 수세대에 걸친 신앙 경험과 반성 속에서 숙고에 숙고를 거듭하고, 가르치고, 사려 깊게 다시 뜯어고치고, 개념을 확장하는 식으로 전승과정을 거쳐 태어난 야웨 공동체의 "놀라운 신학적 성취"라는 것이다.[92] 폰 라드는 창세기의 창조를 가나안의 종교들에서 따온 신화 차원의 것으로 보기 때문에 그에게 창조신학은 늘 구원론을 받쳐주는 하위개념에 머물러 있었다. 폰 라드 같은 창조관은 지난 세기 비평학자들에게 만연된 생각이었다.

베스터만(Westermann)은 폰 라드의 영향을 받아 전승사비평 방법론을 사용해 창세기를 연구했지만, 폰 라드의 창조관을 극복하려고 했다. 그는 원 역사에 대해서는 폰 라드와는 생각이 다르다. 베스터만은 창세기 1-11장의 사건들은 이스라엘과 그 주변 지역에서 일어난 역사적 사건이라고 생각한다. 다만 그 사건들은 신화나 의식에서 표현된 역사다. 따라서 그것들은 원시 역사적 사건들이며, 이것은 이야기 형태로 인류의 보편적 전승의 일부가 되었다는 것이다.[93] 결국 베스터만도 원 역사의 사건들에 실제 역사성(historicity)을 부여하기를 꺼린다. 원 역사는 특정한 시점에 발생한 역사적 사건이라기보다는 어느 시대 어느 공간을 막론하고 이 세계와 모든 인류가 하나의 전체로서 보편적으로 경험할 수 있는 사건에 대한 진술이라는 것이다. 베스터만은 원 역사를 다룬 장들에서, 그렇다면 우리는 "실제 그러한 일들이 일어났는가?" 하는 데에 관심을 두지 말고

"그게 인류의 본질인가?" 하는 데에 관심을 두어야 한다고 주장한다.[94]

베스터만의 창조를 비롯한 원 역사에 대한 설명은 일견 그럴듯하지만, 궁금증을 해소하기에는 설득력이 부족하다. 우리는 창세기의 사건들이 역사 속에서 실제로 발생하였고 과학적 사실과 부합한다고 믿지만, 그렇다고 창세기의 모든 기록이 과학적 논문이나 역사적 사건을 검증하는 역사서로 기대해서는 안 된다. 창세기는 정밀한 과학책도 아니고 역사책도 아니기 때문이다. 그보다는 창세기를 문학작품 측면으로 접근한다면 좀 더 편한 마음으로 이 책을 대할 수 있다. "성경을 이해하기 위해서는……먼저 그 성경이 천상에서 기록되어 지구로 툭 떨어졌다고 생각하지 않는 게 좋다…… 오히려 성경의 페이지들을 펼 때 그게 수천 년 전부터 써 내려온 문학이라고 기억한다는 게 우리를 흥분하게 한다."[95] 우리는 이스라엘이 역사 속에서 구원자로 만난 하나님을 하늘과 땅을 만드시고 아담과 하와를 창조하셨으며 죄에 물든 인간들을 대홍수로 쓸어버린 하나님과 동일한 분이시라는 것을 확인할 수 있다. 이러한 관점이 가져다주는 유익은 원 역사를 신화로 몰아붙이고 족장들의 역사를 비로소 역사의 출발점으로 간주하는 이분법적인 사고를 사전에 봉쇄할 수 있다. 그런 점에서 원 역사를 "역사적 서사"[96]로 정의한 카이저(W. Kaiser)의 관점은 돋보인다.

최근 고고학의 발달로 족장시대의 삶과 풍습 등 여러 정황이 역사적인 자료와 부합되고 있다는 사실은 창세기에 기록된 내용들을 역사적인 것으로 받아들이려는 복음주의자들에게는 퍽 고무적이다. 고고학의 아버지라 불리는 올브라이트(Albright)는 창세기의 족장들이 역사적으로 실존한 인물이 아니라는 이유를 딱히 발견하기가 어렵다고 말한다.[97] "모세가 오경의 토대가 되는 정보들을 어떻게 입수했든 한 가지 분명한 사실은 그가 이스라엘 족장들의 나이와 출애굽의 역사적 연대를 정확하게 기술하고 있다는 점이다."[98] 그렇다고 하더라도 창세기의 역사성을 지나치게 신봉한 나머지 이 책에 나타나는 장르들을 외면해버리는 것은 성경이 보여주는 드넓은 세계를 보지 않으려고 스스로 눈을 감아버리는 것과 같다고 할 것이다. 열린 마음을 가지고 이 책을 읽는다면 창세기의 독자는 하나님이 만드신 세계와 인간, 그리고 그 3자의 관계에서 나타나는 아기자기하고 놀랍고 은혜로운 종교적·문학적 향취와 일반 역사책에서는 결코 맛볼 수 없는 또 다른 종류의 짠한 맛을 볼 수 있다.

창세기를 훌륭하게 읽는 방법에는 왕도가 없다. 창세기의 메시지들을 바로 이해하려면 다양한 문학적 장르의 창을 통해 본문에 접근하는 게 좋다. 창세기의 독법은 어느 한 가지 문학적 장르나 방법으로는 가능하지 않다. 미국 캘리포니아주 버클리 대학의 구약학 교수인 헨델(R. Hendel)의 제언은 그래서 귀담아들을 필요가 있다. 그는 2010년 출간한 자신의 책인 『창세기 읽기』(Reading Genesis)에서 자신의 "문화적 기억"에 의한 읽기를 포함해 창세기를 읽는 10가지 방법론을 제시했다. 헨델은 창세기가 족장들의 과거와 관련한 고대 이스라엘의 문화적 기억의 총체적 복합물일 뿐만 아니라 오늘날 서구 문화에 길든 기독교인들과 유대인들을 위한 과거의 먼 사건들의 권위 있는 문화적 기억의 저장소로 본다.[99] 그는 이 문화적 기억에 의한 창세기 읽기가 역사, 문학, 사회학 등 성경 읽기에 필요한 정보들을 보충해 준다고 말한다.

창세기 독자는 이 책이 현대의 과학적 질문들과 인류 역사에 확실히 응답하는 안내서라는 기대부터 우선 하지 않는 게 좋다. 창세기는 과학책도 역사책도 아니기 때문이다. 하지만 유념할 것은, 그 반대로 창세기가 과학이나 역사 같은 내용이 전혀 없다고 단정해서도 안 된다. 창세기는 신화, 설화, 민담에서부터 과학과 역사까지를 망라하는 고대인들의 사상체계를 신학적으로 묶어 구성해 놓은 책이기 때문이다. 이러한 점들을 감안해 겸손하고 진지한 마음으로 창세기를 읽는다면 독자들은 세상의 다른 책들에서 결코 얻을 수 없는 경이와 영감을 이 책 한 권에서 얻게 될 것이다. 하나님과 인간, 자연과 세계, 그리고 과거와 현재와 미래의 사건과 시간을 압축한 역사적·신학적 기록인 창세기에서 우리는 현재의 위치를 자리매김하고 미래에 나아갈 올바른 방향이 무엇인지를 바라본다. 창세기의 독자들이 이러한 역사적·신학적 조망 위에 있을 때 원시 역사 또한 한층 더 신학적으로 유의미하게 역사적 신빙성이 있는 것으로 받아들여질 것이다.

제6장

창세기의 내용

　하나님의 창조는 거뜬하고 유연하다. 하나님이 세상을 창조하시려고 마음먹었을 때 무슨 갈등이나 고민이 있는 것 같은 분위기는 전혀 감지되지 않는다. 하나님은 단호하지만 평안하게, 엄중하지만 은혜롭게, 번거롭지만 지혜롭게 세상을 창조하셨다. 기대감을 갖고 구약성서를 처음 손에 잡은 사람은 인간과 세계의 창조에 관한 이야기가 단 두 장(1장과 2장)에만 할애된 것을 발견하고 경악한다.

　/본문 중에서.

1. 창세기 1-2장 : 창조 - 하나님의 최초의 사역

　　　　창세기는 하나님의 창조 이야기로 시작한다. 구약 최초의 사건은 세상의 창조이다. 하나님이 맨 처음 하신 사역은 세상을 창조하시는 일이었다. 하나님은 우주의 일부만 창조하신 게 아니라 전부를 창조하셨다. 하나님의 창조는 역사적이고 인간이 지적으로 알아볼 수 있게 하셨다. 창세기의 창조는 이 세계와 인류가 어떻게 시작했는지를 말해주고 있다. 창조는 이스라엘 종교가 출현하는 배경을 이루고 있다. 폰 라드(von Rad)는 이스라엘 역사의 시작이 창조의 사건부터 시작한다고 말한다.[100]

　창조는 또한 종말과 맞닿아 있다. 우리는 창조로부터 종말까지 인간과 세계를 붙드시는 하나님의 언약을 본다. 그러므로 창조는 현재진행형이다. 창조가 혼돈의 세력에 맞서 지금도 진행 중인 하나님의 사역이라면, 하나님의 언약은 인간과 하나님을 하나로 꽁꽁 묶는 줄과 같은 것이다.[101] 구약을 "하나님, 이스라엘, 땅" 세 요소의 윤리적 삼각관계라는 관점에서 살핀 영국의 보수적인 목회자이며 신학자인 크리스토퍼 라이트(Christopher Wright)는 은혜와 구속의 행위에서 주도권을 쥐신 하나님이 구약 윤리의 기원, 역사, 내용, 동기 면에서 중심적인 위치에 있다고 말한다. 이 세 요소는 서로 영향을 주고받으며 신학적 · 사회적 · 경제적인 구약 윤리를 제시한다.[102]

하나님의 성품과 사역에 초점을 맞춘 "유일신 사상"[103]을 가지고 구약성서가 무엇을 말하려고 하는지를 살핀 폴 하우스(Paul House)는 주저 없이 하나님을 성서신학의 으뜸가는 주제로 본다. 폴 하우스는 하나님 중심적인 정경적 성서해석만이 신적 영감으로 가득 찬 히브리 성서의 주제를 파악하는 데 도움이 된다고 확신한다. 그는 하나님에 관한 성서의 다양한 증언을 하나로 묶는 방법은 "하나님의 명확한 초상"[104]이라고 하면서 그것으로 참된 구약신학과 성서신학을 수행할 수 있다고 믿는다.

이들 학자들처럼 우리는 창조의 사건에서 신구약성서의 중심 주제의 하나인 '하나님 나라'를 예견한다. 브루스 왈키(Bruce Waltke)는 이 주제가 일찌감치 창세기에서부터 시작하고 있는 것을 관찰했다. 왈키에 따르면, 하나님 나라의 요소는 네 가지 ─자손, 땅, 하나님의 통치, 통치자이신 메시아─ 인데, 이러한 요소들은 창세기의 창조기사인 1-2장부터 발아되어 아브라함의 소명 기사(창 12:1-3)에서 활짝 꽃피운다.[105] 창세기 1:1-3의 짧은 단락에서 왈키가 발견한 하나님은 창조자, 구원자, 통치자이시다.[106]

한편 창조는 하나님께서 인간에게 베푸시는 '복'이다. 창세기는 하나님께서 족장들의 자손들(씨)에게 복을 주시려는 것을 보여 주는 책이라고 한다. 알렌 로스는, 창세기는 "복"이라는 공통된 주제를 톨레도트 방식을 통해 틀을 짜고 있으며, 그러한 틀 안에서 "복"이라는 주제를 점진적으로 발전시키는 것을 보여 주고 있다고 관찰한다.[107] 알렌 로스는 그가 오랫동안 공들여 써서 내놓은 책 제목을 아예 『창조와 복』(Creation and Blessings)이라고 정할 만큼 창조를 복과 깊이 연관지으려고 했다. 라이트(Wright)와 풀러(Fuller)도 창세기부터 여호수아까지 육경을 관통하는 하나의 주제를 "복"이라고 본다. 두 사람에 따르면, 육경에서 "복"은 창조자 하나님께서 아브라함과 그의 자손(이스라엘 민족)을 선택하시어(그들의 반역에도 불구하고) 구원을 베푼다는 거대한 물줄기이다.[108]

창조 이야기에서 독자는 특히 '땅'이라는 단어에 시선이 쏠린다. '땅'(에레쯔. 히브리어 אֶרֶץ)에 관한 언급은 창세기를 열자마자 1절과 2절에서 나오고, 1장과 2장의 주요 관심사이면서 3장에서는 신학적으로 그 의미가 분명히 드러나고 있다. '땅'은 '하나님', '하늘', '태초에'라는 말과 전체적으로 융합하여 의미심장해지면서 그 땅에서 살아가고 그것을 지키고 보존해야 하는 인간에게 어떠한 삶의 규범과 사명이 있다는 것을 암시해준다. 아브라함 때에 이르러 땅은 자손, 하나님과의 관계와 함께 하나님께서 약속하신 세 가지 축복의 요소 가운데 하나로 뚜렷하게 부각되었다.[109]

클라인즈(Clines)는 하나님께서 족장들에게 하신 땅에 관한 약속이 창세기에서만 13번이나 나오고 있다는 사실을 확인했다.[110] 땅에 관한 약속과 성취는 이스라엘 역사에서 다양한 국면들을 연결해 주고, 하나님과의 관계에서 이스라엘의 자기 이해와 미래의 기대를 담은 결정적인 요소였다. 물리적 환경인 땅은 이스라엘에 경제적 혜택을 부여하는 하나님의 선물이지만, 불순종할 때는 그것은 여지없이 박탈된다. 어쩌면 그것은 창조에서부터 종말의 그날까지 긴장 관계에 있다.[111] 하나님께 대한 순종과 불순종의 긴장관계에서 땅의 양면성에 대해 숙고한 학자는 월터 브루그만(Walter Brueggemann)이다.[112] 브루그만에 의하면 땅의 열매는 축복이면서 동시에 잠재적인 저주의 두 얼굴을 가지고 있다.

고대인들에게 주요 관심사였던 땅(토지) 문제는 현대인들에게도 관심사 중 관심사다. 현대인들은 이른바 "토지의 병리"(land pathology)에 시달리고 있다. 농토와 어촌 그리고 산림 지대의 이기적인 개발과 도시화의 진행으로 농어민들은 삶의 터전을 빼앗기고 있다. 대도시의 이기적인 개발도 그곳에 살았던 지역민들의 귀중한 삶의 터전을 송두리째 위협하고 있다. 잘못된 토지 정책은 그 터에 오랫동안 뿌리를 박고 살아온 정착민들에게 주거 · 경작 · 교육 · 양육 · 건강 · 직업 · 왕래 등 삶의 실질적인 조건들을 위태롭게 하므로 토지 관련 정책 담당자들은 정책의 입안, 추진에 신중해야 한다. 스코틀랜드 에든버러 대학의 윤리학 교수인 미카엘 노스코트(Michael Nothcott)는 창세기의 땅의 지배와 관리의 원리가 현대 사회에도 엄격히 적용되어야 한다고 주장한다. "창세기 내러티브가 내뿜는 장소와 시간 안에서, 여타의 다른 종들보다 힘의 우위에 있는 아담과 하와는 자신들뿐 아니라 더불어 사는 다른 종들과 함께 번성해야 하는 리스크를 안고 있는 존재로서 실질적인 생태학적인 가치를 가졌다."[113]

구약에서의 물리적인 땅의 개념은 신약에서는 영적인 하늘나라의 공간이라는 개념으로 확장된다. 구약의 이스라엘 민족이나 신약의 그리스도인이나 허물과 죄로 얼룩진 연약한 인간이다. 인간은 하나님의 기대에 턱없이 부족하지만, 하나님은 실수와 허물이 많은 인간을 보듬으시어 마침내 그 땅으로 인도하실 것이다.

그런 점에서 땅은 현실적이면서 영적인 생활공간이다. '가나안'이라는 물리적인 땅과 '하늘나라'라는 초자연적인 땅은 축복과 저주, 영원과 순간, 소유와 상실의 변증법적 긴장을 통해 하나님을 믿는 사람들에게 믿음을 불러일으킨다. '태초에'가 있다면 필시 '마지막 때'가 있을 것이다. 이사야와 다니엘이 예언한 대로 하나님은 창세기의 '태초에'서부터 요한계시록의 '마지막 날'까지 역사 속에서 창조의 목적을 방해하는 세력들의 발호를 꺾으며 쉬지 않고 일하실 것이다(사 61:4-11; 단 12:1-3). 그때가 오면 처음 창조된 하늘과 땅은 은혜를 입은 특별한 사람들에게 전혀 새로운 모습으로 나타나게 될 것이다.

2. 창조신앙

하나님의 창조는 거뜬하고 유연하다. 하나님이 세상을 창조하시려고 마음먹었을 때 무슨 갈등이나 고민이 있는 것 같은 분위기는 전혀 감지되지 않는다. 하나님은 단호하지만 평안하게, 엄중하지만 은혜롭게, 번거롭지만 지혜롭게 세상을 창조하셨다. 기대감을 갖고 구약성서를 처음 손에 잡은 사람은 인간과 세계의 창조에 관한 이야기가 단 두 장(1장과 2장)에만 할애된 것을 발견하고 경악한다. 레이몬드 딜러드(Raymond Dillard)와 트렘퍼 롱맨 3세(Tremper Longman Ⅲ)는 그 이유에 대해 재치 있게 말한다.

> "이 두 장에 나오는 창조기사는 하나님이 창조하시는 데 들이신 시간의 길이나 순서에 대해 인간의 독단적인 생각을 불허한다."[114]

하나님은 정말 이 세상과 인간을 창조하셨을까? 그것은 인간의 종교적 상상력의 소산이거나 신학적인 사고가 아닐까? 어떤 신학자는 창세기의 창조 사건이 우리가 알고 있는 자연과 세계와는 다른 신학적 범주 안에서 이해하여야 한다고 주장한다.[115] 그러나 하나님이 창조하신 자연과 세계는 우리가 알고 있는 자연과 세계와 일치한다고 생각하는 신학자들도 꽤 많이 있다. "인간 존재는 창조의 질서와 역사로부터 분리되어있는 것인가, 아니면 창조의 질서와 역사에 의존하며 그것들에 의해 구성되는가?"[116]라는 질문은 세계관 형성의 첫걸음이다. 창세기 1-3장은 지식이나 정신의 수준을 높이기 위해 없는 사실을 꾸며낸 "고양시키는 허구"(edifying fiction)가 아니다. 그것은 창세기 전체와 마찬가지로 실제사건으로 보아야 한다. 콜린스(C. J. Collins)는 창세기 1:1-2:3은 "이것은 …의 계보니라"라는 표현으로 시작하는 계보의 역사 중 일부가 아니라고 하면서 1:1을 문학적 예술성을 띤 "고양된 산문"(exalted prose)[117]이라고 했다.

그리스도인들이 구약성서를 대할 때 창조에 대해 기본적으로 생각의 기저에 깔아야 할 것은 "하나님은 창조 이전부터 존재하셨고 모든 피조물과 독립해 계신 분"[118]이라는 확신이다. 하나님이 창조 이전부터 존재하셨다는 추론은 지혜 선재설과 궤를 같이한다. 하나님께서 천지를 창조하시기 전에 먼저 지혜를 창조하셨다는 사실은 창세기가 아닌 잠언 8:22-27에 명료하게 나타나 있다. 솔로몬이 지혜를 의인화해 찬양한 이 구절들은 지혜는 천지가 창조되기 이전에 창조되어 하나님의 천지창조 사역에 동참했다고 말한다. 그렇다면 "태초에 하나님이 천지를 창조하시니라" 하는 창세기 1:1은 "하나님은 맨 처음에 천지를 창조하시니라"라고 해석하기보다는 "하나님은 '지혜 안에서'(혹은 지혜와 함께) 천지를 창조하시니라"고 해석해야 옳다.[119] 천지를 창조하기 전에 지혜가 먼저 창조되었고, '태초에'라는 단어는 '지혜에 의해' 혹은 '지혜의 도움'으로 하나님께서 천지를 창조하셨다는 것을 함축한다.[120] 지혜가 먼저 창조되었든 천지가 창조되었든, 하여간 분명한 것은 하나님께서 그 이전부터 존재하셨다는 사실이다.

하나님이 천지를 창조하실 수 있었던 것은 자의식적이고 자기 충족적인 하나님이 그 스스로 자존해 계시면서 아무런 시간의 제한을 받거나 공간의 제한을 받는 분이 아니기 때문이다.[121] 그리스도인은 인간의 지식이 하나님의 지식에 대해 유비적(analogical)이라고 믿으므로 하나님의 창조를 역사적 사실로 인지할(intelligible) 수 있다.[122] 창조는 누구의 도움 없이 전능하신 하나님 혼자서 하신 행위이다. 거기에는 다른 신들의 존재가 눈곱만큼도 암시되어 있지 않다.

창조기사는 이스라엘의 하나님이 유일신이라는 사실을 알리면서 고대 근동의 다신론과 차별화하고 있다. 신학계에서는 한때 성서의 창조기사가 고대 근동의 창조 신화인 에누마 엘리쉬(Enuma Elish)를 본뜬 것이라는 주장들도 있었지만, 왈톤(Walton) 등 많은 학자는 창조기사는 그러한 신화들로부터 영향을 받지 않은 독자적인 것으로 생각한다.[123] 왈키(Waltke)는 창세기 첫 장의 세 구절에 요약된 창조기사에서 하나님이 말씀으로 우주를 창조하셨다는 창세기의 선언은 엉성하기 짝이 없는 고대 근동의 흔해빠진 창조 신화들과는 근본적으로 다르다고 주장한다.[124] 고대 근동의 창조 신화들은 신화에 등장하는 남녀 신들이 하나같이 인격이 없고 비인간적이고 비이성적이며 세계는 창조된 후에도 여전히 무질서하고 불안정하지만, 창세기의 창조기사는 하나님이 인격이 있으시고 인간을 사랑하시고 인간과 역사를 써나가시며 창조의 세계는 더할 나위 없이 아름답고 질서가 있으며 안정되어 있다.

창조는 진화와 대립하는 개념이다. 창조와 진화는 종교와 과학, 기독교와 이슬람과 함께 현대신학의 뜨거운 쟁점 가운데 하나다. 창조에 관한 생각은 신관과 세계관, 역사관과 종말관 등 어쩌면 신학의 전 영역에 영향을 미친다. 이 때문인 듯 슈미트(H. H. Schmid)는 창조신앙이 구약의 중심 주제를 이루며 성서신학 전체의 지평선을 제시해준다고 주장한다. 고대 이스라엘이 자기만의 독특한 방식으로 표현한 창조신앙은 구약적인 사유와 신앙의 지배적인 배경을 이루었다는 것이다.[125] 그는 창조신학의 신봉자다. "하나님이 세상을 창조하시고 이런저런 질서로 유지하신다는 믿음은 성서신학에서 별 볼 일 없는 주제가 아니라 중요한 기본이 되는 주제"[126]라고 주장한다. 과연 구약성서의 맨 처음 시작은 하나님이 세상을 창조하였다고 말한다. 그것도 손으로 만드신 게 아니라 말씀으로! 하나님이 천지만물을 존재하게 하신 유일한 근원이라는 이 창조기사는 하나님은 창조 이전부터 존재하셨고 창조의 능력으로 피조세계를 다스리시는 분이라는 것을 천명하였다.

창세기 1장의 창조기사에서 우리는 이 세상과 인류를 향하신 하나님의 목적을 예견한다. 창조기사는 하나님이 자신이 만드신 피조세계의 질서를 선하게 유지하고 그 세계의 목적이 맞닿는 수많은 역사의 점(點)들과 그 점선의 끝인 구원 행위와 깊은 관련이 있다는 것을 암시하고 있다. 루터교 목사이자 신학자로서 창조주 하나님과 인간과 세상의 관계에 관심이 많은 프레다임(T. E. Fretheim)은 하나님의 창조는 인류와 세상을 위한 구속(혹은 구원)과 긴밀히 연결되어 있다고 생각한다. 즉, 하나님이 만드신 인류와 세상의 구원과 구속은 창세기부터 요한계시록까지 구약과 신약에서 하나의 개념 안에 맞물려 있는 상태로 진행한다고 한다.[127)]

성전신학자들은 하나님의 창조에서 성전의 상징적인 의미를 찾는다. 성전신학자들에 의하면, 성전은 우주의 축소판이다. 곧 성전은 하나님 나라를 뜻하며, 그 하나님 나라에 속한 백성들을 뜻한다. 블렌킨솝(J. Blenkinsopp)은 세계 창조와 성막 건축 간의 유사점들에 주목, "예배의 자리는 곧 축소된 우주(a scaled-down cosmos)다."[128)]라고 결론지었다. 이스라엘의 성막이 의도적으로 하나님의 세계 창조의 모습을 본떠 만들어졌다는 생각은 세일해머 교수에 의해서도 확인된다. 세일해머는 "하나님이 이르시되"(창 1:3,6,9,14,20,24,26)라는 표현과 출애굽기의 "여호와께서 말씀하여 이르시되"(출 25:1; 30:11,17,22,34; 31:1,12)라는 표현에서 일곱 개의 유사한 세계 창조와 성막 건축 간 평행관계를 발견하고, 모세가 만든 성막은 하나님의 선하신 우주 창조를 모방했다고 말했다.[129)] 곧 출애굽기 25:1-31:18에 묘사된 성전 건축 사역은 흥미롭게도 창세기 1장에 묘사된 하나님 자신의 창조 사역과 같은 방식으로 기술되어 있다는 것이다.

창조기사는 고도로 세련된 문학작품으로서 성경이 인간의 어떤 문학작품들과도 비교할 수 없을 만큼 빼어나게 아름답고 심오하다는 것을 처음부터 웅변해준다. "태초에 하나님이 천지를 창조하시니라" 하는 첫 절은 7개의 히브리어 단어(הארץ ואת השמים את אלוהים ברא בראשית)로 구성되어 있다.[130] 우리말로는 오른쪽에서 왼쪽으로 "베레쉬트 바라 엘로힘 에트 하샤마임 웨이트 하아레츠"라고 읽는다. 성경은 맨 처음부터 창조 이전에 계신 하나님과 그 전능하신 하나님의 세상 창조에 대해 간단명료하고 위대한 선언을 하고 있다. 그것은 또한 성경의 놀라운 사건들을 도입하는 축제의 서곡으로서 모든 신학의 출발점을 알린다. 즉, 창세기 1:1은 창세기 1장의 제목으로 기능하면서 동시에 하나님의 최초의 세상 창조의 행위를 묘사한다. 하나님이 시간상의 절대적인 시작점에서 만물을 창조하시고('하늘과 땅'이라는 두 단어를 끄집어낸 표현으로) 절대적으로 새로운 생명을 창조하셨다고 하는 이 선언! 과학문명의 시대에 살고 있는 우리는 이 말씀보다 더 우리 삶에 영향을 입을 만한 소식이 없을 만큼 이 강렬한 소식을 공감하고 나누는 엄청난 특권을 지닌 자들이다.[131]

이 강렬한 메시지에서 우리는 어떤 것들을 깨달을 수 있나? 맨 먼저 인간은 '하나님'이 누구신가를 알아야 한다는 만고의 진리이다. 하나님과 인간의 역사가 함께 만나는 창세기의 서막에서 축복은 충만하되 저주는 얼른거리는 그림자조차 감지할 수 없다. '하나님'은 중심 단어다. 하나님은 역사를 열었으므로 인간과 함께 그 역사를 써오셨고 앞으로도 써나가실 것이다. 이제부터 나오는 모든 이야기의 중심에 하나님이 있다. 하나님은 모든 것이 있기 전에 존재하셨다. 하나님의 존재는 그다음에 나타나는 모든 것의 기초가 된다. 하나님이 이 세상의 모든 사물이 존재하기 이전에 존재하셨다는 이 선언은 창세기 기자의 놀라운 신앙을 보여주는 것으로 그 신앙은 무슨 증거나 해명이 필요 없다.[132] 이 선언은 하나님께서 천지를 창조하실 때 시간과 공간에 어떤 제약이나 한계가 없다는 것을 말해 준다. 하나님은 역사 속에서 처음 창조와 그 후의 계속된 창조 행위를 통해 자신이 누구신지를 밝히 드러낼 것이다.

　창세기의 첫 절에서 우리가 발견할 수 있는 또 하나의 귀중한 교훈은 인간을 비롯한 이 세상의 모든 만물의 존재의 시작은 하나님으로부터 비롯되었다는 사실이다. 창조기사의 맨 처음 단어인 '태초에'(히브리어 발음으로 '베레쉬트')는 모든 존재의 근원이 하나님의 창조행위로부터 비롯되었다는 사실을 한마디로 농축해 놓은 단어다. "이 단어는 고대의 모든 버전에 의해 지지되고 있을 뿐만 아니라, 하나님이 말씀하시기 전에는 그 어떤 것도 존재하지 않았다는 성서의 다른 진리(실례로 히브리서 11:3)를 분명하게 확인해 준다."[133]

　'베레쉬트'를 'in the beginning'이라고 한 현재의 영어성경의 번역은 옳은 번역이다. 그런데 '베레쉬트'의 발음을 연구하여 이것을 영어로 'in a beginning'으로 번역해야 옳다고 주장하는 학자들이 있는 모양인데, 이것은 창세기 1:1의 본래

취지를 오해한 것이다.[134] 'in a beginning'으로 번역해야만 창조가 일회적이 아닌, 시대를 건너뛴 것이 되어 성서의 창조와 현대 과학사상을 조화시키는 융통성의 여지를 확보할 수 있다는 것이다. 이렇게 융통성 있게 번역해야만 난데없이 튀어나온 가인의 아내나 가인을 죽이려고 했던 많은 사람이 어디에서 왔는지를 만족스럽게 설명할 수 있다는 생각은 하지 않아도 될 쓸데없는 생각이다. 'in the beginning'은 백번 생각해도 지당한 번역이다. 왜냐하면 이 번역이 천지가 생기기 이전부터 계신 하나님의 존재와 창조의 전후를 명확히 할 뿐만 아니라, 이후에 나오는 창조의 기사를 도입하면서 선언하는 문구가 되기 때문이다.

신학자들은 구약을 여는 창세기의 맨 처음 두 구절(창세기 서문이라고 할 수 있는)에서 성경 전체가 무엇을 말하려고 하는지를 신학자 특유의 본능으로 감지한다. 그러나 일반인이 창세기를 시작하는 이 구절들이 무엇을 의미하는지 명확하게 이해하기란 어렵다. "창세기를 여는 두 구절은 구약 전체에서 해석학적으로 가장 까다로운 곳 중 하나"[135]이기 때문이다. 세일해머(Sailhamer)는 세상의 기원과 창조주와 피조물의 관계에 대해 명확하고 간결하게 진술하는 창세기 1:1의 배경을 제대로 이해한다면 창세기는 물론 오경 전체를 이해하는 것과 다름없다고 말할 정도다.[136]

독일 하이델베르그 대학에 몸담고 있으면서 창세기와 시편 연구로 명성을 떨쳤던 베스터만(Westermann)은 창세기 1:1에서 자연과 역사의 실체를 발견한다. 창세기의 이 첫 절은 자연과 역사를 인위적으로 구별하려는 인간의 어떠한 시도도 원천적으로 무력하게 만드는 하나님의 선언이라는 것이다. 베스터만에 따르면, 하나님의 역사와 인간의 역사는 따로 있는 게 아니다. 말씀과 행동으로 자기를 계시하는 하나님의 주장과, 그 하나님의 주장에 말과 행동으로 응답하는 인간의 반응이라는 변증법적 관계를 통해 하나님과 인간의 역사는 동시에 만나며 전개된다. 왜냐하면 하나님은 만물 안에서 영원히 일하시고 인간의 역사는 태초부터 종말까지 더 드넓은 자연 역사의 지평에 들어서기 때문이다.[137] 베스터만은 '천지'(하늘과 땅)라는 말에서 하나님의 창조에 대해 피조물인 인간이 사고할 수 있는 지적 능력의 한계를 보여 준다고 말한다. 하지만 '천지'라는 표현으로도 그 천지의 제한적인 공간과 시간에 위치하고 있는 인간은 오로지 지구의 관점으로부터 이 광막한 우주의 팽창을 이해할 수 있다.[138]

창세기는 끝나지 않은 이야기다. 창세기가 미완성의 책이라는 사실은 그다음에 이어지는 네 권의 책이 있으므로 증명된다. 특히 창세기 1장은 오경의 윤곽을 압축해서 보여줄 뿐만 아니라 신구약성서 전체의 서문적인 역할을 하고 있다. 창세기 1장에서 1절 한 구절은 창세기 전체의 내용을 이해하는 최초의 실마리를 제공한다. 창조 설화 전체의 얼개는 "그대로 되니라", "하나님이 보시기에 좋았더라"는 정형화된 화법의 반복이다. 하나님은 말씀으로 천지를 창조하는 분이시다. 하나님의 말씀과 하나님의 행동은 따로 떨어져 있지 않고 일체를 이룬다. 하나님의 신적인 말씀이 선포되는 바로 그 순간 피조물의 실체가 형성되었다고

하기보다는, 피조물이 말씀하시는 하나님의 신중한 의도대로 만들어졌다는 것을 의미한다.[139)]

하나님이 말씀으로 우주 만물을 만드셨다는 창세기의 기사에 대해 현대인들은 동시대를 살고 있으면서도 관점과 반응은 다양하다. 어떤 사람은 그것을 신앙과 함께 사실로 받아들이고, 어떤 사람은 신앙은 있지만 사실로 받아들이길 주저하며, 또 어떤 사람은 신앙도 없고 사실로 받아들이지도 않는다. 과학적 탐구와 관찰을 신봉한 나머지 성경의 정보를 받아들이지 않는 사람에게 충고하고 싶은 것은 자신의 이성과 합리를 너무 과신해서는 안 된다는 것이다. 과학적 실험과 결과를 지나치게 신봉해서는 안 된다. 시대정신이란 변하는 것이고, 이 시대정신의 변화는 세계관의 변화를 몰고 온다는 것을 알아야 한다. 실제로 제1차 세계대전이 끝난 후 진화론적 자연주의에 대한 신념이 무너지면서 역사의 진리가 순수한 과학적 역사성에 의해 도달될 수 있다는 종전의 확신에 심각한 의문이 제기되었다는 연구보고도 있잖은가?[140)] 눈에 보이는 세계보다 보이지 않는 세계가 때로는 더 확실하고 진리이며 인간 삶에 더욱 유용하다는 점을 마음 한편에 지니고 사는 게 좋다. 그런 사람은 살면서 이따금 그의 마음에 '내가 어떻게 하여야 하나님을 이해하고 그분이 하시는 일을 받아들일 수 있을 것인가?'라는 영적인 목소리와 부딪히게 될 것이다.

3. 창조와 진화

　　　　전능한 신이 천지와 인간을 창조했다는 창세기 1장의 기록은 어린 시절부터 진화론에 익숙한 현대인들의 마음을 불편하게 한다. 창조는 실제로 있었던 일인가? 아담은 역사적 인물인가? 그는 인류 최초의 인간인가? 아담이 지구 위에서 살았던 사람이라면 지금으로부터 몇 년 전 사람인가? 만일 그렇다면 그는 네안데르탈인인가, 크로마뇽인인가, 아니면 현대인과 똑같은 용모를 가진 영적·지적인 인물인가?

　이러한 질문은 불가불 지구의 연대와 관련되어 있다. 현대과학 이론에 따르면, 지구의 나이는 45-50억 년이나 되고 최초의 인간은 250만 년 전에 출현했다고 한다. 언어를 어느 정도 할 줄 알고 수렵 활동을 하고 동물을 길들일 줄 아는 '호모 사피엔스'(현생 인류)가 지구상에 출현하였던 때는 지금으로부터 약 20-30만 년 전의 일이라고 한다. 그러나 성경은 지구의 나이가 많아야 수만 년이 안 되고, 첫 사람(창 1:27; 고전 15:48)인 아담이 출현한 때는 지금으로부터 일만 년도 채 안 되는 것으로 진술하고 있다.

데렉 키드너(Derek Kidner)와 존 스토트(John Stott)는 아담이 신석기 시대의 농부로서 기원전 10,000-8,000년 전 무렵 비옥한 초승달 지역에서 살았던 사람이라고 본다. 그는 '슬기로운 사람'이란 뜻인 '호모 사피엔'(Homo sapien)이었지만, 하나님이 생기를 그의 코에 불어 넣는 순간 하나님의 모양과 형상을 닮은 '신적인 인간'이란 뜻을 지닌 '호모 디비누스'(Homo divinus)로 변모하게 되었다고 한다.[141] "언어의 의미는 사용에 있다"는 비엔나의 철학자 비트겐슈타인(L. Wittgenstein)의 표현을 빌리면, 창조와 진화는 완전히 서로 다른 두 개의 '언어놀이'라서 어느 쪽이 맞는지를 검증하는 일은 어리석고 부질없는 짓이다. 그렇다고 무심하게 '신앙은 신앙이고 과학은 과학이다'라며 딴전 부려서도 안 된다. 창세기는 영적 차원의 문제이므로 사실이 아니어도 상관없고, 과학은 실험과 관찰을 통해 얻어낸 사실이므로 초자연적인 메시지를 무시해도 괜찮다고 생각해서는 곤란하다. 베스터만의 말대로 "이거 아니면 저거"(either-or)[142] 식의 무 자르듯 하는 편협한 흑백 논리적 사고로는 세계와 인류의 기원을 이해하는 데 전혀 도움이 안 된다.

창조론자들은 하나님이 이 세상을 창조했다고 신봉하는 사람들이다. 창조과학자들은 자기들의 신념을 과학적인 사고에 물든 현대인들을 설득할 요량으로 창조를 과학적으로 연구하는 학자들이다. 창조론자들이 진화론에 맞서 활동한 지는 반세기를 넘었다. 창조과학회는 미국과 한국을 중심으로 활동해 왔다. 창조과학회의 활동 목적은 글자 그대로 '창조

연구'다. 1963년 미국에서 창설된 '창조연구회'(CRS: Creation Research Society)는 과학적인 특별 창조를 신조로 삼고 계간지를 발행하는 등 국제적인 활동을 펼쳐 왔다. 이 연구회에 소속된 창조과학자들은 진화론을 반박하기 위해 창조를 과학적으로 연구하고 있지만, 도대체 이 특별한 영역인 '창조연구'는 가능한 일인가? 이 용어를 만들어낸 램머스(W. E. Lammerts)조차 창조를 연구한다는 게 불가능하다는 걸 시인했다. 그것은 "우리는 하나님의 창조사역을 현장에서 목격하지 못했기 때문이다."[143]

하나님이 계신다면 하나님에 대한 지식은 실제 인간 역사에서 일어난 사실에서 추론되어야 한다. 문제는 창세기 1-11장이 원 역사를 기록해 놓았다는 점이다. 원 역사는 역사 이전의 역사(선역사)이므로 우리는 이 단원에 기록되어 있는 신기한 일들이 실제로 일어난 일인지는 솔직히 알 수 없다. 다만 우리가 알아야 하고 또 알 수 있는 것은, 창세기 뒤에 나오는 성경의 내용이 하나님의 위대한 구속사에 관한 기록이라는 것을 인정한다면, 구속사의 기원을 추적해볼 수 있는 이 부분도 충분히 신뢰할 만한 역사성을 지니고 있다는 사실이다. 이 신념에는 믿음의 요소가 받쳐주어야 더욱 든든해진다.

프레다임(T. E. Fretheim)은 하나님이 이 세상을 창조했다고 받아들이는 것은 과학적 탐구결과가 아니라 믿음이라고 강조한다. 프레다임은 '창조'라는 단어는 과거에 완성된 사건에 국한되는 개념이 아닌, 인간과 자연 안에서 과거와 현재와 미래의 창조적인 사건들을 함께 포용하는 넓은 의미를 지니고 있다고 말한다. 즉 하나님의 창조 활동은 '기원-지속-완결'이라는 일련의 과정에 있고, 인간과 동식물을 포함한 모든 피조물을 통해 현재도 진행하고 있으며, 마지막 때에 가서야 완성될 것이다.[144]

창세기 연구의 권위자인 왈톤(J. Walton)은 "옳은 것으로 판명된 현대과학의 발견들과 우주와 인간의 기원에 대한 성경의 실제적인 가르침(특히 인간의 기원) 간에는 어떠한 모순이나 긴장이 끼어들 여지가 없다."[145]고 말한다. 20세기 대표적인 복음주의 신학자 중 한 사람인 에드워드 영(Edward Young)은 "창세기의 처음 몇 장을 비유나 영적 세계에서나 일어났던 사건이나 신화쯤으로 치부한다면 이것은 실제 있었던 상황을 제대로 파악하지 못해서 비롯된 오해다."[146]라고 주장한다. 그것은 영적인 현상뿐 아니라 역사적으로 실제로 있었던 일이기에 지적으로도 인식할 수 있다는 것이다. 자신의 보수적인 신학 경향에 늘 자부심을 갖는 이 고집스러운 신학자는 이렇게 말한다. "성경을 바르게 해석하는 유일한 방법은 하나님께서 타락한 아담과 계약을 맺으셨다는 성경의 주장을 있는 그대로 받아들이는 것이다."[147]

에드워드 영이 말했듯이 인간 중심의 세계관을 가지고서는 이 세계가 하나님의 말씀으로 창조되었다는 성경의 증거를 이해할 수도 없고 인정할 수도 없다. 아담의 역사성은 인간의 타락과 원죄 문제와 결부되어 있을 뿐 아니라 성경의 무오성과도 불가피하게 결부되어 있다. "우리는 실제적이고 역사적인 아담 없이는 이 세계와 우리의 신앙을 이해할 수 없게 된다."[148]는 미국 휘튼 칼리지의 학장인 필립 리켄(Philip Ryken)의 말에서 알 수 있듯, 아담의 역사성은 신앙과 세계관 형성에도 중요하지만, 인간의 죄의 문제와 관련해서도 대단히 중요하다. 메팅거(Mettinger)의 말대로 아담이 살았던 에덴동산은 상상 속의 동산이 아니라 실제로 지리적으로 일정한 공간 안에 있었던 장소로 보는 게 합리적이다.[149]

그런데 성경에 나오는 아담의 역사성을 규명하는 문제는 지질학 · 생물학 · 우주학 · 인류학 등 현대 자연과학과 충돌하고 있기에, 이 문제는 보수 신학적인 입장을 견지하는 신학자들을 굉장히 곤혹스럽게 하는 분야다. 하나님은 아담을 만들어 놓고 왜 타락하도록 내버려 두었는가 하는 의문은 무슨 말로도 설명하기 어려운 게 사실이다. 정직하게 살려고 노력하는 어떤 현대인들은 "아담이 지은 원죄를 내가 왜 뒤집어써야 하나?"라고 불평하며 아담과 일정한 선을 긋는다. 그러하기에 아담은 종종 신학의 아킬레스건처럼 인식되어 왔다. '아담은 실제로 존재했는가? 그가 실제로 존재했다면 모자라고 우스꽝스러운 원숭이 같은 모습이 아니라, 의젓하고 지적인 우리와 같은 모습을 가졌을까?'라는 생각은 신학자건 신학의 문외한이건 풀리지 않는 수수께끼이다.

과학이 발달하기 이전 중세까지만 하더라도, 사람들은 막연히 아담은 지구의 어느 한 귀퉁이에서 살았고 품격 있는 존재라고 생각했다. 그러나 합리주의가 태동하고 다윈의 진화론이 나타나고서 의심받기 시작한 아담의 실존은 급기야 픽션에서나 나오는 인물로 치부되었다. 그리하여 "지금 아담은 고대의 상상

속에서나 나오는 가상의 인물이며 그의 망령은 여전히 원죄를 따라붙게 한다. 그에 대한 어거스틴의 사상체계는 산산조각 깨어졌고, 허물어졌으며, 바람과 함께 사라져 버렸다."[150]

아담에 대한 역사적 신뢰가 이처럼 바닥에 떨어졌는데도 아담이 실제로 살았던 사람이었을 것이라는 고전적인 생각들은 좀처럼 수그러들지 않는다. 이것은 과학 못지않게 성경의 증거 능력도 강력하다는 것을 방증해 준다. 그런데도 현대인들은 아담이 까마득한 옛날 사람이라는 생각을 떨쳐버리지 못하고 있다. 크리스천이라고 해서 믿지 않는 사람들과 크게 다를 게 없다. 아담이 인류 최초의 인간이라는 성경의 증거를 순수하게 믿는 '착한 크리스천'이라 하더라도, 아담이 기원전 4004년 10월 23일 토요일 전날 밤에 창조됨으로써 창조의 모든 과정이 종료되었다고 하는 제임스 어셔(James Ussher, 1581-1656, 아일랜드 대주교)의 주장을 곧이곧대로 받아들일 '천진난만한 사람'은 별로 없을 성싶다. 하물며 학식이 높은 신학자는 오죽하랴.

급진적인 학문적 성향으로 물의를 일으켜 미국 웨스트민스터 신학교에서 이스턴 대학의 성경신학 교수로 일자리를 옮긴 피터 엔즈(Peter Enns)는 『아담의 진화』(The Evolution of Adam)라는 자신의 책에서 기독교인들은 아담이 역사적 실존인물이라는 막연한 환상에서 깨어나야 한다고 노골적으로 주장하고 나섰다.[151] 그는 아담이 진화되었다고 주장하기보다는 최근 들어 아담에 대한 일반인들의 이해가 진화되었다는 것을 명확히 보여주려고 하였다. 신앙(믿음)과 진화론(자연과학)을 양립시킬 수 있는 무슨 기발한 방법이 있는 것처럼 큰소리친 그는 자기가 마치 창조의 현장을 목격이나 한 듯 대담하고 도발적인 주장을 서슴지 않았다. 메시아대학교 과학역사 교수인 에드워드 데이비스(Edward Davis)는 『아담의 진화』를 추천하면서 "성경적이면서도 과학적으로 세련된" 책이라고 한껏 추켜세웠다. 그러나 필자가 보기엔 그 책은 외려 비성경적이면서도 과학적으로도 세련되지 않은 해결책을 제시한 책이다.

갈릴레이가 천체 망원경을 만든 지 400년이 넘는 동안 인간은 우주의 신비를 밝히려고 갖은 노력을 다해 왔다. 하지만 물리학적으로나 천문학적으로 우주의 모든 것을 관찰하고 관측하기란 사실상 불가능하다는 사실을 인류는 깨닫고 있다. 우주가 무한히 광대하기 때문이다. 인간의 한정된 지혜와 과학적 관찰로는 우주는 여전히 의문투성이로 남아 있다. 이 드넓은 우주는 한 개(One Universe)인가 여러 개(Universes)인가, 아니면 다중적(Multiverse/Meta-Universe)인가? 만일 우주가 한 개가 아니고 여러 개거나 다중적인 것이라면, 우리가 지금 살고 있는 이 지구와 비슷한 '쌍둥이 지구'라도 있다는 것인가?

오늘날 과학자들은 지구와 똑같은 행성이 있을 것으로 추측하고 또 다른 지구를 찾으려고 열을 올리고 있다. 얼마 전, 그러니까 2014년 7월 호주의 뉴사우스웨일즈대학의 연구팀이 광대무변한 우주공간에서 지구와 닮은 행성을 발견했다고 해서 지구촌 사람들이 들뜬 적이 있다. 그러나 사람들은 기대만큼 실망도 컸다. '쌍둥이 지구'라고 하는 것이 지구로부터 무려

14광년 떨어진 곳에 있기 때문이다. 말이 지구 환경과 비슷한 쌍둥이지, 도저히 생물이 살 만한 곳이 못 된다. 과학이 지금보다 수백, 수천 배 발전한다고 해도 인간이 그 쌍둥이 지구의 멋들어진 해변에 발을 담그거나 산마루에 휘영청 걸쳐 있는 보름달을 본다는 것은 그래서 틀려먹었다.

물질을 이루는 입자가 동시에 두 장소에서 파동한다면 무한한 우주 어딘가에 머리카락 색깔은 다를지 몰라도 우리 인간과 생김새와 생각이 비슷한 복제 인간이 있을 것이라는 가설은 상상만 해도 끔찍하다. 만일 거기 사는 외계인들도 우리처럼 하나님의 형상과 모양대로 창조된 존재라면, 지구의 인간들이 2,000년 전 팔레스타인의 골고다 언덕에서 자행했던 것처럼 그들도 또 하나의 예수를 십자가에 못 박아 처형이라도 했다는 것인가?

유신론자라면 지구 이외의 행성 어딘가에 인간과 비슷한 생명체가 살고 있다는 주장에 결코 찬동하지 못한다. 지구처럼 이 우주에 생명 존재의 가능성을 가진 별은 없다고 믿어도 좋다. 설사 생명체가 있다고 하더라도 하나님의 형상과 모양을 닮은 지구인과 같은 생명체는 없을 것이다. 합리적으로 또 철학적으로 아무리 생각해도 그렇거니와, 창세기의 창조기사를 음미하고 또 음미한 종교적 사색도 그러하다. 하나님이 지구를 중심으로 천체를 만드셨다는 성경의 기록을 있는 그대로 받아들이는 것은 축복이다.

진화론에 관해 이야기를 더 해보자. 창조론은 사람들의

관심에서 차츰 밀려나고 진화론이 판을 치고 있는 게 오늘의 세태이다. 진화론이 현대인들의 사고와 실천에 얼마나 깊이 뿌리를 내리고 광범위하게 영향을 미치는가는 신 다윈주의의 창시자인 줄리안 헉슬리(Julian Huxley)의 발언에서 실감할 수 있다. 『계시 없는 종교』(Religion without Revelation, 1927)란 책을 써서 진화론적인 세계관에 관심을 모은 그는 "진화는……지구상에서 나타난 생각들 중에서 가장 강력하고 설득력 있는 생각이다."[152]고 하면서 "우리는 하나님을 대신할 만한 것을 만들어야 한다."[153]고 주장, 사람들에게 하나님 중심의 종교적 관점에서 진화론 중심의 사고로 전환할 것을 촉구했다. 헉슬리의 주장은 시대의 사고를 대변했다고 해도 크게 지나치지 않다.

진화론은 현대인들에게 논쟁의 여지가 없는 중력의 법칙처럼 생물체 현상을 규명하기 위해 절대적으로 확립된 견고한 법칙으로 인식되어 왔다. 1997년 미국의 성인 남녀를 대상으로 실시한 갤럽 여론조사 결과에 의하면, 응답자 중 불과 5%만 창조론을 받아들이고 45%는 유신론적 진화론을, 나머지 55%는 진화론을 믿는다고 하였다고 한다. 이 여론조사는 현대인들의 의식에 진화론이 얼마나 뿌리 깊이 박혀 있는지를 여실히 방증해 준다. 진화론적인 세계관은 언론인들에게서도 무비판적으로 남용되는 현상이다. 대한민국의 한 유력 일간지의 칼럼에 고정으로 기고하는 어떤 칼럼니스트는 '당신이 누구라고 생각하느냐'(Who do you think you are?)란 영국 BBC의 프로그램에 관심을 보내면서, 이 조상 찾기 프로그램을 멋쩍게 생각하는 이유에 대해 이렇게 썼다. "우린 모두 수십만 년 전 아프리카 대륙에서 이주한 현생 인류의 자손이기 때문이다. 한두 다리만 건너면 서로 아는 사람이듯, 거슬러 올라가다 보면 공통의 선조가 나오게 마련이다."[154] 이 칼럼니스트의 뇌리에 아담이 인류의 조상이라는 생각이 박혀 있다는 징후란 찾아볼 수 없다.

현대인들의 뇌리에 진화론은 무의식적으로 똬리를 튼 게 분명하다. 만약 진화론이 옳다면 창세기의 창조기사는 100% 역사적인 진리가 아니라는 얘기가 된다. 이 때문에 진화론은 그 근본부터 무신론으로 무장한 이론이라고 해도 과언이 아니다. 창조론이 수세에 몰렸다고 해서 창세기를 비롯해 성서의 창조기사들을 진화와 조화해보려고 손질한다고 치자. 그러면 이 세계는 창조되었다는 것인가 진화되었다는 것인가? 진화된 것이다! 바로 이게 진화론을 비판하는 쪽에서 진화론을 과학이라기보다는 일종의 무신론 종교라고 몰아붙이는 이유다.

그렇다고 창조론은 완벽한 이론인가? 창조론의 문제는 생명 창조의 기원을 과학적으로 온전히 증명하지 못한다는 데 있다. 그래서 성서 밖에서 창조와 진화를 조화해보려는 시도로 등장한 게 '유신론적 진화론'(theistic evolutionism)이다. '유신론적 진화론'이란 창조주가 진화과정을 통해 생명체를 만들어간다는 이론이다. 성경의 창조기사를 문자 그대로 받아들여 지구의 연대를 계산하는 '젊은 지구 창조론'(YEC: Young Earth Creationism)이 현대의 과학적 사고와 맞지 않는다고 해서 과학적 발견들을 수용해 신앙을 영위하자는 '오랜 지구 창조론'(OEC: Old Earth Creationism)도 나타났다.

여기에 '지적 설계'(ID: Intelligent Design)도 출현해 창조와 진화의 논쟁에 뛰어들었다. '지적 설계'는 하나님의 창조라는 신앙적인 측면과 진화라는 과학적 측면의 양 진영의 충돌을 최소화하고 공존과 상생을 지향하고자 하는 효율적인 시도라는 점에서 시선을 끌고 있다.[155] 물론 철저한 과학자들과 진화론적 철학자들은 '지적 설계'마저 못마땅하게 여겨 "나쁜 과학"(bad science)[156]이라고 몰아붙이지만 말이다. 가장 최근에는 지식인들 사이에 '진화론적 창조론'(EC: Evolutionary Creationism)이 대두하여 폭발적인 인기를 얻고 있다. 세계적인 과학자인 프란시스 콜린스(Francis Collins)가 주창한 이 이론은 "바이오로고스"(BioLogos)에 의한 과학적 설명만이 인간을 포함한 지구상의 모든 생명의 기원과 존재를 설명할 수 있다고 주장한다.[157] 처음에 미미하게 활동했던 창조론은 이제 "캔사스에서부터 한국으로까지 홍수처럼 지구를 덮치고 있다."[158] 진화론을 추종하고 진화론적 세계관을 고수하는 과학자들은 "돌연변이를 일으키며 확장해가는"(mutating and spreading) 노도와 같은 이 물결을 거대한 차단벽을 설치해 막아내려고 안간힘을 쓰고 있지만, 그들의 지리적·신학적·정치적 장벽들은 "과학적으로 검증되지 않은" 이 세계적 추세의 창조론을 견제하는 데 완전히 실패하고 말았다.[159]

현대 신학자들 가운데 상당수 사람은 창조를 거부하려는 강렬한 유혹을 받고 있다. 포스트모던 신학자인 미국

클레어몬트 신학대학교의 데이빗 그리핀(David R. Griffin)은 창조를 믿는지 과학을 믿는지 중간 지대에서 어정쩡하다. 그는 "적절한 우주론이란 철학적·과학적 두 측면을 동시에 고려하는 것"[160]이라며 과학과 형이상학 간의 조화를 옹호한다. 미국 휘튼칼리지의 구약학 교수인 월튼은 아담과 하와의 역사성을 입증하는 데 학문적 에너지를 쏟았다. 월튼은 아담과 하와가 역사적으로 실존한 사람들이라고 믿는다. 그러나 유감스럽게도 그의 아담과 하와에 관한 생각은 실제적이 아니라 신학적인 측면에 편중되어 있다. 월튼에 따르면, 아담과 하와는 하나님의 형상대로 창조되고, 타락하고, 하나님으로부터 분리되어 그리스도의 구원이 필요한 모든 인간을 대표하는 원형적인 존재(archetypes)이다.[161] 월튼은 그렇다고 아담과 하와를 상징적인 존재라고 오해해서는 안 된다고 주문한다. 그는 아담과 하와가 틀림없이 역사적인 인물들이었다고 믿는다. 그러나 아담과 하와는 하나님이 창조하신 인류 최초의 사람들이 아니라 모든 인간을 위해 하나님의 제사장이 되도록 특별한 부르심을 위해 선택된 부부였다는 것이다.[162] 그들은 창세기 1:26-28의 진술이 말해주듯 지구상의 모든 사람과 더불어 창조된 사람들이지 인류의 조상인 최초의 인간이 아니라는 것이다. 그들은 단지 신성한 공간에서 하나님과 가까이서 교제할 수 있도록 특별한 역할이 부여된 "인류 최초의 의미심장한 사람들"이었다.[163]

성경을 과학과 일치시키려고 월튼이 고군분투하는 것은 격려를 보내고 싶지만, 그의 의도와는 달리 아담과 하와는 어쩐지 상징적인 존재들로 비치는 것 같아 이 복음주의적인 학자의 창조관은 마뜩하지 않다. 이것은 그가 진화론 등 과학을 지나치게 의식한 탓이다. 하나님의 창조를 올바로 이해하고 있는 사람이라면 인간 창조에 대한 왈톤의 견해는 성서의 가르침과 다르다는 사실을 깨닫게 될 것이다. 왈톤과 같은 신학 사상이 있기에 이단들이 괴상망측한 '이중 아담론'을 들고나온다. 하나님은 영이 없는 인류를 창조하셨고 그 가운데서 아담 한 사람을 선택해 영을 불어넣어 비로소 영을 지닌 인류의 조상이 되게 하였다는 것이다. 이런 주장은 일견 그럴듯하다. 왜냐하면 현생 인류의 전 단계 인류인 네안데르탈인이나 최초의 현생 인류로 추정되고 있는 크로마뇽인은 영이 없고 지적 능력이 모자란 인류이고, 그들이 모두 멸종되고 혼자 살아남은 아담은 영이 있고 현대인과 똑같이 지적 능력도 있는 최초의 인간으로 그려지기 때문이다. 결국 이것은 창조와 진화를 범벅해 놓은 해괴한 상상력의 발로라고 아니할 수 없다.

19세기 후반부터 명망 있는 기독교 신학자들과 변증가들 중에 하나님의 창조는 인정하지만, 그 창조가 진화의 방식을 따라 진행되었다고 생각하는 이들이 꽤 많이 있다는 사실은 독실한 기독교인들에게는 충격적이다. 이들 학자들은 천체물리학, 생물학, 지질학 등 과학적 지식 시대를 사는 현대인들이 창조를 납득할 수 있도록 전통적인 창조관을 수정, 변형해 설명하려 했다.

대표적 이론으로서 창조에 진화를 끌어와 설명하는

이론(유신론적 진화론, theistic evolutionism)과 진화에 창조를 끌어와 설명하는 이론(진화론적 창조론, evolutionary creationism)이 있다. 유신론적 진화론자들은 하나님의 초자연적인 개입을 완전히 부인하지 않으면서, 오랜 세월 점진적으로 진화의 과정이 있었지만 인간 창조의 경우와 같이 어떤 특정한 시점에 하나님이 자연에 개입하시어 초자연적인 창조 사역을 행하셨다고 본다. 반면 진화론적 창조론자들은 오직 자연 법칙 안에서 진화의 방식으로 창조를 설명하려고 심혈을 기울이고 있다. 그들은 점진적인 진화 현상을 '진화론적 창조'(evolution creation) 혹은 '완전한 능력을 갖춘 창조'(fully gifted creation) 이론으로써 입증할 수 있다고 본다. 전자의 견해를 대표하는 학자들로는 핫지(A. Hodge), 스트롱(A. Strong), 워필드(B. Warfield), 아사 그레이(Asa Grey), 제임스 오르(J. Orr), 라이트(G. Wright), 벌코프(Berkhof), 가이슬러(Geisler), 피터 엔스(Peter Enns), 존 콜린스(C. John Collins) 등이 포진해 있다. 후자의 견해를 대표하는 학자들로는 반틸(Van Till), 라무르(Lamoureux), 알리스터 맥그래스(Alister McGrath) 등이 포진해 있다.[164]

성서를 하나님의 무오한 말씀으로 받아들이고 예수 그리스도를 따르는 전통적인 신앙을 가진 기독교인은 창조론을 변형시킨 유신론적 진화론이나 진화론적 창조론을 받아들이지 않을 것 같은데, 독실한 크리스천 중에서도 이러한 변형된 창조론을 수용하는 사람들이 의외로 많다는 사실은 실망스럽고 놀랍다. 그들은 아담과 하와가 역사적으로 꼭 실재한 인물이 아니더라도 성서의 권위를 의심하지 않으며 기왕에 지닌 믿음 체계를 손상받지 않는다고 생각한다.[165] 조직신학자인 노만 가이슬러(Norman Geisler)는 현대인들이 거의 신뢰하다시피 하는 진화가 왜 과학적으로 증명이 되고 있는지를 솔직하게 피력했다.[166]

　창조와 진화는 대단히 중요한 문제이므로 지면을 할애해 좀 더 살펴보는 게 좋겠다. 미국 트리니티복음주의신학교의 구약학 교수인 에버백(Averback)은 왈톤(Walton)처럼 하나님께서 천지를 만드시고 인간과 동식물을 만들었다고 믿는 학자다. 그는 하나님이 창조와 구속 사역에서 항상 관여해 오셨고 지금도 변함없이 그렇게 일하신다고 생각하는 사람이다.[167] 이것은 그리스도인의 전통적인 성경관과는 차이가 있는 것이기 때문에 에버백을 진화론적 유신론자로 보게 하는 이유다. 에버백은 왈톤보다 더 진화론의 상당 부분을 수용하는 듯하다. 왈톤은 하나님께서 인간 창조에 직접 관여하셨고 몇몇 진화 과정에서 단계적인 필요 조치가 있었다고 보는 반면, 에버백은 하나님이 창조에 직접 관여하셨고 계속된 진화 과정에도 깊숙이 관여해 오셨다고 본다.[168] 에버백은 인간이 초기의 유인원(hominid)으로부터 호모사피엔스(Homo Sapiens)로 이행하기라도 한 것처럼 말하고 싶은 걸까?

　창조가 과학과 부딪친다고 해서 속 편할 요량으로 '마음'(Mind)으로 이해하려 해서도 안 된다. 알프레드 화이트헤드(Alfred N. Whitehead)의 과정신학의 영향을 받은 알렉산더 빌렌킨(Alexander Vilenkin)처럼 말이다.

우주진화론자인 빌렌킨은 "이 우주들의 무한한 긴장 속에서 최초의 우주가 출현하기 이전의 맨 처음 상태는 '마음'(Mind) ―간접적이고 종교적인 함축에도 불구하고 명백한 함축을 지닌 관념― 으로 이해해야 한다."[169]는 아리송한 말을 했다. 명망 있는 신학자인 브루스 왈키(Bruce Waltke)도 튼튼한 신학이 잠시 흐트러졌다. 그는 복음주의를 견지하다가 늘그막에 진화론을 옹호하는 듯한 발언으로 물의를 일으켜 교수직을 사임해야 했다. 방송과 신문은 복음주의 노선에 있는 신학자가 진화론을 편들면 좋아하고 이것을 크게 부풀려 세간에 화제를 일으키므로 신학자들은 언동을 조심해야 한다. 신학자도 신앙인이기 때문이다.

신앙인은 창조와 과학의 과도한 관련성으로부터 자유로워야 한다. 신앙인은 창세기에 과학적 오류가 있다고 교회에다 대고 윽박지르는 현대과학의 날 선 견해들에 효과적으로 대답하려고 머리를 쥐어짜지 않아도 된다. 우주의 기원과 생물들과 인간의 기원은 세상 끝 날까지 아무도 풀 수 없는 영원한 과제이기 때문에, 우리는 단지 이 대우주에 대한 해석을 "성서의 본문과 그 본문의 맥락 안에서" 살필 필요가 있다.[170] 포이트레스(Vern S. Poytheress)는 창세기 1-3장의 내용을 허구라거나 알레고리적인 문헌으로 보지 않고 실제 사건을 묘사할 목적을 지닌 산문 내러티브로 이해할 때, 정통주의를 고집하지 않고도 정통적 성경관을 견지할 수 있다고 주장한다.[171]

신앙인은 하나님의 말씀으로 모든 세계가 지어졌다는 것을 지식이 아니라 믿음으로 안다. "하나님께서 이 세상과 이 세상에 존재하는 모든 것들을 창조하셨다고 주장 —하나님의 자기 계시(히 11:3)에 근본적인 토대를 둔 — 하는 것은 신앙의 문제이다. 그것은 과학적 탐구의 결과가 아니다."[172] 성서는 창조의 교리가 과학적 설명이나 철학적 해결을 제시하는 게 아니라, 하나님이 만물을 창조하신 창조주이시며, 바로 이 사실은 창조를 윤리적·종교적 차원에서 접근하게 하는 원리가 되고 있다는 미카엘 호톤(Michael Horton)의 충고를 귀담아들을 필요가 있다.[173]

과학이 기독교를 비판한 역사는 근대 과학이 싹트기 전부터였다. 1543년 폴란드 북부의 가톨릭교회의 행정가였던 코페르니쿠스(Copernicus)가 태양 중심의 지동설을 주장하고, 그로부터 90년 후 이탈리아의 천문학자이자 수학자인 갈릴레이(Galilei)가 지동설을 지지하고 나서부터 유럽인들은 기독교가 믿는 성경에 의심의 눈길을 보내기 시작했다. 17세기 후반부터 약 1세기 동안 유럽과 미국을 풍미한 계몽주의 시대에 종교는 변방으로 몰려 그 존재 가치가 크게 흔들렸다.

성경의 권위는 찰스 다윈(Charles Darwin, 1809-1882)이 1859년 발간한 『종의 기원』(On the Origin of Species)에 진화론을 발표한 것을 계기로 그 존재 가치에 결정타를 맞은 듯했다. 다윈의 진화론은 가히 천지를 개벽시킬 만큼 위력적이었다. 말씀 한마디로 천지를 만들었다는 "창조주의 아이디어는 망상적이었고, 실로 그것은 덜 계몽된 시대의 미신적인 것에 불과했다."[174] 기독교는 동요했고, 신학은 변절했다. 상당수의 신학자가 진화론에 열광하는 사회 분위기에

편승했다. 성경을 전문적으로 연구하는 역사비평가들은 초자연적인 현상을 거부했다. 그들은 초월의 언어를 기피했다. 하나님의 언어가 인간의 언어를 방해한다고 생각하기 때문이었다. 계몽주의 시대부터 신학계에 깊이 뿌리 내린 자유주의 신학은 하나의 전통이 되어 오늘날까지 위세를 떨치고 있다.

자유주의 신학은 벨하우젠(Wellhausen) 이래 영향력을 발휘한 역사비평에 그 맥이 닿아있다. 역사비평 학자들은 기독교가 역사성을 충족하지 않는다고 하더라도 그 자체로 의미가 있다고 생각한다. 미국 언약신학신학교의 구약학 교수인 콜린스(C. J. Collins)는 이런 경향을 가진 대표적인 학자이다. 그는 2003년 『과학과 신앙: 친구인가 적인가?』(Science and Faith: Friends or Foes?)라는 책을 펴내 유명세를 치르게 되었다. 콜린스는 창세기 1-11장에 등장하는 사건들은 역사와 과학이 아니라 신학을 말하려 하는 것이라고 말한다. 그것들은 무시간의 진실들이다. 그러나 그것들은 신학적 진실이므로 역사성이 있다. 선 역사의 사건들은 우리의 상상력을 사로잡아 성경적인 세계관을 형성하도록 정보를 실어 나른다. 그 때문에 아담이 반드시 역사적 인물이 아니더라도 충분히 신학적 목적은 달성하는 셈이다.[175] 콜린스는 창세기의 사건이 반드시 역사적으로 발생한 사건이 아니어도 기독교 세계관 형성에는 별로 문제될 게 없다고 생각한다. 그는 "지구는 우주의 물리적인 중심인가?"라고 묻는다. 그는 또 "아담과 하와가 역사적으로 실재하지 않았다면 신앙은 위협을 받는가?"라고 묻는다.

콜린스는 지구가 우주의 중심이 아니더라도, 그리고 아담과 하와가 역사 속의 인물이 아니더라도, 성경적 · 기독교적 세계관을 형성하는 데는 지장을 받지 않으며 신앙생활을 하는 데에도 아무런 문제를 일으키지 않는다고 주장한다.[176]

과연 그럴까? 콜린스의 견해는 그럴듯하지만, 필자는 찬동할 수 없다. '젊은 지구' 창조론자인 윌리엄 바릭(William Barrick) 또한 콜린스의 견해에 정면으로 반박한다. 바릭에 따르면, 아담은 독특하고 초자연적인 하나님의 솜씨로 만들어진 사람으로서 생식 능력이 있는 인류 최초의 아버지였다. 아담이 정말로 역사상 인류 최초의 인간이라면, 확실한 건 누구도 아담의 창조 현장을 목격한 사람이 없다는 사실이다. 그렇다면 창세기 기자는 아담이 창조되었다는 것을 어떻게 알았을까? 그것은 하나님께서 모세에게 특별계시로써 창세기의 설명을 해주셨기 때문에 가능한 일이었다. 바로 그 때문에 하나님과 천사들이 창조의 유일한 목격자다.

그러므로 창세기의 궁극적인 저자는 하나님이시다. 하나님이 창세기의 저자라는 사실은 창세기 선언들의 신적 진리, 역사적 사실, 사료의 편찬을 확실히 보증해준다.[177] 만일 아담이 역사적 인물이 아니라면 우리들 기독교인들은 왜 예수 그리스도가 필요한지 종잡을 수 없게 된다. 아담의 역사성은 복음으로 직결되는 중요한 문제이기 때문이다.[178] 그렇다! 아담의 역사성은 인간 실존과 삶의 목적, 죄의 기원과 속죄, 그리스도의 사역과 대속 같은 기독교 신학과 교리의 핵심적인 측면들과 불가분리의 관계에 있다. 우리들 목회자나 신학자가 아담의 역사성을 귀가 따갑도록 주장하는 것은 일자리를 잃을까 봐 우려해서가 아니라 사실이 그러하기 때문이다.

우리는 현대의 과학적 우주 진화론이 우주의 기원과 발전을 설명하는 데 가장 적합한 이론이라고 단정해서는 안 된다. 대폭발 이론(Big Bang inflationary theory) 등에 의한 우주 기원은 성경의 기록과는 배치될 뿐만 아니라 그 이론이 어설프고 혼란스럽기 짝이 없다. 천문학자들은 최근 빅뱅 이론이 과학적으로 사실이 아닐 가능성이 크다고 생각한다. 과학적 우주 진화론은 갈수록 곤경에 처하고 있다. 정통 다윈이즘(orthodox Darwinism) 가설은 많은 허점이 드러나 수세에 몰린 지 오래되었으며, 진화론 또한 자연과 생명 현상에 대해 충분히 설명하지 못하고 있을 뿐 아니라 미래에 대한 밝은 희망을 제시하지 못하고 있다.[179]

다윈이즘과 진화론에 피곤을 느낀 현대인들은 창조에 눈을 돌리기 시작했다. 많은 지식인과 과학자들이 창조론에 공감하면서 진화론이 수세에 몰리고 있는 요즘이다(물론 진화론의 위세가 꺾이지 않았다는 주장도 있지만). 창세기에 나오는 창조가 과학 이론보다 더 합리적이라고 생각하는 학자들과 우주 과학자들도 상당히 많다는 사실은 새삼 놀랄 일이 아니다. 알려진 바로는 미국인들의 2/3 이상이 하나님이 우주를 창조하셨다는 성서의 증거를 믿는다고 한다(여론조사 기관마다 다소 다르긴 하지만). 이것은 찰스 다윈의 매혹적인 생물 진화론의 위세에 눌려 공룡처럼 사라져버릴 운명에 처한 창조론의 끈질긴 생명력과 잠재적 영향력을 여실히 보여 준다. 메릴 엉거(Merrill

Unger)는 "창세기가 비과학적인 시대에 기록되었다는 것을 고려할 때 한층 놀라운 사실은, 현대와 같이 과학적인 시대의 기준에 따라 판단해 보아도 이것이 매우 정확하다는 점이다."[180]라며 창조를 틀림없는 역사적 사실로 받아들인다.

과학의 횡포에 맞서 창조를 과학적으로 증명하려는 학자들의 모임인 창조과학회의 헌신적인 활동은 진화론에 주눅 든 그리스도인들에게는 용기와 격려가 된다. 지난 1960년대 초 이래 '과학적 창조론'(scientfic creationism) 혹은 '창조과학'(creation science)이라는 매력적인 이름을 내걸고 나타난 이 새로운 운동은 진화론에 찌든 현대의 지성인들에게 호감을 주면서 빠른 속도로 번져나갔다. 한국에서도 한국창조과학회를 중심으로 창조론을 옹호하는 학자들이 활약하고 있으며, 미국에서는 미국창조과학연구소에 소속된 학자들을 중심으로 구약 창세기의 창조에 대한 과학적 증명을 시도하는 학자들이 많다.

하나님의 놀라운 창조를 창조과학회의 회원들이 학문적으로 입증하려고 하는 것은 매우 고무적인 일이기는 하지만, 인간과 우주에 대한 전능하신 하나님의 창조는 과학 너머의 오묘하고 신비로운 차원의 솜씨여서 자연인의 생각으로는 도저히 이해할 수 없는 사고의 영역에 속한다. 그것은 어떤 의미에서는 신앙고백적인 차원에서 이해할 수 있는 성질의 것이기 때문이다. 그렇다면 창세기 1장의 하나님의 천지창조를 현대의 과학과 꿰맞추려는 노력은 부질없는 짓이다. 폰 라드의 창조관도 이런 점을 강조했다. 창세기의 창조기사를 종교적 · 사회적 의도가 있는 상징적인 것이라고 보는 비평학자들에게 폰 라드는 일체의 편견과 고정관념에 구애됨이 없이 지고지순한 태도로 접근하도록 조언했다. "창세기 1장의 모든 진술은 성경에 기록된 그대로 받아들여야 한다. 어느 하나도 상징적으로나 비유적으로 해석되어서는 안 된다."[181] 해방 신학의 관점에서 창조의 과정은 미래를 향해 개방되었다는 몰트만(Moltmann)의 생각은 일견 참신하지만, 성서의 창조관과는 근본적으로 다르다.[182] 진정한 창조는 성서의 가르침대로 6일 동안에 일어났다! 과학과 신앙의 관계에 대한 미국 캘빈기독교학술센터의 과학자들의 다음과 같은 간결한 성명은 음미할 가치가 있다. "하나님(God)은 창조자이시다. 그러므로 하나님이 만드신 그 어떤 것도 신(god)이 아니다. 하나님이 만드신 만물은 선하다(good)."[183]

초자연주의를 믿는 지적인 요소와 실제적인 요소가 적절히 통합된 형태를 기독교 신앙이라고 말한다면 모세 이전의 역사도 계시의 연장선상에서 이해할 필요가 있다. 그럴 경우 하나님의 창조는 너무나 자연스럽고 당연한 것으로 받아들여지는 것이다. 하나님의 창조를 이해하고 받아들이고 믿는 것은 지적인 산물이면서 동시에 은혜의 산물이다. 지적인 작용과 은혜의 작용이 어우러져 창조에 바탕을 둔 세계관이 형성되는 것이다. 세계관은 행동양식과 가치체계에 변화를 일으키는 것이므로 크리스천은 순수한 성경적 세계관을 갖는 게 좋다.

다시 한번 강조하지만, 창조에 대한 자유주의 신학자들의 생각은 전통적인 기독교 신앙에 독소적이다. 진화론에 경도된 그들의 세계관은 성경이 우리에게 가르쳐주는 것과는 사뭇 다르다. 사람들은 될 수 있으면 성경의 증거들이 사실이 아니기를 바라는 것 같다. 신앙으로부터의 해방이 인간 승리나 된 것인 양 말하고 행동하는 사람들이 있다. 역사에서 초자연적인 것을 빼버리는 것을 열광적으로 환호하고 있는 신학자가 존경받는 오늘의 세태. 과학적 합리주의로써 창조를 이해할 수 없게 되자 이신론과 같은 맹랑한 역사 허무주의가 그럴듯한 이론으로 한동안 사람들의 마음을 사로잡았다. 하나님이 천지를 창조하신 것은 인정하지만, 세상이 돌아가는 꼴을 보면 하나님은 자신이 만든 인간과 세계의 역사 속에서 더는 아무 일도 안 하시고 수수방관하고 있다는 게 이신론자들의 주장이다.

이사야는 그러한 허무한 사상을 가진 자들에 대해 맹공을 퍼붓는다. "너희가 알지 못하였느냐 너희가 듣지 못하였느냐 태초부터 너희에게 전하지 아니하였느냐 땅의 기초가 창조될 때부터 너희가 깨닫지 못하였느냐"(사40:21). 이사야는 또 절망과 고통의 심연에서 한 가닥 구원의 빛을 발견하려고 애태우면서, 그 구원이 이스라엘을 지으시고 부르신 여호와 하나님으로부터 나온다는 것을 선포한다. "야곱아 너를 창조하신 여호와께서 지금 말씀하시느니라 너는 두려워하지 말라 내가 너를 구속하였고 내가 너를 지명하여 불렀나니 너는 내것이라"(사 43:1). 그러면서 이사야는 하나님의 창조는 정지해 있는 게 아니라 끊임없이 창조의 완성을 향해 나아가는 역동적인 재창조라고 말한다(사 43:9; 66:22). 이처럼 이사야에게 창조와 구속은 밀접하게 연결되어 있다. 창조와 구속의 계시는 바울에게서 한층 심화한다. 바울은 누구든 그리스도 안에 있으면 그러한 새로운 세계를 경험할 수 있다고 말한다. "누구든지 그리스도 안에 있으면 새로운 피조물이라 이전 것은 지나갔으니 보라 새 것이 되었도다"(고후 5:17).

창조와 구속이 불가분리의 관계라는 점에서 하나님이 이 세계와 우주를 창조하셨다고 믿는 크리스천은 위세를 떨치는 진화론 등 과학적인 주장들에 무조건 거부하는 태도를 보이거나, 그 반대로 무조건 수용하는 태도를 보여서는 안 된다. 왜냐하면 자연과 성경은 둘 다 하나님께서 자기를 계시하시는 활동공간이기 때문이다. 갈릴레이는 "하나님이 우리에게 두 권의 책을 주셨는데, 하나는 성경이고 다른 하나는 자연"이라고 하지 않았나? 종교재판을 받고 나오면서 "그래도 지구는 돈다."라고 말했다는 갈릴레이는 "내게 망원경을 주면 그걸 갖고 우선 무신론자들을 격파하겠다."라고 말했다고 한다. 갈릴레이는 성경의 영역과 자연의 영역이 서로 충돌하는 경우에도 철저한 유신론자였다.

우리들 피조물들은 성경을 통해서 하나님을 이해하고 인식하지만, 자연을 통해서도 똑같은 하나님을 이해하고 인식한다. 그렇다면 신학과 과학은 서로 넘나들 수 없는 독립된 학문 영역이라는 편견에서 우선 벗어나고 볼 일이다. 양자는 서로 비방하고 반목하는 대결구도를 화해와 용납 그리고 협력과 상생의 구도로 전환, 인류세계를 아름답게 보호하고 번창시켜야 하는 책임을 어깨에 지고 있다. 창조론은 진화론을 배척하고 지구에서 추방해야 하는 악의 세력이라고 단죄해서는 안 된다. 마찬가지로 진화론은 창조론을 적대시하고 섬멸해야 하는 적대적인 세력이라고 끝없이 대치해서는 안 된다. 양자는 상대방이 무릎을 꿇고 항복 선언서에 도상을 찍을 날이 오고 말 것이라는 허망한 생각은 꿈도 꾸지 말아야 한다. 창조론자들은 진화론자들에 대해 "진화론에는 아킬레스건이 있다."라고 몰아붙이고, 진화론자들은 창조론자들에 대해 "아담에게 아킬레스건이 있다."라고 끝없이 몰아붙여 봤자 피차 무한경쟁의 결론 없는 상처들만 남길 뿐이다. 신학의 신앙적 체계는 과학이 자리할 여지를 허용해야 하고, 과학의 새로운 지식 체계는 신학이 자리할 여지를 허용할 때 우리의 후손들과 인류의 미래는 풍요가 보장될 것이다. 이것은 지난한 인류의 숙제이다.

문제는, 전술한 이상론에 동조하면서도 막상 현실론에 들어가면 골칫거리는 한두 개가 아니라는 사실이다. 그중 가장 문제시되는 것은 성경의 진술과 지질학이다. 모순되는 성경의 진술과 지질학의 연구결과를 어떻게 조화시킬 것인가? 어떤 학자는 먼저 성경이 양보해야 한다고 주장한다. 성경을 역사적 사실보다는 일종의 문학 양식으로 간주할 때 신성한 창조의 연대를 과학적인 지구 연대에 조화시킬 수 있다는 것이다. 성경의 본문은 과학적인 연구결과로 밝혀진 사실들에 조정하는 유연성을 보이되 기독교 특유의 신앙은 견지해나가는, 즉 "조정할 수 있는 성경"(adjustable Bible)이 되어야 한다는 것이다.[184] 수긍하기 어렵지만, 수긍할 수밖에 없다. 신학적 관심사와 과학적 관심사가 통합의 길을 모색해야 전쟁을 방불하게 하는 신학과 과학의 적대관계를 청산하고 인류의 행복과 번영을 기약할 것이라는 과학역사가들의 주장이 그럴듯하게 들리는 까닭은, 이 문제가 밑도 끝도 없는 피비린내 나는 사상의 전쟁이 되어 지구에 발을 올려놓고 사는 사람과 사람을 갈라놓고 서로 경멸하고 적대하고 증오할 게 불 보듯 빤하기 때문이다.

크리스천이 진리로 인정해 온 성경을 '조정할 수 있는 성경'으로 받아들인다고 해서 성경이 과학에 항복한다고 생각해서는 안 된다. 크리스천은 과학에 지레 겁을 먹어서는 안 된다고 본다. 과학이 발달한다고 해서 기독교의 진리가 훼손되고 하나님이 우리 삶의 변방에 밀린다고 볼 수는 없다. 보일의 법칙(Boyle's law)을 발견한 영국의 천재 물리학자이자 자연철학자인 로버트 보일(Robert Boyle)의 말을 그래서 귀담아들을 필요가 있다. 그는 과학으로 인한 더 높은 신앙의 세계에 눈을 떴다. "과학은 하나님께 대한 경배의 마음을 향상시켰다."[185] 필자는 보일의 증언에 전적으로 동의한다. 과학은 과학적이고 신앙은 비과학적이라는 생각은 편견이거나 성서를 잘못 읽는 데서 비롯된 것이다. 과학이 실험적이듯이 "예수 그리스도의 사실"(the fact of Jesus Christ)도 실험적이다. 그런 의미에서 그것은 과학적이다. 예수님이 창조주로서 이 세상에 오시고, 죽으시고, 부활하신 사건들은 그가 오시기 전 수백 년 전부터 예언되었으며, 그의 오심은 역사의 과정을 변화시켜 왔다. 그러므로 과학적 사실은 성서의 맨 처음에

나오는 창조의 이야기와 모순되지 않는다.[186)

   창조와 진화에 대해 본서는 이쯤에서 결론을 맺을 때가
되었다. 성경과 과학은 전적으로 다른 고유의 실재 영역이 있다.
성경은 도덕과 영적인 것들을 다루고, 과학은 물리적 사물들의
규칙을 다룬다. 그것은 줄기찬 실험과 관찰로부터 얻어낸
과학적 탐구결과이다. 자연에서 볼 수 있는 현상에 대한 합리적
지식 체계와 그 지식 체계에 의한 인류의 생명과 복지 증진은
과학이 담당할 몫이다. 그러나 과학이 수행하지 못하는 영역이
있다. 이 세계와 인류의 분명한 과거와 미래에 대한 답변은
과학이 하지 못한다. 그것은 전적으로 성경의 역할이다.

   과학의 세계는 아담과 하와가 실재했다거나, 홍해가
갈라졌다거나, 거짓 예언자 발람을 태우고 온 나귀가 입을 열어
말을 했다거나, 여호수아의 군대가 적들과 싸울 때 태양과
달이 거의 종일토록 중천에 머물러 있었다거나 하는 성경의
기록들을 존중하고 인정할 줄 아는 넉넉한 마음이 필요하다.
성경은 과학적인 기록물은 아니지만 과학을 도외시한 손오공
같은 부류의 공상소설이 아니다. 과학이 아무리 발달하더라도
그것은 부분적인 지식에 불과하다. 온전한 지식은 하나님만이
갖고 계시고 아신다. 사도 바울은 그 사실을 잘 알고 있었다.
그러기에 그는 신비하고 수수께끼 같은 의문투성이의 이 세계의
현상과 인류의 미래에 대해 "온전한 것이 올 때에는 부분적으로
하던 것이 폐하리라"(고전 13:10)고 하면서, "우리가 지금은
거울로 보는 것같이 희미하나 그 때에는 얼굴과 얼굴을 대하여
볼 것이다."(고전 13:12)라고 자신 있게 말할 수 있었던 것이다.

4. 지구의 나이, 아담의 나이

　　　　　　기독교인들은 지구의 나이에 대해 상호 모순적이면서 상호 공생적인 생각을 갖고 있는 것 같다. 기독교인들이 지구의 연대를 어쩌면 10,000년도 채 안 될 것이라고 보는 이유는 창세기 1장을 문자적, 역사적으로 해석하기 때문이다. 그러면서도 기독교인들은 지질학, 유전학 등 현대과학의 탐구결과를 신뢰하기 때문에, 지구의 연대가 어쩌면 까마득한 옛날일 것으로 생각하는 경향이 있다. 미국의 저명한 유신진화론적 지질학자인 데이비스 영(Davis Young)은 창세기 1장을 문자적 · 역사적으로 해석하는 기독교의 전통적인 입장과 현대과학의 눈부신 탐구결과로 인한 불가피한 입장 수정 배경을 다음과 같이 말했다.

"창세기 1장을 엄격히 문자적으로 해석하려는 것에서 벗어나려는 시도가 종종 있기는 했지만, 18세기까지 기독교계 내의 대부분의 보편적인 견해는 지구의 나이가 수천 년밖에 되지 않았다는 것을 부정할 수는 없다. 지구에 대한 현대과학적 탐구가 이루어지고 나서야 이런 관점이 교회 내에서 문제가 되기 시작했다."[187]

성경은 지구의 나이와 아담의 나이가 같다고 말한다. 지구의 연대와 아담의 연대는 같다는 것이다. 지구의 나이는 도대체 몇 살일까? 그것은 아담의 나이와 같은 걸까? 현대인은 성경의 기록을 받아들여야 하는가, 현대과학의 연구결과를 받아들여야 하는가, 성경과 현대과학을 융통성 있게 통합해야 하는가? 지금부터 머리를 지끈거리게 하는 이 이야기를 해보자.

1) 어셔(Ussher)의 천지창조력(A.M.)

어셔의 천지창조력에 의하면 2023년 현재 지구의 나이는 정확히 6,020살이다.[188] 이것은 과학적인 사고를 가진 현대인들에게는 도저히 받아들일 수 없는 연대다. 그렇다고 아담이 지구상에 등장했던 때를 진화론의 지구 탄생 연대에 좀 더 근접시키려고 턱없이 5만 년 혹은 10만 년 전이라고 얼버무려서는 더더욱 안 될 일이다. 성경의 기록에 충실할 경우 아담의 창조는 기원전 7000-10000년 전쯤 된다는 게 아마도 '보통 크리스천'의 생각일 것이다. 아담의 나이가 깍아서 10,000살쯤이라고 해도, 그는 어셔가 추산한 연대보다 수천 년 오래전에 살았다고 봐야 한다.

아담이 지금으로부터 1만 년 전에 살았다고 하는 것은 성경에 근거한다. 창세기의 족보들(5장과 11장)에 등장하는 인물들은 모두 다 부자관계가 아니기 때문이다. 구약성경에는 아버지를 생략하고 할아버지를 아버지처럼 언급한 경우가 많다. 다니엘서 5:2의 언급처럼 심지어는 몇 대조를 아버지처럼 말하는 경우도 있다.[189] 더욱이 아담의 창조부터 노아의 홍수 시대까지, 홍수 시대부터 아브라함 시대까지의 기간은 적어도 1000년씩은 누락된 것처럼 보인다. 두 족보의 명단에 아담부터 노아까지 딱 10명, 셈부터 아브라함까지 딱 10명만 등장하는 걸 보면 이것은 누가 봐도 우연이 아니라 의도적인 선택이 작용한 결과로 보인다.

2) 창세기 1장의 '날'의 길이는?

만일 지구가 창조되었다면 지구의 나이는 얼마나 될까? 이에 대해서는 창조론자들 간에도 많은 이론이 있다. 이 논쟁의 중심에는 창세기 1장에서 반복해서 등장하는 '날'(day, 히브리어 יוֹם)이 있다. '욤'이라고 발음하는 이 단어를 어떻게 해석하느냐에 따라 결과가 천양지차로 달라진다. 새천년이 들어서면서 크럭스 프레스(Crux Press)는 현대의 쟁쟁한 신학자 여섯 명을 초청해 난상토론을 벌이게 한 후 대립되는 세 견해를 책으로 내놨다.[190] 두 명이 한 팀이 되어 모두 세 팀으로 구성된 이 격론의 중심이 되는 단어는 '날'이었다.

창세기와 출애굽기에는 하나님이 세상을 6일(날) 동안에 창조하시고 일곱째 날에는 안식하셨다고 기록되어 있다(창 1:1-2:3; 출 20:11). 던칸(Duncan)과 홀(Hall)은 '날'을 문자적(literal)으로 해석했다. 창세기에서 '날'은 오늘날 우리가 익히 알고 경험하는 하루 24시간과 똑같은 날(日)이라는 것이다. '젊은 지구 창조론자'(YEC: Young-Earth Creationist)인 던칸과 홀은 이 이론만이 기독교 신앙에 부합되며 실제로 우주의 기원을 설명하는 데 가장 정확하고 역사적인 방법이라고 확신한다.

이에 반해 로스(Ross)와 아처(Archer)는 하루를 장구한 시대(long period)로 보았다. 이렇게 보아야 창세기가 과학과 조화를 이룬다는 것이다. 로스와 아처는 우주의 기원과 생성을 설명함에 있어 천문학적인 사실에 근거한 과학보다 강력한 합의는 없다고 단언한다. 수십억 년도 더 되는 아득한 옛날에 출현한 "지구와 우주의 생성 연대를 이해하기 위한 현대의 모든 연구 모델 가운데 '날-시대 이론'(day-age theology)만이 '논리 정연한 일관된 창조 모델'(a coherent testable creation model)이라는 것이다.[191] 로스와 아처의 '날-시대 이론'은 창세기의 '날'이 태양력의 '날'보다 시간이 훨씬 긴 개념이라고 본 가이슬러(Geisler)의 견해와 같다. '날'은 24시간으로 채워진 하루가 아닌 수억 년이라는 것이다.[192]

한편 세 번째 논객들인 아이언스(Irons)와 클라인(Kline)은 중도적인 입장이다. 이들은 하루를 실제적 · 문자적으로 보는 것을 억제하고 비유적으로 해석하는 쪽에 섰다.

'날'은 문자적으로 보아서도 안 되고, 그것에 어떤 종류의 연대기적인 시간을 부여해서도 안 된다는 것이다. 그것은 단지 문학적(literary), 신학적 틀로 이해하여야 한다고 주장한다.[193] 영국의 저명한 구약학 권위자인 키드너(D. Kidner)도 창세기 1장은 "웅장한 계획"(a grand design)을 드러내기 위해 단지 주제의 목록이 아닌 내러티브 진행에 대해 알려 주는 문학적 장치로 읽도록 조언한다.[194]

6명의 신학자의 견해들이 합치되기를 기대한다는 것은 실로 요원하다. 우리는 이것을 보더라도 창조를 이해한다는 게 얼마나 어려운지 실감하게 된다. '젊은 지구론'을 열렬히 옹호하는 쿨리코브스키(Kulikovsky)는 창조의 하루(날)는 현대인들이 매일 경험하는 하루와 일치한다고 하면서 이렇게 말한다. "만일 창세기 1장의 '날'이 태양계의 정상적인 하루 외에 어떤 다른 것을 의미한다면 출애굽기 20:10-11의 하나님의 명령은 참으로 허튼소리가 되고 말 것이다."[195] 복음주의 신학자인 월터 카이저(Walter Kaiser Jr.)는 창세기의 '날'은 현대인이 사용하고 있는 달력과 똑같은 개념인 '날'(day)이라고 확신한다. 그것은 서구인들이 네 개의 바퀴가 달린 멋들어진 수레를 두 필의 말이 끌었던 옛날 추억을 기억하여 해마다 즐기는 "두 필 마차 타는 날"(the day of the horse and buggy), 혹은 아브라함 링컨 대통령이 괴한의 흉탄에 맞아 서거한 날인 "아브라함 링컨의 날"(the day of Abraham Lincoln)과 같은 '날'이다.[196]

필자는 창세기의 '날'을 꼭 물리적인 시간 개념인

'크로노스'(χρόνος)의 프레임 안에 가두어 해석할 필요는 없다고 본다. 창조는 영원하고 신비한 하나님의 시간인 '카이로스'(καιρός)와 떨어져서는 생각해볼 수 없는 불가해한 차원의 것이기 때문이다. 피조물인 우리로서는 누구도 창조의 현장에 없었기 때문에 창조의 현상들을 정확히 모른다. 하지만 우리는 이해하고 납득한다. 왜냐하면 창조자 하나님은 창세기 기자로 하여금 창세기 1-2장에 놀랍고도 오묘한 창조의 과정과 내용을 기록, 피조물인 인간이 어느 정도 이해하는 방식으로 해놓으셨기 때문이다. 하나님은 무질서한 상태인 '혼돈과 공허'에 질서를 부여하고 그 질서의 공간에 창조주의 충만함을 채우셨다.

3) 창세기 1:1-3에 대한 해석

창세기 1장에서 학자들 사이에 '날'과 함께 또 하나 치열하게 논쟁을 불러일으키는 것은 창세기 1:1-3에 대한 해석의 차이다. 세 구절에 대한 해석을 놓고 복음주의 신학자들 사이에 세 가지 의견 —최초 혼돈이론, 창조 전 혼돈이론, 간격이론— 으로 나뉜다.

최초 혼돈이론

이 이론은 하나님이 말씀으로 천지를 창조하시기 전에는 우주는 그야말로 아무것도 존재하지 않은 절대적인 상태에 있었다는 이론으로서, 루터와 캘빈 등이 선호하는 전통적인 견해이다. 이 이론은 하나님이 최초로 혼돈을 창조하시고 그다음에 그것에 질서를 세우셨다는 견해다. 이 이론은 라틴어로 '무(無)로부터의 창조'(creatio ex nihilo)를 의미한다. '무로부터의 창조'는 '유(有)로부터의 창조'와 의미가 다르지만, 둘 다 신 이외의 어떠한 존재도 창조 전에는 존재하지 않았다는 점에서는 같다.

창조자가 세상의 존재방식과 전혀 다른 무에서 유를 만들어냈다면, 다시 말해 창조자의 창조행위가 이미 존재하고 있는 물질로부터 창조를 일으키는 '유로부터의 창조' 혹은 '혼돈으로부터의 창조'가 아니라 그 어떤 것도 존재하지 않는 상태인 '무로부터의 창조'라면, 하나님의 창조는 전지전능한 행위에서 나온 것이다. 토마스 아퀴나스는 초대교회 때부터 창조론을 위협해온 헬라의 세계관, 즉 물질은 항존하므로 창조가 있다면 이는 유로부터의 창조이지 무로부터의 창조는 아니라고 본 플라톤의 이원론적 세계관을 배척하면서, "하나님은 전능하심을 유지하기 위해서 자신이 창조하지 않은 어떤 재료도 필요하지 않았다"라고 주장했다. 하나님은 그 어떤 것에도 구애받지 않으시고, 자존하시며, 전지전능하시므로 오로지 말씀으로써 세상을 창조하셨다(출 20:11; 사 44:24; 시 33:6; 요 1:1; 롬 4:17)는 것이다. 이 이론은 4세기에 아우구스티누스를 비롯한 신학자들이 주장한 것으로, 그 후부터

주로 기독교 근본주의자들이 신봉하는 이론이 되어 왔다.

최초 혼돈이론을 주장하는 학자들은 창세기 1:1을 최초의 창조 사건이라고 본다. 이 관점을 '개시 관점'(initiation view)이라 부른다. 웬함과 콜린즈가 이런 관점를 옹호한다.[197] 이런 관점으로 땅의 상태를 관찰하는 학자들은 1절의 마지막 단어인 '땅'(히브리어 אֶרֶץ)이 다음에 이어지는 2절에서도 주된 단어라는 것을 주목, 와우 접속사로 이루어진 2절을 1절의 상황에 대한 추가적인 정보를 제공하는 것으로 생각한다. '땅'의 내러티브는 1장의 마지막 절인 31절에서 끝나고 2:1에 와서야 완성된 형태의 하늘과 땅을 요약한다. "천지와 만물이 다 이루어지니라"는 2:1의 표현은 천지와 만물이 최종 상태에 이르는 어떤 과정을 겪었다고 보는 게 합리적이므로, 그렇다면 1절의 '하늘과 땅'은 완성된 형태의 하늘과 땅이 아닌, 미성숙한 상태의 하늘과 땅을 가리킨다는 것이다. 이런 관점에서 본다면, 하나님의 세상 창조는 피조물의 일부가 아니라 전체이므로, 1:1-2:3의 단락은 창조자 하나님의 완전하고 절대적인 주권을 선포하는 신학적 목적에도 잘 부합하는 것이라고 본다.

세일해머(Sailhamer) 교수는 히브리서 11:3을 환기하며 히브리서 기자는 필시 '무로부터의 창조'(creations from nothing)를 강조하려는 게 틀림없다고 말한다.[198] 하버드대학 교수인 레벤손(J. D. Levenson)은 그래서 창세기 1:1의 "태초에"란 단어가 중요하다고 말한다. 이 단어는 하나님은 물질들이 있기 전부터 계셨고, 물질들은 하나님께서 그것들을 만드신 후에라야 비로소 존재하게 되었다는 것을 알려주기 때문이다.[199] 기독교 초기 국제적인 현대 도시인 알렉산드리아의 시민이었던 유대인 출신 철학자인 필로(Philo)는, 창조는 모세 율법의 기초이며 자연과 완벽한 조화를 이룬다며 하나님의 창조를 옹호했다.[200]

창조 전 혼돈이론

이 이론은 창세기 1:1을 1:1-2:3의 창조기사의 요약으로 기능하는 하나의 독립적인 절로 간주하고, 하나님은 혼돈과 공허의 상태에 있었던 무질서한 우주를 질서 있는 상태로 창조했다는 견해다. 즉 이미 존재하는 물질을 재료로 새로운 물질이 생성해서 혼돈 상태가 있게 되고, 그 혼돈의 세계에 창조자가 질서를 부여함으로써 질서정연하고 조화롭고 아름다운 이 세상(cosmos)이 나타나게 되었다는 게 창조 전 혼돈이론이다. 혼돈은 시간 속에서 하나님의 창조를 가능하게 하는 모판 역할을 한다. 시간과 시간의 결합은 역사를 이루며, 하나님의 창조 사역은 섭리의 역사가 된다. 이 이론에 의하면, '창조하다'의 히브리어 단어인 '바라'(ברא)는 '무로부터의 창조'(creatio ex nihilo)를 의미하는 게 아니라 '유로부터의 창조'이다. 창조자의 창조행위가 '유로부터의 창조'라면 하나님의 창조는 전적으로 자유롭고 아무것에도 구애받지 않는 창조를 의미한다. 그것은 하나님의 수월한 창조의 능력과 주권으로 말미암은 것이다.

창조 전 혼돈이론은 오늘날 보수진영의 대다수 학자가 선호하는 이론이다. 카수토, 마튜, 궁켈, 해밀턴, 프레다임, 왈키, 포이트레스 등 학자들이 이 이론을 지지한다.[201] 이 관점을 '요약 관점'(summary view)이라 부른다. 왈키(Waltke)는 문법적으로 볼 때 최초 혼돈이론, 창조 전 혼돈이론, 간격이론 세 가지 이론 중 창조 전 혼돈이론이 가장 올바르다고 본다. 왈키는 창세기 1:1을 하나님께서 우주를 창조하셨다는 일종의 성명서로 본다. 1:1이 창조에 관한 하나님의 성명서라면, 그다음부터 나오는 1장의 나머지 내용은 이 성명을 해설하는 광의의 일반적인 사실의 선언으로 해석해야 옳다는 것이다. 왈키는 이러한 스타일은 "서두에 일반적인 명제를 제시하고, 그다음에 상세한 정보들을 상술하는 전형적인 셈족 사상을 반영한다."[202]며 '창조 전 혼돈이론'을 채택해야 한다고 주장했다.

왈키는 창세기 1:1의 "하늘과 땅"이라는 표현은 2절의 묘사처럼 정돈되지 않은 상태의 우주가 아니라 "정돈된 우주(코스모스)"[203]를 가리킨다고 본다. 하늘과 땅의 창조가 1절에서 정돈된 상태로 완료되었다면, 창조 행위의 종료 지점은 "천지와 만물이 다 이루어지니라"는 2:1에 명확하게 요약되어 있다. 다시 말해 창세기 1:1은 그다음에 나오는 1:2부터 1장의 마지막 절인 31절까지 서술되는 일련의 창조 행위와 동일한 결과를 요약, 제공하는 기능을 한다. 왈키는 그리기에 "하늘과 땅"이라는 표현은 "하나의 통일체로서 연구되어야 하는 복합적인 표현이다."[204]라고 하면서, 창세기 1:2를

1:1의 결과에 대한 추가적인 설명으로 간주하는 상황절로 이해해서는 안 된다고 본다.[205] 만일 하나님께서 창세기 1:2에 묘사된 상황에 창조의 세계를 남겨 놓으셨더라면, 땅은 인간이 살기에 적합한 거주지가 되지 않았을 것이다. 따라서 2절은 내러티브에서 고립되지 않은 창조의 전체 과정의 한 국면으로 이해해야 한다는 것이다.

하지만 하나님이 물질을 창조하시기 전 어떤 형태로든 물질이 존재했다는 것은 논리적으로 납득하기 힘들다. 성서는 하나님이 세상이 존재하기 이전에 이미 존재하신 분으로 말씀으로 세상을 창조하셨다고 말한다. 하나님은 무로부터 세상을 창조하신 분이시다. '창조하다'를 뜻하는 히브리어 '바라'(ברא)는 풍부한 개념을 내포하지만, 그런데도 우리는 하나님께서 우주와 세계를 무로부터 창조하셨다고 생각해도 크게 문제가 될 것은 없다. 신약성서에서는 하나님이 아무것도 없는 상태에서 물질을 만들어내셨다고 하는 기록들이 있다. 요한복음의 저자는 "만물이 하나님으로 말미암아 지은 바 되었으니 지은 것이 하나도 그가 없이는 된 것이 없다"(요 1:3)라고 말했고, 사도 바울은 "하나님은 죽은 자를 살리시며 없는 것을 있는 것으로 부르시는 분"(롬 4:17)이라고 하였으며, 히브리서 기자도 "모든 세계는 하나님의 말씀으로 지어졌다"(히 11:3)라고 말했다.

간격이론

마지막 세 번째 이론은 간격이론이다. 창세기 1장을 진화론적 지질이론과 조화시키려고 시도하는 어떤 사람들은 1:1과 1:2 사이에 '그리고'(and)라는 접속사가 있어 장구한 시간의 경과가 있었을 것으로 추측한다. 이런 견해를 간격이론(gap theory)이라고 하는데, 복원 이론(restitution theory) 혹은 대격변 이론(catastrophe theory)이라고 부르기도 한다. 스코필드 주해성경(Scofield Reference Bible)은 간격이론을 옹호하고 나서 대중화에 기여했다.

간격이론을 주장하는 학자들은 창세기 1장의 첫 구절과 두 번째 구절 사이에 시간적 간격을 두고 서로 다른 구별된 창조(재창조설)가 있다고 가정한다. 즉 창조자 하나님이 첫 번째 창조하신 세상을 파멸하고 재건했다는 것이다. 간격이론을 주장하는 학자들은 땅이 "혼돈하고 공허하며"라는 표현에 주목, 이 말들은 창조의 준비나 과정을 뜻하는 게 아니라 모종의 악으로 인해 첫 번째 창조의 세계가 일종의 혼란스럽고 파멸된 상태라고 본다. 유신론적 진화론이나 '날-시대' 이론과 구별되는 이 견해에 따르면, 1절은 무로부터의 창조를 가리키고, 2절은 불완전하고 미숙한 창조를 가리키며, 3-31절은 그로부터 한참 후인 어느 시점에 완성된 완전한 창조라고 본다. 이런 경우 아담 이전에 유인원과 같은 원시적인 인간이 있었을 것으로 본다. 이에 따라 피세칸스로푸스,

아우스트랄로피테쿠스, 직립원인, 네안데르탈인, 크로마뇽인같이 인간보다 하위의 영장류들은 창세기 1:1과 1:2 사이에 발생한 대격변기에 멸망했다고 한다. 수천만 년 전에 살았다고 하는 공룡은 이 이론으로 그럴싸하게 설명할 수 있다. 화석 인간들도 이 이론으로 거뜬히 설명된다.

이런 식으로 접근하면 아담은 인류 최초의 첫 사람이 아니라 아담 이전에 무수히 많은 유인원 같은 인간들이 살았다는 말이 된다. 그렇다면 하나님은 무덤에서 이 영장류를 끄집어내어 아담을 만들었다는 말인가? 이 영장류는 하나님의 형상대로 지음을 받은 아담과 달리 영혼이 없기에 하나님을 알 수 있는 지식이 없고, 따라서 하나님의 약속과는 무관한 피조물이란 말인가? 그러니 이 이론은 창세기의 창조에 관한 진술을 제멋대로 해석하는 데서 오는 궤변에 불과하다.

진화론의 강력한 영향을 받는 오늘날 간격이론은 매우 매력적이다. 간격이론의 허점이 드러나면서 요즘에는 주목을 덜 받고 있지만, 과학 이론에 밀려 이 괴상한 이론에 동조하는 신학자들이 아직도 꽤 있는 모양이다.[206] 유감스럽게도 20세기의 대표적인 보수신학자로 진화론을 원색적으로 거부한 글리슨 아처(Gleason Archer)마저 창조와 과학을 조화하려고 간격이론을 옹호했다.[207] 이 견해대로라면 하나님은 한 번 창조하신 세계를 다시 뒤엎으시고 또다시 창조하셨다는 말밖에 안 되므로, 제정신이 있는 그리스도인이라면 이 이론에 도저히 동의할 수 없다.

이 이론을 주장하는 학자들은 히브리어에서 접속사로 사용되는 '와우'(ו)가 우리말로 '그리고'라는 뜻이 되므로, 이 단어를 창조의 앞선 행위와 뒷 행위를 연결하는 시간의 연속으로 이해해야 한다고 주장한다. 그러므로 2절은 "그리고 땅이(웨하아레츠, והארץ) 혼돈하고(토후, תהו) 공허하며(와보후, ובהו)"로 해석해야 한다는 것이다. 그러나 이 단어는 곧이곧대로 해석할 게 아니라 의역을 하는 게 옳은 독법이다. 1:1이 주어+술어의 주절로 되어 있고, 뒤에 나오는 2절은 3개의 종속절로 되어 있기에 '와우'는 '그리고'보다는 '그런데'로 해석하는 게 유연하다.

이 이론을 주장하는 학자들은 또 "땅이 혼돈하고"의 히브리어 동사 '하야'(היה)를 'was'가 아닌 과거시제인 'become' 혹은 과거완료시제인 'had became'으로 보는데, 이것은 자의적인 해석이다. '하야'는 그 자체로서 완전한 의미를 지닌 동사다. 그것은 뒤따라오는 다른 국면이 필요하지 않다. 그것은 전적으로 고정되고 완전한 상태를 가리킨다. 즉 "창조되었을 때의 혼돈의 상태, 바로 그대로의 상태"[208]인 것이다. 타락한 천사장인 루시퍼의 계략으로 태양계에 대변혁이 일어나 하나님의 처음 피조물인 동물과 식물, 최후의 호모사피엔스인 크로마뇽인이 모두 멸종하고 새로운 동물과 식물 그리고 하나님의 생기를 부여받은 아담이 창조되었다고 하는 이 환상적인 두 번째 창조는 창세기 1장 어디에서도 눈 씻고 찾으려야 그러한 징후를 찾을 수 없다. "보시기에 심히 좋았더라"라는 피조물들에 대한 하나님의 자평은 창세기 1장의 기사에 나오는 일련의 창조사역을 마치신 것과 관련이 있는 것이지, 창세기 1:2이 언급된 시기보다 까마득한 옛날에 있었던 첫 번째 창조사역과 관련이 있는 게 아니다.

　　창세기를 캐스팅하다

제2부 | 창세기 내러티브 해석

제1장

창세기 1-11장:
창조-타락-대홍수-바벨탑 사건

하나님의 형상대로 창조된 인류 최초의 인간인 아담은 20,000년 전까지 지구에서 산 크로마뇽인과 전혀 다른 사람이었을 뿐만 아니라, 크로마뇽인이 점차 진화해 고등한 존재로 발전한 사람도 아니었다. 그는 하나님에 의해 하나님의 형상대로 지음을 받은 지구상의 맨 첫 번째 사람이었다. "오직 아담과 그의 후손들만 하나님의 생기를 받았고 하나님 자손과 같은 영적 속성을 물려받았다." 그리스도인들은 창조의 메시지를 확실히 이해하기 위해 성경의 창조 메시지와 유사한 메소포타미아의 신화의 세계를 선제적으로 공부해둘 필요가 있다.

/본문 중에서.

1. 창조

1) 사람 ― 하나님의 형상과 모양대로 창조되다

하나님의 세상 창조에 관해 말하는 창세기 1-2장은 성경의 세계로 들어가는 관문이면서 신학의 출발점이 된다. 하나님의 창조는 능동적인 행동언어다. 하나님 자신이 언어의 기원이다. 언어를 하는 우리들 인간은 "빛이 있으라"라는 간명한 하나님의 언어를 이해하는 방식을 통해 창세기의 창조기사를 읽고 음미하며 창조의 세계를 상상해본다. 하나님이 "빛이 있으라"고 말씀하시자 정말로 빛이 나타났다. 창조자가 "빛이 있으라"고 말씀하시자 빛이 나타났다는 것은 어슴푸레하고 미세한 현재의 잔광의 질서 위에 마치 영원히 존재할 것 같은 명료한 빛이 나타난 게 아니라, (빛의 흔적이라곤 전무한 상태인) 어둡고 캄캄한 흑암의 질서 위에 신비로운 일광이 나타나게 되었다는 뜻이다. 창세기의 독자들은 여기서 우주를 지배하는 원리는 유물론, 우주론, 진화론 등 현대과학의 연구 결과인 규칙적인 인과관계 법칙(무목적적인, 혹은 목적적인 경우에도 신의 개입이 최소한인)이 아니라, 인격적인 신에 의한 어떤 섭리의 법칙이 아닐까 하는 강한 충격에 휩싸이게 된다. 그의 마음 깊숙한 곳에 현대의 과학 이론이 내장된 사람이더라도 이 세상을 창조하신 하나님이 질서 있고, 선하고, 은혜롭고, 인간에게 유익한 일을 하시고, 목적을 가지신 분이라고 느끼게(어렴풋이나마) 된다. 포이트레스(Vern S. Poytheress)는 창세기 1장을 읽을 때 과학적 형이상학이라는 신화에 희생되지 않으려면 현대의 과학적 지식과 독립된 방식으로 해석할 것을 조언한다.[209]

전능자의 창조행위는 6일 동안 진행된다. 처음 3일 동안은 형태의 창조, 그다음 3일 동안은 공간을 채우는 창조이다.[210] 5일 동안의 창조 행위는 사람이 살 수 있는 여건과 환경을 준비하고 있다. 베스터만은 창세기 1장의 창조기사에서 일관된 문학 유형을 발견하고 다음과 같이 제시했다.[211]

1. 선포: "하나님이 이르시되"   *10회
2. 명령: "있으라"/ "모이라"/ "내라"   *8회
3. 보고: "그대로 되니라"   *7회
4. 평가: "하나님이 보시기에 (심히) 좋았더라"   *7회
5. 시간의 틀: "저녁이 되고 아침이 되니"   *5회

창조의 장엄하고 치밀한 과정은 마침내 사람의 창조까지 정점을 향해 도달한다. 여섯째 날에 하나님의 형상과 모양을 닮은 사람이 창조된 것이다. "사람, 머리를 하늘에 대고 다니면서 영을 받은 살아 있는 피조물! 모든 창조의 사역이 그를 위해 만들어지고 준비된 후에 마침내 그는 뚜렷이 출현한다."[212] 모든 피조물은 인간을 위해 준비되었다. 이것은 인간이 창조의 중심에 있다는 것을 보여줄 뿐만 아니라 창조의 최절정, 창조의 극치임을 보여 준다. 하나님께서 사람을 창조하신 여섯째 날은 창조에 대한 하나님의 관심과 집중력이 이전의 다섯 날의 창조를 합친 것만큼 장관이었다. 하나님의 성품과 능력은 이 여섯째 날에 충만하게 나타났다.

사람의 창조는 그 이전의 창조와는 확연히 다르다. 인간 창조는 하나님의 결심으로 된 것이다. "우리가 사람을 만들고 그들로……을 다스리게 하자"(창 1:26)라는 신비하고 놀라운 진술은 인간이 하나님의 특별한 명령으로 특별한 관계가 있는 존재라는 것을 말해 준다. 이것은 또한 모든 피조물 중에 인간만이 존엄과 책임이라는 특별한 임무를 부여받아 하나님을 대신해 지구상의 피조물들에 대한 통치권을 위임 받았음을 말해 준다.[213]

하나님은 사람을 하나님의 형상을 따라 하나님의 모양대로 만드셨다. 하나님이 사람을 자기 형상을 따라 창조하셨다는 것은 기독교에서 유신론적 계시 개념의 주된 전제가 된다.[214] 하나님은 남자와 여자를 창조하시고 그들에게 복을 베푸셨다.

"생육하고 번성하여 땅에 충만하라, 땅을 정복하라, 모든 생물을 다스리라"(창 1:28).

창세기의 전체 이야기를 구성 면에서 치밀하게 관찰한 터너(Turner)는 이 한 구절이 그다음에 나오는 1-11장까지의 내용을 예고하는 "알림"(announcement)의 기능을 하고 있다고 본다.[215] 이 말씀은 인간이(남자와 여자 둘 다) 지구에서 하나님의 대리인이라는 것을 의미한다.[216] 이 말씀은 또 오직 사람만이 하나님의 성품을 닮은 존재이고, 하나님과 친교하는 존재이며, 하나님께 예배할 수 있는 신적 존재라는 것을 함축한다. 이 말씀은 워낙 중요하므로 걸쩍지근한 설명을 요한다.

미국 텍사스주 달라스에 있는 리폼드신학교의 신약신학 교수인 비일(Gregory K. Beale)은 '성전'이라는 한 주제를 가지고 구약으로부터 시작해 신약의 계시록에 이르기까지 구속사를 추적했다. 그는 "생육하고 번성하여 땅에 충만하라"는 창세기 1:28을 주목하고, 하나님의 형상을 닮은 아담은 하나님의 왕권을 반영한다는 점에서 왕이면서 동시에 동산을 경작하고 지킨다고 본다(창 2:15의 아담의 직무). 그렇다면 아담은 하나님을 섬기는 제사장이다.[217] 그는 아담이 거룩한 공간에서 단순히 동산을 관리하거나 보살피는 임무를 넘어서서, 율법에 순종하면서 동산의 질서를 유지하고 영적인 혼란이 침입하지 못하도록 하는 "제사장 역할"이었다고 주장한다.[218] 비일은 성막을 예수 그리스도와 연결한다. 비일은 "오직 자기 피로 영원한 속죄를 이루사 단번에 성소에 들어가셨다"라는 히브리서 9:12을 주목했다. 비일은 이 성경구절을 근거로 새로운 창조 세계의 성막을 마지막 아담이자 새로운 대제사장이신 그리스도 자신과 일치시켜 "성막"을 "예수의 피"와 같은 개념으로 해석했다.[219)

　　고대 기독교 연구에 평생을 바쳐 연구한 영국의 마가렛 바커(Margaret Barker)도 비일이 그랬던 것처럼 구약과 신약에서 '성전'이라는 개념을 가장 중요한 신학적 특징으로 보는 신학자다. 그 또한 성전은 에덴을 상징하므로 아담은 인류 최초의 대제사장이었다고 주장한다. 이 때문에 아담은 동산에서 예배를 인도하고 가르치는 일을 주관할 수 있었다는 것이다. 그러기에 창세기 2:15의 "경작하며(till) 지킨다(keep)"라는 말은 유대교와 기독교에서 공히 예배 사역과 가르치는 사역을 의미한다고 보았다.[220) 인간이 하나님의 형상대로 창조되었다는 것은 무슨 뜻일까? 이 개념은 신학에서 워낙 중요하므로 좀 더 설명하면 좋겠다.

[도표 2] 천지 창조

창조의 날		창조의 날	
제1일	빛	제4일	광명체들
제2일	궁창	제5일	물고기, 새
제3일	땅, 식물	제6일	육상 동물, 사람
제7일 안식일			

인간이 하나님의 형상(imago Dei)대로 창조되었다는 것은 오직 인간만이 하나님의 거룩한 성품을 닮은 존재로서, 하나님처럼 권세와 기품이 있으며 하나님을 알아보고 예배하는 특권을 가지고 있다는 뜻이다. 인간이 하나님의 형상대로 창조된 존재라면 하나님에게 있는 거룩하고, 의롭고, 진실한 성품이 인간에게도 있다는 말과 같다.[221] 여성 신학자인 프라이머 켄스키(Frymer-Kensky)는 창세기에는 하나님의 형상이 무엇을 의미하는지 직접적인 설명은 없지만, 그것은 아마도 지상의 인간에 대한 하나님의 축복, 다산, 통치와 관계가 있다는 것을 함축한다고 본다.[222]

하나님의 영광의 광채를 100% 가진 이가 예수 그리스도시다(고후 4:6; 히 1:3). 크리스천은 그의 형상을 본받으려고 부르심을 입은 자다(롬 8:29-30). 루이스(C. S. Lewis)가 말하는 것처럼 인간은 "신적 성육신 그 자체의 희미한 이미지"[223]가 아니다. 오히려 인간은 하나님에 대한 참된 지식과 참된 윤리를 가진 존재로서 하나님의 형상대로 창조된 존재다. 인간은 하나님의 형상을 반영하는 영광스러운 존재다. "실제로 인간은 하나님과 함께 창조사역의 동반자다."[224] 피조세계에 대한 하나님의 통치권을 함께하는 동반자이자 이 세상에 임재하신 하나님과의 대화의 동반자다.[225] 그는 자유로운 존재이지만 하나님 안에서 자유로운 존재로서 하나님에 의해 "창조된 창조의 동반자"(created co-creator)다.[226] 이 때문에 인간은 선하고 책임 있는 존재로 창조되었으며 하나님의 세계에서 일하도록 설계되었다. 그는 비록 죄를 짓는 연약한 자임에도 불구하고 여전히 하나님의 신적인 형상을 지닌 선한 피조물이며 자신의 행위에 스스로 책임을 지는 아주 특별한 존재다.[227]

이러한 사실은 인간이 멸망하는 존재가 아니라 소망이 있는 존재라는 것을 말해 준다. 콜린스(C. J. Collins)는 아담과 하와의 창조를 역사 속에서 실제로 있었던 일이 아니고 '역사 같은'(history-like) 사건으로 생각하는 신학자다. 그러한 콜린스도 하나님의 형상과 모양대로 창조된 인간의 가치를 인정한다. 그는 아담과 하와가 하나님의 형상을 닮은 존재로 창조되었다고 하는 창세기의 진술에서 세 가지 특성 ―하나님을 닮은 인간의 유사성, 하나님의 은혜로운 대리인으로서 세상을 관리하고 통치하는 대표성, 이웃 사람과 하나님과의 관계를 통해 과업을 수행하고 성취하는 관계성― 을 발견한다. 콜린스는 "인간 안에 있는 이러한 독특한 능력들은 하나님이 아담과 하와를 창조하셨을 때 보여주셨던 지성, 언어, 도덕적이고 심미적인 판단, 사랑과 헌신에 지배되는 관계성의 반영"이라고 본다.[228] 진화론적 창조를 신봉하는 콜린스가 인간의 이런 특성들이 인간을 동물과 다르게 하는 이유라고 말한 것은 그나마 천만다행이다.

인간 창조에서 꼭 짚고 넘어가야 하는 또 하나의 개념은 '책임'이다. 브루그만(Brueggemann)은 창조신앙에서 인간의 책임을 강조한다. 창조신앙은 모든 창조물의 웰빙(well-being)을 위한 인간의 책임을 반영한다고 생각하기 때문이다.[229] 인간이 하나님의 형상대로 창조되었다고 해서 인간이 마치 하나님과 격이 같은 평등한 존재라고 오해해서는 안 된다. 이에 대한 프리젠(Vriezen)의 견해는 음미할 만하다. 프리젠은 창조주 하나님과 그의 피조물인 인간은 완전히 다르다고 본다. 그런데도 인간이 하나님의 형상대로 지음을 받았다고 하는 성경의 진술은 거룩한 하나님이 그의 피조물인 인간과의 교제를 확실히 하겠다는 상징이라고 말한다.[230] 아담은 하나님과의 언약관계 안에서 창조되었다. 클라인(Kline)은 인간이 하나님의 형상대로 창조되었다는 사실은 아담이 처음부터 하나님과의 언약 관계에 있었다는 것을 보여주는 것이라고 말한다.[231] 호톤(Horton)은 인간과 세계의 창조를 언약의 관점에서 바라본다. 하나님은 자신의 영광과 선한 목적을 위해 피조물들을 보호하고 보존하기 위해 인간에게 특권적인 지위를 부여하고 있다고 그는 본다.[232]

신학자들의 이러한 견해는 인간이 얼마나 고귀한 존재인지를 역설해준다. 인간은 원숭이가 아니다. 인간은 짐승이 아니다. 그는 동물과 같이 열등하고 추잡하지 않다. 남자는 처음부터 남자고, 여자는 처음부터 여자로서 양성이 모두 평등하다. 여자가 없어도 세상은 남자만으로 그럭저럭 굴러가는 것은 아니었다. 여자는 처음부터 하나님의 창조 목록에 들어있었다. 여자는 남자가 혼자 있기에는 따분해 애완동물처럼 남자를 즐겁게 해주려고 창조의 보완책으로 어느 날 불쑥 나타난 존재가 아니다. 여자가 있음으로써 완전한 창조가 될 수 있었고, 하나님 보시기에 더할 나위 없이 아름답고 좋은 세계가 될 수 있었다. 그러므로 남녀는 하나님의 창조 목적에 따라 행동해야 한다. "인간이 되었다는 것은 하나님의 형상 안에서 만들어졌기 때문이다. 남자와 여자는 그 형상에 의해 동등하게 특징지어져야 한다."[233] 남자와 여자는 성(性)이 다르므로 남자는 남자와 성적 결합을 하거나 결혼할 수 없고, 여자는 여자와 성적 결합을 하거나 결혼할 수 없다. 본래 남자와 동등하게 고귀하고 눈부신 존재로 창조된 '창세기 1장의 여자'는 창세기 저자의 악의적인 흉계로 남자보다 열등하고 종속적인 '창세기 2장의 여성'으로 전락했다고 하는 어떤 여성운동가의 상상력은 지나치다.[234]

창조의 세계에서 인간은 누구이고 인간이 차지하는 위상과 책임은 무엇인지에 관해 좀 더 깊이 들어가 보자. 인간이 하나님의 형상과 모양대로 창조되었다고 하는 것은 대체 무슨 뜻인가? 성경에는 직접적인 언급이 없다. 이 개념은 어떤 의미에서는 신구약성경 전체를 끌고 가는 중요한 신학적 주제다. 성 어거스틴은 '형상', '모양'이라는 말은 인간이 하나님과 교제할 수 있는 능력, 인간이 동물들을 다스리고 땅을 관리하기 위한 청지기의 직을 수행할 수 있는 능력이 있다는 것을 의미한다고 하였다. 이러한 단어들은 "기억, 지성, 그리고 사랑을 통해 나타난 영혼의 힘"[235]을 가리킨다는 것이다. 폰 라드는 창세기 1:27의 '하나님이 자기 형상'에서 '형상'(image)이란 단어를 주목한다.

폰 라드는 인간이 누구인가를 고찰할 때 하나님의 형상대로 창조되었다고 하는 이 말보다 더 적절하고 명확한 표현을 찾아내기 어렵다고 생각한다.[236] 폰 라드는 '하나님의 형상'이란 표현은 인간이 육체적으로 하나님과 닮을 수도 있다는 의미를 내포한다고 생각한다.[237) '형상'과 '모양'이라는 단어에서 인간이 "하나님의 원시적 원형"과 같은 존재라고 생각하는 프레우스(Preuss)에 따르면, 이런 표현을 통해 창세기 기자는 인간을 땅의 장막과 하늘 성소(출 25:9,40)의 중간쯤에 있는 존재로 규정하려는 생각을 갖고 있는 게 분명하다고 한다.[238) 사람은 하나님과 비교조차 할 수 없는 피조물이지만, 하나님이 지으신 피조물 중에서 가장 으뜸이 되는 '만물의 영장'이다. 사람의 지위는 이 땅에 사는 동안에는 천사보다 못하더라도 영원한 하나님의 나라에서는 천사를 능가한다(히 2:7). 창세기 1:28이 하나님께서 인간에게 부여한 사명과 목표라면, 바로 앞에 있는 27절은 그 사명과 목표를 이루게 할 수단이라고 할 수 있다. 이렇게 본다면 인류는 하나님의 왕권의 대리자로서 땅 위에서 살 때 하나님의 형상이라는 수단을 통해 그의 사명과 목표를 이뤄나가며 그분을 영화롭게 해야 할 것이다.

신구약성서에서 일관되게 흐르는 '사람은 누구인가?'라는 이른바 '사람의 정체성'은 하나님과의 관계에서 파악된다. 히브리서 기자는 시편 2편을 인용하며 사람에 대해 특별한 관심을 보이시는 하나님과 사람의 관계를 다음과 같이 경탄했다. "사람이 무엇이기에 주께서 그를 생각하시며 인자가 무엇이기에 주께서 그를 돌보시나이까"(히 2:6). 하나님과 사람의 이러한 상호관계는 하나님의 모양과 형상대로 창조된 사람을 하나님과 같은 품격을 지닌 더없이 고상하고 영광된 지위로까지 격상시켜 놓았다.

모든 피조물 중에 사람이 가진 고귀한 가치는 예수님의 말씀에서도 확인된다. 인격이 없는 우상신들(혹은 당시 유대 사회의 재판관들)에게 빈정거리는 투의 선언인 시편 82:6을 예수님은 상기하시고, 이 부정적인 선언을 신앙 인격을 가진 사람에게 긍정적으로 적용하시며 이렇게 말씀하셨다. "하나님의 말씀을 받은 사람들을 신이라 하셨다"(요 10:35). 예수님의 이 말씀은 사람이 감히 신적인 권위에 도전할 만한 절대적이고 높은 지위를 가진 신격화된 존재가 아니라, 하나님의 아들로 인간 세상에 오신 그리스도를 영접하고 그리스도 안에서 드러나는 하나님의 계시를 옳게 받아들이며 구원 백성이 된 영적 존재라는 사실을 부각시키려고 하는 의도에서 나왔다. 하나님의 아들이신 예수님은(요 10:36) 하나님의 아들이란 영예의 칭호가 주어졌지만(출 4:22), 불순종으로 일관한 이스라엘과는 전혀 다른 하나님 아들의 참 모습을 보여주시고, 나아가 그리스도 안에서 진리를 알고 자유롭게 된 그의 제자들도 그리스도를 닮아 하나님 아들의 진면목을 유감없이 드러낼 것이라는 비전이 제시되고 있다. 그렇다면, 그리스도인은 하나님의 자녀로서 견실한 신앙심은 물론 높은 윤리적 · 도덕적 품격을 갖추고 있어야 한다(고전 15:58; 엡 4:25-32). 신자 한 사람 한 사람이 하나님의 아들과 딸로서 예수 그리스도를 대표하기 때문이다(벧전 2:9).

에스겔이 묘사(겔 1:26)한 대로 전통적으로 유대인들의 생각에는 하나님이 사람의 모습과 같은(신인동형적인: anthromorphic) 분으로 이해되었지만, 사실은 그 반대로 인간이 하나님의 모습과 닮은 존재다. 인간은 하나님의 모습과 닮은 존재이고 하나님의 형상을 따라 피조된 "하나님의 영광의 빛의 존재"[239]이다. 인간은 무기력하고 추잡하고 인간성을 상실한 좀비(zombie)와 같은 존재도 아니고, "밤낮 무덤 사이에서나 산에서나 늘 소리 지르며 돌로 자기의 몸을 해치는"(막 5:5) 더러운 귀신 들린 사람과 같은 비참한 존재가 아니다. 인간은 구체적으로든 추상적으로든 하나님의 성품을 닮은 존재로 지음을 받았기 때문이다. 삼위 하나님의 형상과 모양이 인간 전인에 퍼져 그의 전체를 충만하게 감싸고 있는 것이다. 인간은 존엄하고, 고귀하며, 더없이 아름답고, 순결하며, 소명의식이 있고, 자유의지가 있다. 피조물 중에 오직 인간만이 하나님과 인격적인 교제가 허락된 특별한 지위를 갖고 있다. 그러므로 하나님의 형상과 모양대로 창조된 인간은 하나님을 떠나서는 절대로 살 수 없는 존재다. 그 때문에 인간은 자신을 만드신 하나님 외에는 어떠한 형상을 만들어서도 안 되고 섬겨서도 안 된다. 인간은 하나님과의 올바른 관계를 맺고 있을 때는 복된 삶을 누릴 수 있지만, 그 관계가 깨지고 훼손될 때는 축복된 삶을 누리지 못한다. 하나님께 대한 그의 반응에 따라 그의 운명은 엇갈리는 것이다.

2) 창조와 신화 사이

창세기에 기록되어 있는 내용들은 (역사적) 사건인가 혹은 신화인가, 아니면 그 중간쯤 되는 어떤 것인가? 비일(Beale)은 "성경은 온통 신화로 가득 차 있다."[240]고 주장하는 피터 엔스(Peter Enns)의 주장을 조목조목 반박한다. 성경의 사건들에는 신화 같은 요소는 있지만 그 사건 자체가 신화는 아니라는 것이다. 성경은 인간이 하나님과 교제할 수 있고 복을 받기에 마땅한 존재로 살아가도록 하나님은 자신의 성품을 닮은 왕 같은 존재로 창조했다고 말한다. 이러한 성경의 메시지는 당시 메소포타미아(수메르, 앗수르, 바벨론)의 창조 신화와 본질적으로 차원이 다르다.[241] 신화가 문학의 한 장르인 것은 사실이지만, 성경에서 신화가 사용되었다는 주장은 성경이 이교도적인 신화에 근거를 두고 있다는 말이나 다름없으므로 크게 경계해야 한다.[242] 해밀턴(Hamilton) 교수도 하나님께서 천지를 창조하셨다는 고대 이스라엘의 세계관을 보여주는 성경의 독특한 메시지는 고대 근동의 저급한 창조 신화와 여러모로 다르다고 본다.[243]

고대 근동의 왕들은 그들의 신의 모습을 본떠 자신들을 보였지만, 창세기는 모든 인간은 하나님의 형상을 따라 지음을 받았다고 말한다. 형상(쩨렘, 히브리어 םלֶצֶ)과 모양(데무트, 히브리어 תוּמדְּ)은 다른 뜻을 지닌다기보다는 하나님의 성품을 닮은, 하나님 지향성을 강조하기 위해 중복되는 단어다. 초기 기독교와 비잔틴 저술가들은 형상(image)과 모양(likeness)의 차이점이 무엇인지를 놓고 토론할 때는 스핑크스와 몇몇 창조물을 예시해 설명하려 하였다. 스핑크스(sphinxes), 트리톤(triton)[244],

켄타우로스(centaur)[245]는 전자에 속하는 것들로서 비실질적인 형태로 존재한다. 반면 해·달·별들·사람들·동물들은 후자에 속하는 것들로서 실질적인 물질이다.[246] 사람이 인격을 가진 하나님의 형상과 모양대로 창조되었다는 것은 인간의 전인(全人)이 하나님의 고유한 성품으로부터 크게 영향받은 것을 의미한다. 이것은 인간이 진화되었다는 허구적인 가설들을 꾸짖는 동시에 모든 피조물 가운데 오직 사람만이 하나님과 교제할 수 있는 은총이 주어졌다는 것을 뜻한다.

하나님의 형상대로 창조된 인류 최초의 인간인 아담은 20,000년 전까지 지구에서 살았던 크로마뇽인과 전혀 다른 사람이었을 뿐만 아니라, 크로마뇽인이 점차 진화하여 고등한 존재로 발전한 사람도 아니었다. 그는 하나님에 의해 하나님의 형상대로 지음을 받은 지구상의 첫 번째 사람이었다. "오직 아담과 그의 후손들만 하나님의 생기를 받았고 하나님 자손과 같은 영적 속성을 물려받았다."[247] 그리스도인들은 창조의 메시지를 확실히 이해하기 위해 성경의 창조 메시지와 유사한 메소포타미아 신화의 세계를 선제적으로 공부해둘 필요가 있다.

3) 예수 그리스도 ― 완전한 하나님의 형상

인간이 영적인 하나님을 알고 교제한다는 개념은 예수 그리스도 사건으로 선명해졌다. 하나님의 성육신이 예수시다.

믿는 자는 예수 그리스도의 창을 통해 하나님을 구체적으로 알고, 보고, 터치할 수 있다. 예수님을 본다는 것은 하나님을 본다는 것이고, 예수님을 안다는 것은 하나님을 안다는 것이고, 예수님을 구주로 영접한다는 것은 하나님을 구주로 영접하는 것이다. 왜냐하면 예수님은 완전한 하나님의 형상이시기 때문이다. 예수 그리스도는 보이지 아니하시는 하나님의 형상이시고(골 1:15), 하나님의 영광의 광채요 그 본체의 형상이시다(히 1:3). 하나님은 그가 미리 아신 자들을 예수 그리스도의 형상을 본받게 하려고 창세전부터 미리 정해놓으셨다(롬 8:29). 하나님을 본받는 게 사람의 목적이라면(엡 5:1), 하나님의 자녀들은 마땅히 그리스도의 형상을 닮도록 노력해야 한다(갈 4:19). 예수님은 완전무결하게 하나님의 형상을 닮은 분이시기 때문이다. 타락한 인간은 그리스도를 만날 때 새롭게 피조된다. 가장 이상적인 인간은 기독교적 인간이다. 죄로 말미암아 참된 인간성을 상실한 인간은 그리스도 예수 안에서 창조적 원형의 인간을 회복해야 한다. 그리스도 안에서 새롭게 피조된 사람들이 사는 이 세상은 하나님의 은총이 가득하게 될 것이다.

4) 하나님의 안식

하나님은 우주를 자신의 거대한 성전이 되도록 창조하셨다. 창조사역을 마치신 하나님은 자신이 만드신 우주에서 안식하셨다. 하나님은 6일 동안의 창조사역을 마치시고 제7일에는 안식하셨다고 창세기는 밝히고 있다. 6일 동안의 시간이 피조물에 초점이 맞춘 것이라면, 제7일은 온통 하나님의 시간에 초점이 맞추어져 있다. 실로 지난 6일 동안의 창조 행위들은 일곱째 날을 향해 치달려 왔다고나 할까. 이 때문에 일곱째 날은 이전의 6일 동안에 진행된 창조의 최절정을 이룬다. 어떤 학자는 첫 창조기사(1:1-2:4a)의 하이라이트는 안식일(Sabbath) 창조라고 생각한다. 하나님의 궁극적인 관심은 인간이라기보다는 안식이라는 것이다. "인간이 창조의 정점이라면 안식일은 분위기상 창조의 최정점이다."[248] 6일 동안에 진행된 창조에 대한 설명은 제7일에 보여주신 하나님의 행동에서 결론에 도달하면서 동시에 분위기가 최고조에 달한다.[249]

안식일 제정을 고대 근동의 조약(suzerain-vassal) 관점에서 관찰한 클라인(M. G. Kline)은 하나님의 안식일의 침범은 세상의 주, 곧 모든 땅들과 민족들의 주로서 왕권을 가지고 정위치인 창조주의 왕좌에 즉위하는 것을 의미한다고 주장한다.[250] 안식일은 언약의 표징이므로 "하나님의 형상을 지닌 존재는 안식일을 지킴으로써 하나님의 절대적인 주권을 인간에게 선포하는 하나님의 창조행위의 패턴을 따르며, 이를 통해 자신의 창조주에 대한 언약적 성별을 맹세한다."[251]는 것이다. 안식일은 인간이 어떤 행위는 하고 어떤 행위는 자제함으로써 그 의미가 부여되는 게 아니라, 이 세계를 축복하고 신성으로 충만하게 하시려는 하나님 자신의 행위에 의해 그 진정한 의미가 발견되어야 한다.

한편 하나님의 창조를 안식일까지 포함해 7일로 보아야 한다는 견해도 있다. 왈톤(Walton)은 하나님께서 안식하신 일곱째 날이 창조의 절정이며 목적인만큼 안식일이 없다면 그 이전의 6일 동안에 있었던 만물의 기원들은 완전한 의미의 기원들이라고 할 수 없다고 생각한다.[252] 그는 "하나님이 보시기에 좋았더라"의 '좋았다'(good)라는 하나님의 평가에 착안, 창조의 본질적인 요소는 '물질적'인 것이 아닌 '기능적'이라고 주장한다.[253] 포이트레스(Vern S. Poytheress)는 왈톤의 견해를 지지한다. 하나님이 창조하신 것들의 실제적 기능들과 창조 행위에 대한 묘사의 기능적 특성을 관찰한 포이트레스는 하나님의 창조 목적을 "기능성"(functionality)이라는 개념으로 이해한다. 그는 "창세기 1장의 전체적인 설명은 '기능적으로' 방향이 정해져 있다. 즉, 그것은 인간의 유익과 즐거움, 그리고 하나님의 영광을 위한 창조 질서의 기능들을 보여주도록 방향이 정해져 있다."[254]고 말한다.

이처럼 왈톤과 포이트레스의 견해대로 창조의 본질적인 요소가 '기능적'이라면 아담과 하와는 반드시 역사적 인물일 필요는 없다. 왜냐하면 그들은 원형이며, 따라서 원형적 존재로 기능하기 때문이다. 이래서 복음주의자로 자처하는 왈톤의 창조관은 형이상학적이다. 그는 고대인들의 우주론에 지나치게 골몰한 나머지 신학의 빈약을 드러내고 말았다. 자유주의 신학자인 콜린스(C. J. Collins)마저 창조의 과정에서 이렇게 기능적인 측면을 강조한 왈톤의 책 『창세기 1장의 잃어버린 세계』(The Lost of Genesis One)의 서평에서 왈톤의 견해에 매우 강한 의문을 나타냈다.[255] 하나님의 7일 동안의 창조는 물질이 아니라 질서나 기능 혹은 역할에 초점이 맞추어졌다고 주장함으로써 상충하는 과학과 성경을 화해시키려 한 왈톤의 시도는 그럴싸했지만 무모했다.

그럼에도 불구하고 하나님의 창조 행위를 질서와 기능이라는 관점에서 접근하고, 그 질서와 기능이 충만한 성스러운 공간을 성전의 개념으로 본 왈톤의 견해는 음미할 만하다.[256] 그는 창세기 1-2장의 하나님의 우주 창조와 성전 건축 사이에는 긴밀한 관계가 있다고 본다.[257] 우주를 하나님의 영으로 충만한 성전으로 본 왈톤의 견해는 트렘퍼 롱맨(Tremper Longman), 비일(G. K. Beale), 웬함(G. J. Wenham), 포이트레스(Vern S. Poytheress) 등 복음주의적인 학자들에 의해 상당한 정도로 지지받고 있다. 왈톤처럼 성막 건축, 성전 건축 작업이 한결같은 유사한 방식과 동일한 언어를 사용함으로써 하나님의 우주 창조를 모방했다고 보는 신학자들로는 클레멘츠(R. E. Clements), 레벤손(Jon D. Levenson), 피쉬베인(M. Fishbane), 블렌킨솝(J. Blenkinsopp), 포이트레스(Vern S. Poytheress) 등이 있다.

비일(Beale)은 이 개념을 새 창조와 결부시키고 종말론적인 교회관을 제시했다. 비일은 창세기 1장을 현대과학과 조화해보려고 시도했다. 그는 창조기사가 과학적 비난을 받지 않아도 되는 이유는 창조 질서를 묘사하는 "우주적 성전"(Cosmic Temple) 이미지를 장르로 문학화했기 때문이라고 한다.[258] 비일은 성전신학의 대가다. 그는 구약과 신약을 관통하는 하나의 주제를 하나님의 특별한 임재가 집중되는 '성전'으로 삼아 이를 언약신학적 관점에서 구속사의 흐름을 세밀하게 관찰했다. 비일은 어느 면에서 하나님이 창조하신 온 세상은 하나님의 임재로 가득 찬 우주 성전과 같다고 주장한다.[259] 비일에 따르면, 동산 형태의 에덴은 최초의 성전이며 에덴동산과 이스라엘의 성막과 성전 사이에는 수많은 평행관계가 있다.[260] 비일은 신구약성경뿐 아니라 고대 근동의 문헌과 신구약 중간기 유대 문헌 등 수많은 자료를 살펴보고, "이스라엘 주변의 고대 문화권에서 발견된 증거들은 이스라엘 성막과 성전이 우주를 반영하며, 우주 자체가 거대한 신전으로 나타나거나 장차 그렇게 될 것이라는 점을 추가적으로 암시한다."[261]라고 주장한다. 비일은 에덴동산을 중심으로 모든 땅이 하나님의 성전이며, 훗날 예루살렘 성전과 신약시대의 교회들은 에덴동산의 성전을 본뜬 것이라고 한다.[262] 그는 이스라엘의 성막과 솔로몬 성전이 하나님이 창조하신 하늘과 땅을 상징한다면서 지상의 성전은 천상의 성전과 상응한다고 말한다.[263] 다시 말하면, 성막과 성전이 하늘의 형상과 하나님의 거처로서의 세상 전체에 대한 이미지를 지니고 있다.

비일은 그러나 땅에 있는 성전은 불완전하므로 하나님의 임재를 희미하게 경험하게 되지만, 예수님이 마지막 아담으로 오실 때는 그가 모든 옛 우주 질서를 파괴하고 하나님의 임재를 확실히 경험하는 완전한 성전을 새롭게 만드실 거라고 본다(계

21:22).[264] 곧 하나님의 임재로 가득 차게 될 새 성전은 종말에 도래하는 영원한 새 하늘과 새 땅이 펼쳐지는 새 시대의 새 창조가 될 것이다. 하나님의 창조의 세계를 우주적 성전으로 유비하는 비일의 관심은 그가 심혈을 기울여 쓴 책 『복음주의 안에서의 무오류의 부식: 성서의 권위에 대한 새로운 도전에 대한 응답』(The Erosion of Inerrancy in Evangelicalism: Responding to New Challenges to Biblical Authority)에 잘 나타나 있다. 웬함도 에덴동산이 이상적인 성전을 묘사한다면서 이스라엘의 후기 성전신학은 이를 모델로 삼아 발전하였다고 본다.[265]

한편 이스라엘의 신앙고백은 장엄한 창조의 피날레가 안식이라고 선포한다. 안식은 문자 그대로 쉼이지만, 쉼을 통해 또 하나의 창조를 이룩하는 축제의 날이다. 구약 백성인 이스라엘은 하나님의 창조와 출애굽의 구원 사건을 기념하여 안식했지만, 신약의 백성은 예수 그리스도의 부활을 송축하고 그가 다시 오실 날을 고대하며 주일을 성수한다.[266] 우리 그리스도인들은 종말의 그날까지 안식을 누리며 영원한 안식이 가져올 주의 날을 고대할 것이다. 인간은 안식해야 하는 존재이므로 하나님의 위임을 받아 그가 다스리는 모든 동물은 물론 갖가지 일이나 오락까지도 안식의 영역에 들어가게 해야 한다. 이처럼 하나님의 창조는 구속의 서막이면서 동시에 안식으로 충만한 새 창조를 향해 치닫는 종말의 완성이다. 그렇다면 하나님의 자녀들이 주일에 드리는 예배는 천지를 창조하신 하나님을 찬양하고, 그가 베푸신 구원의

은혜에 감사하며, 평화로운 안식에 들어가는 거룩한 행위가
아니겠는가.

5) 창조기사의 반복 ― 에덴동산

1장의 창조기사는 2장에서 반복된다. 이것은 수천 년 동안
별로 문제가 되지 않았다. 창세기의 단일저작에 회의를
품기 시작한 것은 18세기에 들어서면서부터다. 단초가 된
것은 하나님의 이름 때문이다. 하나님의 이름은 1장에서는
엘로힘(Elohim), 2장에서는 여호와(YHWH)로 나온다. 창세기
1장과 2장은 붙어 있는 장이지만 서로 다른 하나님의 이름은
문서가설 학자들의 의구심을 증폭시켰다. 문서 학자들은
하나님의 이름이 다르다는 것은 문서가 다르고, 따라서 기자가
다르다고 본다.

이같이 하나님의 이름이 다르다는 것을 근거로 문서비평
학자들은 창세기 2:4-25의 창조기사는 첫 번째 창조기사인
1:1-2:3의 자료와 다른 두 번째 창조기사라고 주장한다.
두 자료가 다르기에 인류 창조가 두 번에 걸쳐 일어났다고
주장하는 과격한 견해도 있다. 즉 창세기 1장의 창조는 첫 번째
창조, 2장의 창조는 두 번째 창조라는 것이다.[267] 문서비평의
대열에 서지는 않지만, 영성 신학자인 마르바 던(Marva
Dawn)도 두 개의 모순적인 창조기사에 당혹스러워하기는

마찬가지다.[268] 창조기사를 예전적 측면에서 접근한 신앙심 깊은 마르바 던도 혼란을 느끼는 것을 보면 창세기가 창조기사부터 한 사람에 의해 저작되었다고 믿는 기독교인의 통념은 흔들릴 수밖에 없다.

문서 학자들은 앞에 나오는 기사는 제사장(Priest) 계열의 기자가 작성했다고 해서 P문서, 뒤에 나오는 기사는 야웨(Yahweh. 독일어로 Jahweh) 종교를 추앙하는 기자가 작성했다고 해서 J문서로 분류한다. 부데(Budde), 궁켈(Gunkel), 폰 라드(von Rad), 베스터만(C. Westermann), 슈미트(W. Schmidt), 프리드먼(R. Friedman) 같은 학자들이 그러하다. 폰 라드는 창조기사가 처음부터 두 개의 전승자료 형태로 존재해 왔다고 주장한다. 두 개의 창조기사가 전승되면서 1:1-2:4a는 최종적으로 P기자가, 2:4b-25는 최종적으로 J기자가 썼다고 생각한다.

문서 발전과정 측면에서 보면 창세기 1장의 창조기사는 2장의 창조기사보다 수 세기 후에 나왔다.[269] 인류의 타락을 설명하는 3장의 배경이 되는 2장의 창조기사가 1장의 창조기사보다 먼저 기록된 문서라는 것이다. 오경의 문서발달 과정을 J-E-D-P 순으로 보는 문서비평 학자들의 주장에 의하면, J문서는 왕정 초기에, P문서는 포로 후기에 작성되었다고 한다. 문서학자들의 주장대로라면 창세기 1장의 창조기사는 기원전 5-4세기, 2장의 창조기사는 그보다 수백 년 전인 기원전 10-9세기에 작성되었다는 셈이 된다.[270]

두 기사는 창조에 대해 말하고 있지만 성격은 다르다. 창세기 1장은 단순한 화보 같아서 다소 픽션 같은 느낌을 주지만, 아담과 하와가 무대의 전면에 나오는 2장은 실제적이어서 이 기사가 1장의 기사보다 더 교훈적이고 신학적이다.[271] 슈미트(W. H. Schmidt)는 전승사적으로 원래부터 독립적으로 있었던 1장의 창조 이야기 자료와 2장의 낙원 이야기 자료가 훗날 서로 결합되었다고 주장한다. 따라서 창세기 2:4b 이하부터 시작되는 창조 설화는 세상을 바라보는 시각과 사건의 진행 과정에서 볼 때 창세기 1장의 P자료와 완전히 다르다고 생각한다.[272] 프리드먼(Friedman)도 "여러 면에서 두 이야기는 중복되고, 몇 곳에서는 서로 다른 관점을 보이고 있다."[273]라면서, 1장의 창조기사와 2장의 창조기사는 서로 다른 자료의 배경을 갖고 있다고 주장한다.

어쨌든 1장과 2장의 창조기사가 한 문서든 두 개의 문서든, 두 개의 창조기사는 이스라엘 종교가 일신론 사상에 기반을 둔 것임을 알게 해준다. 일신론 안에는 서로 양립할 수 없는 가치들, 즉 "상대적인 것과 절대적인 것, 인간의 불완전성과 하나님의 완전성, 인간의 소용돌이치는 역사적 경험의 혼란과 그 역사 속에서 계획을 이루어 가시는 하나님의 약속"[274]이 혼재되어 있다. 그러므로 모순적인 두 개의 창조기사는 "일직선상에서 표현될 수 없는 두 개의 실체이며……그 모순은 우연이라기보다는 신적 질서의 우주 안에서 인간 경험의 역설적 성격을 표현하는(흔히 성경에서 볼 수 있는) 복합적인 예술작품의 본보기다."[275]

문서비평 학자들의 주장은 지금은 많이 시들해졌다. 그러나 지금도 여전히 일부 학자들은 창세기 2장이 창조의 질서와 장엄함에 대한 1장의 선언을 다시 진술하고 있다고 생각하지 않는다. 그런데 생각해보라. 만일 최종 형태의 본문을 모세가 아닌 익명의 저자가 편집해 놓은 것이라면, 대립적인 성격을 갖는 두 개의 창조 이야기를 구태여 기술하려고 했을까? 그럴 필요를 느끼지 못했을 것이다. 그런 의미에서 데스몬드 알렉산더(Desmond Alexander)는 2장은 1장을 부연 설명한다고 본다. 그럼으로써 2장은 사람과 땅과의 관계가 얼마나 밀접한 관계에 있는가를 보여줄 뿐만 아니라, 사람과 땅의 연원이 같은 데서 나왔다는 것을 알게 해준다는 것이다.[276] "여호와 하나님이 땅의 흙으로 사람을 지으시고 생기를 그 코에 불어넣으시니 사람이 생령이 되니라"는 2:7의 말씀은 이 사실을 방증해준다.

공교롭게도, 히브리어로 '사람'(아담, אדם)과 '땅'(아다마, אדמה)[277]은 발음이 비슷하다. 카수토(Cassuto)는 "창세기 1장은 전 세계적인 창조의 틀 안에서 인류에 대한 일반적인 묘사이고, 창세기 2장은 땅 위에서의 인류의 즉각적인 상황에 관한 세부적인 묘사다."라고 하면서, 창세기 1장과 2장의 담론을 문법적 견지에서 볼 때는 "일반적-특수적"(generic-specific)으로 설명될 수 있다고 주장한다.[278] 프리젠(Vriezen)도 같은 생각을 한다. 그는 1장의 창조 본문에 이어 2장의 본문이 추가된 것은 하나님의 창조 행위를 더욱 분명하고 역사성이 있게 하였다고 본다.[279] 두 개의 창조기사가 서로 다른 자료에서 나온 게 아니라면,

슈미트가 생각하는 것처럼 하나님과 세계 사이에 있는 인간의 위치를 말하는 2장의 인간 창조는 풍부한 상상력을 동원한 야위스트(J) 기자의 진술이라는 견해는 근거가 없는 주장인 셈이 된다. 덤블렐(Dumbrell)은, 2장은 1장을 단순히 되풀이한 게 아니라 결혼과 가족 제도에 초점을 맞춘 일종의 "확장"(expansion)이라고 보았다.[280] 왈키(Waltke)는 창세기 1:1-3 단락과 2:4-7 단락의 구조는 정교한 평행을 이루고 있다는 것을 발견했다.[281] 결론적으로, 인간 창조를 보여주는 2장의 낙원 이야기는 하나님의 형상을 닮은 인간 창조에 대한 1장의 신학적 재진술이라고 보는 게 자연스럽다.

그야 어쨌든 세상의 창조를 보여주는 1:1-2:3은 창세기의 서문으로 기능하면서 하나님이 창조주이시고 그 창조주 하나님이 그가 창조하신 세상과 어떻게 관계를 맺기 시작하였는지를 알려 준다. 이 서문은 성경 전체는 아닐지는 몰라도 적어도 창세기 해석의 열쇠를 제공한다. 아니, 어쩌면 그 이상이다. "이 서문은 신학적인 성명을 뛰어넘는 것이며, 모든 것이 그를 통해 있고 그를 위해 있다고 하는 그 창조주를 찬양하는 하나의 찬송이다."[282]

1:1-2:3과 2:4-25는 공히 사람의 창조를 보여주지만, 두 단원은 문학적·신학적으로도 차이가 있다는 것을 알아야 한다. 1장이 문학적 특징이 시적이라면, 2장은 산문적이다. 1장의 창조는 연대순을 따르고 있지만, 2장은 논리적이며 주제 중심적이다. 1장이 우주적(세계 전체)이라면, 2장은 지역적(에덴동산)이다. "1장이 웅대한 개관이라면, 2장은

창조의 어떤 측면들을 선택해서 그것들을 매우 세밀하게 다루고 있다."283) 브랜든(Brandon)은 1장은 우주의 기원에, 2장은 인간과 그의 운명에 초점이 맞추어져 있다고 본다.284) 하나님과 세계 사이의 관계는 그의 엘로힘 자격에서 찾아지지만, 하나님과 동산에 거주하는 부부 사이의 관계는 그의 여호와 엘로힘 자격에서 찾아진다. 전자가 그의 위엄성과 초월성을 암시한다면, 후자는 그의 친밀성과 창조 세계에로의 관여를 제시한다.285) 전자가 단순히 남자와 여자의 창조를 보여준 것이라면, 후자는 남자와 여자의 역설적인 차원을 보여 준다.

이러한 소소한 차이점에도 불구하고 양자는 공통점이 있다. 그것은 양자 공히 역사적이라는 것이다. 인간 창조와 에덴동산을 자세히 서술하는 2장은 일반적 역사를 서술하는 1장보다 실제적이다. 따라서 2장은 1장의 후편이거나 서로 다른 기자가 다른 관점에서 쓴 별도의 기사가 아니라 인간 창조에 초점을 맞추어 다시 진술한 것이다. 그것은 같은 기자가 다른 각도에서 쓴 창조기사다. 다시 말해, 2장은 1장과 독립하여 존재하는 문서가 아니라 6일 동안의 창조 주간의 한 날인 인간 창조 사건을 세밀하게 서술하는 확장된 창조기사다.286) 창조에 관한 두 개의 내러티브는 모순이 있는 게 아니라 서로를 보충하면서 평행을 이루고 있다.287) 따라서 1장과 2장은 아무런 문제를 제기하지 않는다. 2장의 창조기사가 있음으로써 우리는 더욱 깊고 풍요한 창조 신학을 가지게 되었다.

창세기 1장과 2장에 대한 신학자들의 토론은 치열하다. 여기에 3장까지 끼어들면 문제는 더욱 복잡해진다. 창조에 관해 말하는 1장은 그렇다 치고 1장의 내용을 다른 각도에서 설명하는 2장과 인간 타락에 관해 말하는 3장은 연구를 하면 할수록 오리무중에 빠져들 수밖에 없다. 헬라시대 이래 2,300여 년 동안 수많은 성경학자가 이 방면의 연구에 뛰어들었지만, 워낙 내용이 심오하여 구약성서의 처음 세 장에 관해 누구도 만족할 만한 해답을 제시하지 못하고 있다. 이 분야에 일생을 바쳐 연구한 스웨덴의 저명한 학자인 엥엘(Ivan Engnell)의 충고를 그래서 귀담아들을 필요가 있다. 그는 "창세기 2-3장의 문제를 명료하게 해석하려는 그 어떠한 시도도 무모한 도전이어서 종래는 실패할 수밖에 없다."[288]고 실토한 바 있다. 우주와 인간의 기원과 존재 목적에 대한 고대인들의 세계관을 현대인들의 세계관과 일치시키려는 노력들이 부질없는 일처럼 보이는 이유다.

6) 성경 전체를 관통하는 창조 언약

우리는 하나님의 창조를 알려 주는 창세기 1-2장에서 창조 언약을 발견한다. 창조 언약은 구약의 언약들을 이끌어가는 추동적인 역할을 하고 있다. 그것은 또한 구약과 신약을 하나로 이어주는 광맥이다. 덤블렐(Dumbrell)은 창조 언약이 구약을 이해하는 데 대단히 중요하다고 강조하는 신학자다. 노아 언약,

아브라함 언약, 시내산 언약은 이미 존재한 이 창조 언약에 기초를 두고 유지되고 영속된다. 구약성서에 '언약'이란 용어가 최초로 등장하는 노아 언약(창 6:18), 호세아와 말라기의 결혼 언약(호 2:20; 말 2:14) 등은 창세기 1-2장의 창조 언약 사상을 기반으로 인간을 포함한 피조물과 하나님과의 관계회복을 소망하는 구약의 중요한 언약들이다. 언약은 하나님의 창조 목적을 이루기 위해 창조 때부터 필요했다. 창조 언약은 그 뒤에 나오는 언약들의 토대를 이루며 합법적인 보증을 부여한다.

한편 창조 언약은 인간의 타락에도 대비한다. 인간이 타락하여 하나님과의 관계가 단절되는 경우를 예상해 창조 언약은 하나님과 인간의 관계를 회복하기 위한 안전장치를 마련해 놓고 있다. 그것은 인간과 피조물에 대한 하나님의 창조 목적을 이루기 위한 일종의 출구전략과도 같은 것이다. 배솔로뮤(Bartholomew)가 관찰한 바와 같이, 창조 언약의 연속선상에서 하나님이 이스라엘과 맺은 언약은 하나님과 이스라엘의 관계를 나타내주는 메타포로서 기능한다.[289] 클라인(Kline)도 창조 언약에 관한 기본적인 시각이 배솔로뮤와 같다. 클라인에 따르면, 언약은 "하나님의 왕적 통치"(God's kingly rule)를 표현하기 위한 도구로서 기능한다.[290] 하나님은 언약을 통해 일반적인 은혜의 영역 안에서와 대속적인 은혜로 말미암은 거룩한 영역 안에서 자신의 왕국을 통치하신다.[291]

이처럼 창조 언약은 하나님과 이스라엘과의 구체적인 관계가 있기 전 이미 그러한 관계가 있을 것으로 예비하고 있었으며, 인간의 타락에 대비하기 위한 신학적인 사전 장치를 미리 마련해 놓았다. 창세기 1-2장이 창조 언약의 설정이라면, 창세기 3장은 창조 언약의 유효성을 보여 준다. 클라인은 창조 언약을 창세기 1-3장에만 가두어 놓지 않는다. 그는 신구약 전체 메시지에 일관되게 창조 언약 사상이 있다고 주장한다.[292] 비일(Beale)은 창세기 1-3장 안에는 '언약'이란 단어가 등장하지 않음에도 불구하고 언약관계가 없는 것은 아니라고 생각한다.[293] 아담과 하와의 결혼은 창세기 1:26-28의 인류에 대한 하나님의 축복 선언을 이루기 위한 사건이지만, 결혼 문맥에서 언약 개념에 대한 직접적인 언급은 발견할 수 없다. 그런데도 하나님의 언약에 관심을 두고 창세기를 읽는 독자라면 창세기 1-3장의 내러티브에서 언약과 관련된 본질적인 요소들을 발견하게 된다.[294]

2. 창세기 3-11장: 타락에서 바벨탑까지

1) 아담과 하와 – 루비콘강을 건너다

창세기 3장부터 11장은 인간과 세계의 비극을 말해 준다. "보시기에 심히 좋았다"라는 창조 세계에 대한 하나님의 평가는 갈수록 무색해진다. 인간이 아름다운 에덴동산에 살게 된 것은 선한 것과 선하지 않은 것을 스스로 선택하면서 하나님께 대한 순종과 믿음을 보이며 그분을 경외하는 데 있다. 그러나 인간은 불순종함으로 영광스러운 지위를 박탈당했다. 비일(Beale)에 따르면, 아담은 적대적이고 부정한 존재가 동산에 출입하지 못하도록 자신에게 부과된 과제를 수행하는 데 실패함으로써 결과적으로 창세기 1:28에 기록된 하나님의 명령에 불순종하고 말았다.[295]

뱀의 모습으로 위장한 사탄은 하나님의 형상을 닮은 사람을 유혹했다. 사탄의 맨 처음 공격 대상은 혼자 있던 하와였다. 뱀은 왜 아담과 하와가 함께 있을 때 유혹하거나 아담부터 먼저 유혹하지 않았을까? 이것은 상상력을 자극하기에 충분한 것이다. 하와가 금단의 열매를 먹게 된 동기가 하나님께 불순종하려는 어떤 기질이 있기보다는 "물질적 매력, 호기심, 무관심 혹은 부주의" 같은 요인들이 뒤섞인 결과라고 생각하는 좀 엉뚱한 신학자도 있다.[296) 많은 분석 가운데 우리의 눈길을 끄는 것은, 여자가 남자보다 꾐에 넘어가기 쉬운 상대이고 공상에 사로잡히는 경향이 남자보다 강하다는 것이다. 뱀은 아마도 하나님을 대적하고 하나님의 자녀들을 어떻게든 타락시키려는 영적 존재인 사탄일 것이다. 뱀으로 위장한 사탄은 인간의 평강을 짓밟았다. 뱀이 인류에 대해 적대감을 가지고 존재하는 한, 그 뱀에게 적대감을 보이며 끔찍한 유혹을 물리쳐야 하는 인류의 처절한 저항은 평강의 하나님이 뱀의 머리를 발로 밟아 뭉개버릴 때까지 계속될 것이다.

　간교한 뱀은 혼자서 동산을 배회하는 여자에게 말했다. "하나님이 참으로 너희에게 동산 모든 나무의 열매를 먹지 말라 하더냐?" 여자의 묘한 호기심과 일탈을 자극하는 발언이다. 뱀은 하와의 마음에 불을 질러 놓는다. 그러잖아도 하와는 왜 하나님이 동산 가운데 있는 선악을 알게 하는 나무의 열매를 따먹지 말라고 하셨을까 하며 궁금하던 차였다. 그녀는 어떤 누구로부터도 제약받지 않고 한껏 자유롭게 살고 싶었을까? 호기심에 부푼 하와는 한 번도 가보지 않았던 미지의 세계에 자신을 내던져보고 싶은 욕망에 사로잡혔다. 그러한 생각이 마음에 와락 덮치는 순간 그녀는 하나님의 순전하심에 관해 의문을 품기 시작했고, 급기야 루비콘강을 건너고 말았다. 그리고 이왕 내친김에 남편에게도 자신이 한 끔찍한 행위에 동참하도록 권유했다. 그러자 남편은 주저하거나 망설이는 기색도 없이 선악을 알게 하는 과일을 먹어버렸다.

아담이 왜 그렇게 실없이 하와의 권유에 손쉽게 넘어갔는지는 이상한 일이다. 원인 규명과 책임 소재를 놓고 하나님은 여자만을 상대하거나 혹은 여자와 남자 둘 다를 상대하지 않고 아담만을 단독으로 대면하신다. 하나님은 아담에게 물으신다. "내가 그토록 네게 먹지 말라고 명령한 그 나무 열매를 왜 먹었느냐?" 여기서 우리는 하나님도 우리들 인간처럼 '말'을 하신다는 사실을 발견한다. 하나님도 인간처럼 언어를 갖고 있다! 하나님과 아담이 어떻게 소통했는지는 또 다른 궁금증을 자아낸다.[297] 창세기의 독자들은 이런 복잡한 신인동형론적이고 언어적인 측면은 생각할 겨를이 없다. 독자들의 관심은 아담이 하나님의 물음에 어떻게 대답할지에 집중한다. 그런데 하나님의 물음에 아담의 대답은 가관이다. 아담은 나무 열매를 왜 먹었는지에 대답은 없고 그저 책임을 떠넘기기에 급급해한다. 아담은 "하나님이(원하지도 않은 여자를) 제게 주셔서 저와 함께 산 그 여자가 그 나무 열매를 줘서 제가 먹었습니다."라며 치사하게 변명한다. 이 모든 일이 "네 탓이오."라는 것이다.

그런 실망스럽고 무기력한 아담의 모습에서 우리는 이성과 책임 있는 인간의 품격이 크게 망가진 것을 보게 된다. 사랑하는 아내가 홀로 뱀에게서 유혹을 받으며 남편의 도움이 절실히 필요했을 때 그는 도대체 어디서 무엇을 하고 있었는지를 통절하게 반성해야 한다. 자기의 잘못을 타인에게 뒤집어씌운 행위는 얄미운 행위를 넘어선, 명백히 악한 짓이다. 더욱이 하와는 연약한 여자이지 않은가. 이로써 아담은 인류 최초로 자기의 잘못을 남의 탓으로 돌린 사람이 되어버렸다. 그는 또한 죄를 짓고 나면 그 죄에 대해 반성이나 회개 없이 은근슬쩍 넘어가려는 우리들 인간의 죄에 대한 무감각을 대변해주고 있다. 남편들은 이 대목에서 깨달을 게 있다. 부부가 하나님의 뜻에 맞게 살지 못해 문제가 생길 경우에 하나님은 그 책임 추궁을 남편에게 하신다는 사실 말이다. 결과에 대한 책임은 부부 둘 다의 몫이지만, 엄중한 책임 추궁은 남편 혼자만의 몫이다.

어떤 호기로운 신학자들은 창세기 3장에서 남성과 여성의 성(性)의 세계를 관찰한다. 남성들은 원래 죄의 유혹에 마음을 뺏기지 않을 만큼 지혜롭고 의젓했는데, 지혜가 부족하고 허황한 여자 때문에 함께 망하게 되었다는 것이다. 고대의 남성들은 용렬하게도 온갖 강력한 죄들에 맥없이 무너지는 자신들을 보며 이게 모두 여자 때문이라고 생각했던 모양이다. 그들은 뱀의 꾐에 걸려들어 자신도 타락하고 멀쩡한 남자까지도 타락하게 만든 여자에게 비겁하게 잘못을 뒤집어씌웠다. 그리하여 '질이 나쁜 이 여자'(the bad woman)에게서 나온 아이들은 태어날 때부터 죄를 안고 태어나므로 여자는 생물학적으로, 유전학적으로 원죄(OS: Original Sin)를 퍼뜨린 주범이라는 것이다.[298]

여자는 남자에 비해 열등하고 모든 악의 근원은 여성에게 있다는 전통적인 생각은 전 세계에 만연된 것인데, 이러한 경향은 아프리카에서 가장 심하다.[299] 창세기의 독자는 자기 통제력을 상실하고 뱀의 유혹에 너무나 쉽게 넘어간 여자의 볼썽사나운 태도와, 시종일관 자기를 통제하며 매력적인 보디발의 아내(창세기에서 중요한 역할을 하는 이 여자는 특이하게도 무명으로 나온다)의 강렬한 유혹을 물리친 요셉의 의연한 태도가 날카롭게 대비되어 있는 것을 놓치지 않고 읽을 때 창세기가 전달하는 숨은 메시지를 발견할 수 있다고 한다.

과연 그럴까? 여자는 죄에 쉽게 노출되는 존재이고, 남자는 죄에 노출되지 않은 존재일까? 남자는 죄로부터 감염되지 않는 백신주사라도 맞았다는 건가? 아니, 남자는 여자가 없었다면 죄를 짓지 않기라도 했다는 건가? 천만의 말씀이다. 나는 그렇게 생각하지 않는다. 하나님께서 인간을 창조하실 때 자유로운 의지를 주신 이상 —그래서 인간은 로봇이 아니다— 여자도 죄를 지을 수 있고 남자도 죄를 지을 수 있었다. 어쩌면 남자가 여자보다 먼저 뱀을 만나 대화했더라면 여자보다도 유혹에 넘어가는 시간이 훨씬 단축되었을지도 모를 일이다. 그나마 여자는 죄에 빠져드는 순간에도 하나님과 하나님이 그렇게 당부한 말씀을 헌신짝 버리듯 내팽개치지는 않았다. 침을 꿀꺽 넘어가게 하는 뱀의 간교한 말에 여자는 "동산 나무의 열매를 우리가 먹을 수 있으나 동산 중앙에 있는 나무의 열매는 하나님의 말씀에 너희는 먹지도 말고 만지지도 말라 너희가 죽을까 하노라"라며 겨우 받아치는 모양새는 취했다.

여자의 말은 권세는 없었지만 그래도 하나님께 순종하려는 일말의 영적 기상이 있었던 것이다.

그런 점에서 남자들은 여자들에게서도 남자 못지않은 자제력이 있다는 것을 인정해야 한다. 자제력은 순간적으로 잃을 수도 있지만 평소 훈련해놓지 않으면 잃을 가능성이 커지는 법이다. 그것은 여자나 남자나 마찬가지다. 문제는 우리들 신앙인이 하나님의 말씀을 기억하는 데만 머물고 있다는 데 있다. 수천 절의 성경말씀을 좔좔 외우면서도 그 말씀대로 살지 못한다면 무슨 소용이 있겠나. 하나님의 말씀을 암기하고 기억하는 것도 중요하지만, 그 말씀이 영적 능력으로 분출하도록 잘 무장해야 한다. 죄 많은 이 세상을 이기고 사는 비결이 무엇인지 바울은 우리에게 좋은 충고를 한다. 주 안에서 그 힘이 능력으로 강건해지고 마귀의 간계를 대적하는 방법은 오로지 하나님의 전신갑주를 입는 것 외에는 달리 무슨 좋은 방법이 없다고 바울은 말한다(엡 6:10-17).

윤리적인 표준이 낮아진다는 것은 인간이 하나님의 선하시고 기뻐하시고 온전하신 뜻이 무엇인지에 대해 무감각해진다는 것을 의미한다. 그것은 하나님에 대한 인간의 반역의 결과다. 그 반역의 표현인 죄의 삯은 사망이다(롬 6:24). 욕심이 잉태하면 죄를 낳고 죄가 장성하면 사망을 낳는 법이다(약 1:15). 타락한 인간은 죽을 때까지 수치와 두려움에 떨다가 흙으로 돌아가는 존재다. "수치가 인간 대 인간의 관계에서 오는 불안의 표시라면, 하나님 앞에서 두려움은 피조물과 창조주의 관계에서 오는 장애의 표지다. 그러므로 수치와 두려움은 타락한 인간에게 치유할 수 없는 오점이 되는 셈이다."[300] 비열한 뱀의 꾐에 넘어간 아담은 성전을 지키는 데 실패했으며, 그 결과 성스러운 제사장 역할을 상실하고 말았다.

여기서 우리는 늘 의문이 드는 질문을 해본다. 하나님이 전능하시다면 왜 아담과 하와가 선악과를 따먹을 거라고 예상하지 못하셨을까? 하나님이 전능하신 존재라면 왜 이 세상에 악이 들어오는 것을 처음부터 막아놓지 않으셨을까? 전능하신 하나님에게도 전능의 능력을 벗어나는 어떤 영역이 있다는 건가? 이러한 질문들은 궁금증이 많은 우리로서는 필요한 것이지만, 자기 멋대로 대답해서는 안 된다.

이러한 질문들에 논리적으로 답한다는 것은 대단히 어렵다. 왜냐하면 이러한 질문들은 지적, 철학적 사색으로 간단히 해결될 성질이 아니고 깊은 신학적 성찰을 요구하기 때문이다. 신학자들은 전통적으로 인간에게 자유의지(free will)가 있다는 것으로 이 문제를 해결하려고 했다. 신학자들은 자유의지에 호소함으로써 하나님이 악을 허용하신 것에 대해 논리적 근거로 삼아 왔다. 좋은 것과 나쁜 것, 그리고 선한 것과 악한 것을 선택하는 것은 자유로운 창조물인 인간에게 있다. "도덕적으로 선을 행할 수 있는 창조물을 창조하기 위해서 도덕적으로 악을 행할 수 있는"[301] 여지를 열어놓으신 하나님의 창조행위와 그 통치 방식은 정당한 것이다. 바로 그 때문에 하나님이 창조하신 자유로운 창조물인 인간이 그의 자유를 행사함에 있어 잘못을 저지른다는 이유만으로 하나님의 전능성과 선하심을 제거하지 못한다.[302]

프레우스(Preuss)는 이사야 1:18-20을 인용하면서 창세기 2-3장에 나타나는 죄는 하나님이 주신 자유를 하나님을 대적하기 위해 사용하려고 자기 멋대로 행동하려는 인간의 열망을 구성한다고 말한다. 즉 죄라는 것은 하나님의 권위에 대한 인간 인식의 실패이자, 그의 말씀을 준행하려고 하기보다는 토론하는 쪽을 선택한 데서(창 3:1-5) 오는 필연적인 어떤 것이다.[303] 그러므로 죄를 지은 인간은 반드시 그 죄에 대해 책임질 줄 알아야 한다. 죄에 대한 책임을 실용적으로 혹은 사회적으로 부과해서는 안 된다. 죄는 그 죄를 저지른 각 사람이 책임져야 한다. 신구약성서를 '하나님의 섭리'라는 하나의 주제로 살펴본 폴 헬름(Paul Helm)은 죄에 대한 철저한 인간의 책임을 강조한다. "기독교인들이 섭리를 이해하는 데 있어 (죄에 대한) 인간의 책임의식을 한 치 소홀히 하지 않는 게 대단히 중요하다. (죄에 대한) 인간 실패에 대한 책임 없이 개인의 죄는 없다. 개인의 죄는 구속이라는 바로 그 사상의 필수적인 전제조건이 된다."[304]

페미니스트 신학자인 메이어스(C. Meyers)는 창세기 2-3장에 묘사된 에덴동산의 이야기에서 인류학적, 고고학적 자료들을 동원해 초기 이스라엘 사회가 농업사회라는 점을 밝히려고 하였다.[305] 왈키(Waltke)는 에덴동산의 창설과 인간의 추방에 관해 말하는 창세기 1-3장에서 흥미로운 탐구를 시도했다. 왈키에 따르면 이 성경 본문에는 율법 · 언약 · 추방 · 왕 등 단어는 없지만, 독자들은 이러한 개념들에 대한 어려운 교리가 없이도 그 의미들을 감지할 수 있다. 바이올린을 가지고 무대에 선 아담과 하와가 먼저 연주하고 뒤이어 수많은 악기로 구성된 웅대한 오케스트라의 하모니가 울려 퍼진다.[306] 이렇게 아담과 하와 내러티브는 이스라엘 역사의 전조를 보여줄 뿐 아니라 이스라엘 내러티브를 통해 세상을 창조한다.[307]

신학자들에게 창세기 1-3장은 신구약성경 전체를 관통하는 모판으로 인식하게 하는 동기를 부여한다. 왜냐하면 창세기를 여는 1-3장의 세 가지 주요 개념인 '하나님-인간-구원'은 성경 전체의 주요 개념이기 때문이다. 세 가지 개념은 너무나 중요하기 때문에 18세기 중후반 개블러(Gabler) 이래 성경신학 연구에서 지배적인 틀로 사용되어 왔다. 젤린(E. Sellin)은 1933년에, 쾰러(köhler)는 1936년에 각각 구약신학 책을 발간하면서 신론-인간론-구원론의 체계를 따랐으며, 그 후 많은 신학자가 조직신학에 관한 글을 쓸 때는 이 배열체계를 따르는 게 통례가 되다시피 했다.

아담과 하와의 이야기에서 타락은 기독교의 핵심적인 교리 가운데 하나다. 어떤 신학자는 타락 이전과 이후 시대를 구분하지 못한다. 이것은 위험천만한 자유주의적 신학이다. 이 이야기를 '인간 타락'의 관점보다는 "불멸을 거의 얻으려다 사실상 놓쳐버린 이야기"[308]의 관점으로 접근하는 것도 옳다고 볼 수 없다. '에덴동산'이나 에덴동산의 특징 중 하나인 '두 나무'(생명나무와 선악을 알게 하는 나무)를 메타포(은유)의 개념 안에 가두어버리는 사르나(N. Sarna) 식의 접근도 경계할 필요가 있다.[309] 타락 이전에 하나님과 인간의 완전한 의사소통은 인간이 스스로 불순종을 선택한 결과 막혀버렸고, 화평하고 조화로운 관계는 불화와 부조화의 관계로 변해버렸다. 그 불순종의 결과 아담과 하와는 낙원에서 추방당하고, 하나님으로부터 분리되었으며, 이젠 죽음이 그들 앞에 놓여 있었다. 우리들 인간의 생각으로는 하나님의 이러한 처사를 이해할 수 없어 고개를 갸우뚱한다. 하기야 죄인인 인간이 어찌 하나님이 하시는 일을 이해하랴? 선지자 이사야는 하나님의 생각이 무엇인지를 잘도 대변하였다. "내 생각이 너희의 생각과 다르며 내 길은 너희의 길과 다름이니라"(사 55:8).

그런데 죄가 더한 곳에 은혜가 넘친다고 하지 않았던가. 은혜로우신 하나님은 죄로 물든 인류를 버리지 않으시기로 마음먹으신다. 하나님은 여자의 후손을 보내어 하나님과 인간 사이를 갈라놓는 뱀의 머리를 상하게 하시고 깨진 관계를 바르게 회복하시려는 원대한 계획을 세워놓으신다. 하나님이 세상을 사랑하셔서 때가 차면 메시아를 보내실 것이다. 타락 이전 인간은 왕이요 제사장이요 예언자였다. 인간 안에 있는 그러한 신적 능력은 타락과 함께 심각하게 훼손되었으나, 그리스도의 공로로 회복되었고(고후 5:17; 벧전 2:9) 하나님의 나라에서 온전히 경험하게 될 것이다(계 19:9; 20:3-4; 22:5). 아담은 하나님께 불순종함으로써 인류에게 돌이킬 수 없는 불행한 죽음과 끔찍한 죄를 가져왔지만, 둘째 아담인 우리 주 예수님은 "하나님의 사랑, 하나님의 진리, 하나님의 위엄"[310]을 조금도 손상시키지 않고 온전히 입증해 보이셨다. 그리스도의 순종의 결과로 우리는 새 생명을 입고 은혜의 보좌 앞에 나갈 수 있게 된 것이다.

2) 계속되는 타락, 심판 그리고 은혜의 빛

대홍수 사건

창조의 세계는 자꾸만 나빠져 갔다. 인간 사회는 갈수록 죄와 교만과 폭력으로 만신창이가 되어 가면서 창조의 질서는 무너져 갔다.[311] 가인은 동생 아벨을 죽였다. 문화가 발전하면서 사람들은 점차 하나님을 떠나 살았다. 복수의 화신 같은 라멕이란 자가 명성과 위세를 떨쳤다. 노아 시대에 이르러서는 죄와 반역과 폭력은 일상의 삶이 돼버렸다. 하나님은 인내에 한계를 느끼셨을까? 죄가 증가하는 것과 비례하여 심판도 증가한다. 하지만 하나님의 인내와 사랑은 죄가 범람하는 곳에 은혜의 강물로 넘치시게 만든다(롬 5:21). 대홍수 사건이 그것을 여실히 보여 준다. 대홍수 사건은 하나님께 반역하는 세상에 대한 하나님의 심판의 절정을 보여주지만, 인간을 구원하시고 축복하고자 하는 하나님의 은혜 또한 그 대척점에서 절정을 보여 준다.[312]

노아의 홍수는 워낙 유명해 성경을 잘 모르는 어린아이들도 잘 아는 이야기다. 이 이야기는 발단부터 결과까지 충격적이어서 어른이 되어서도 꿈에까지 나타난다. 대다수는 이 이야기가 주는 교훈보다는 노아 시대의 홍수가 역사적으로 실제 일어난 것인지, 아니면 픽션인 것인지에 관심이 모아져 있는 것 같다. 과학문명이 눈부시게 발달한 21세기이지만 노아의 홍수와 관련한 논란은 그칠 줄 모른다. 방주의 잔해를 보았다는 사람들도 꽤 많이 있다는 심심찮은 보도들을 곁귀로 마냥 흘려들을 일은 아닐 성싶다. '방주론'(arkeology)은 여전히 사람들에게 흥밋거리로 학계 내 논란이 그치질 않고 있다.[313] 이 이야기를 역사적 사실이라고 보는 사람들도 있지만, 고대 근동의 홍수 전설을 흉내낸 민담이나 신화에 불과하다고 보는 사람들도 많다.[314]

　홍수는 현대과학으로도 통제할 수 없는 무시무시한 현상이라서 사람들의 특별한 관심을 끌고 있다. 그래서 대홍수 이야기가 인기를 모으고 있는 이유는, 홍수는 예나 지금이나 땅에 사는 사람들의 공통된 관심사이기 때문이라는 분석도 있다. 저 옛날 메소포타미아의 티그리스와 유프라테스강이 범람하면 그사이의 땅에 살았던 사람들은 큰 물난리를 겪어야 했던 이야기가 길가메쉬 서사시(Gilgamesh Epic)에 나오는데, 이 서사시가 구약성서에 고스란히 반영되었다고 주장하는 학자들도 적지 않다. 그 반대의 견해도 있다. 창세기의 홍수 이야기가 메소포타미아의 홍수 설화들을 흉내낸 게 아니라, 오히려 메소포타미아의 홍수 설화들이 창세기의 홍수 이야기를 흉내냈다고 생각하는 학자들도 많다. 데렉 키드너(Derek Kidner), 토드 베알(Todd S. Beall) 등 학자들은 고대 근동 지역에 살았던 사람들이 노아의 후손들에게서 홍수 이야기를 듣고

자기네 문화에 맞게 해석해서 설화를 만들었다고 주장한다.[315)]

창세기의 홍수든 메소포타미아의 홍수든, 아무튼 그런 엄청난 홍수는 사람들이 지어낸 상상의 이야기에 불과하다고 생각하는 학자들이 많다는 사실은 새삼스러운 일이 아니다. 클레어 아모스(Clare Amos)는 전 세계를 무참하게 파괴하고 대격변을 일으킨 노아의 홍수는 사람들의 호기심을 불러일으키기에 충분하지만, 현대의 사고로는 인정할 수 없는 이야기라고 손을 젓는다.[316)] 성서의 홍수 이야기를 역사적 기록으로 받아들이지 않는 사람들은, 창세기의 신비스러운 숫자들은 까마득한 과거뿐 아니라 미래를 내다볼 수 있게 하는 신학적인 진술이라고 주장한다.[317)] 성서의 창조 설화나 홍수 설화를 고대 근동의 세계관으로 이해해야 한다고 주장하는 피터 엔즈(Peter Enns)는 노아의 홍수 같은 성서에 나오는 이야기가 신화인지 사실인지 묻는 것은 적절치 않다고 주장한다. 구약이 고대 근동의 문화와 세계관을 반영해 전달된 하나님의 말씀이라고 생각한 그로서는 그렇게 생각하는 게 당연할 것이다. 하지만 피터 엔즈의 상상은 지나쳐서 그가 의도했든 의도하지 않았든 그의 주장은 구약성서가 고대 근동 문학의 한 유형에 지나지 않는 결과로 나타났다. 그는 성경의 영감에 대한 그릇된 견해를 고집하다 정든 강단인 웨스트민스터신학교에서 쫓겨나야 했다.

창세기의 홍수 이야기가 고대 근동의 홍수 설화를 모방해 만들어낸 창세기 기자의 창작품이라거나, 홍수가 있었더라도 가나안 지역 혹은 근동 지역에 국한된 소규모 홍수에 불과했을 거라는 자유주의 학자들의 견해를 반박하는 보수 진영 학자들이 상당히 많다는 사실은 신실한 기독교인들에게는 반가운 소식이 아닐 수 없다. 레우폴드(Leupold), 알더스(Aalders) 등 학자들은 "물이 땅에 넘쳐 천하의 높은 산이 다 잠겼다"고 하는 창세기 7:19는 노아 시대의 홍수가 전 세계를 물로 덮어 노아의 가족들과 방주에 실은 동물들을 제외한 숨 쉬는 모든 생명을 멸절시켰다는 것을 보여 준다고 해석한다.[318] 메릴 엉거(Merrill Unger), 글리슨 아처(Gleason Archer), 게하르드 하젤(Gerhard Hasel), 존 휘트콤(John Whitcomb) 등 복음주의 신학자들은 노아의 홍수가 전 세계적인 사건이라고 생각하는 학자들이다.[319] 노아 시대의 대홍수 사건은 미국에서 일단의 과학자들에게 창조 사건보다 더 중요한 사건으로 인식되었다. 홍수로 인한 대격변 이론(홍수지리학)이 '젊은 지구' 창조와 생명의 기원을 추적하기에 용이하기 때문이다. 지금으로부터 꼭 60년 전, 그러니까 1963년 6월 헨리 모리스(Henry Morris)를 중심으로 미국에서 설립된 '창조연구회'(The Creation Research Society)는 노아 시대 때 발생한 홍수 대격변 사건을 자신들의 창조설을 입증하는 결정적인 근거 자료로 삼았고, 이 단체는 훗날 출범할 창조과학회의 모태가 되었다.

하나님은 자신이 만드신 세상을 혼돈에 빠뜨릴 수도 있고 질서 있게 하실 수 있는 능력과 자유를 가지고 있는 분이시다. 오경의 서문 기능을 하는 창세기 1-11장은 죄-추방-은혜라는 순환 패턴을 보여주면서 신학적으로 창조(creation)-비창조(uncreation)-재창조(recreation)의 언어로 환원된다. 클라인즈(Clines)는 아브라함이 등장하기 전 창세기 1-11장에 이르는 원 역사의 내러티브에서 이 주제가 견고하게 유지되고 있는 것을 발견한다.[320] 아름답고 웅장하며 질서 있는 창조의 세계는 사람들의 죄악으로 비창조의 세계로 변질되었지만, 하나님의 은혜로 다시 창조된다. 옛 창조 질서와의 연결선상에 노아와 그의 일곱 식구가 있다. 재창조된 인간은 생육하고 번성하여 땅에 충만한 하나님의 복을 받아 마땅한 새로운 인간의 시작이다.[321]

따라서 우리가 홍수 이야기에서 붙잡아야 하는 테마는 하나님의 심판보다는 하나님께서 이 사건을 계기로 이 세상과 어떠한 방법으로 관계를 맺을 것인가에 대한 진지한 고민이다. 인간이 극도로 타락해 하나님을 실망시키지만, 인류를 향하신 하나님의 원대한 구원 계획은 방해받지 않는다. 성서의 역사와 고고학에 대해 좋은 글들을 써온 미국의 진 피에르 이스보우츠(Jean-Pierre Isbouts)는 하나님의 세상 창조와 그 창조의 유지에서 히브리 성서의 주제를 발견한다. 이스보우츠에 따르면, 구약성경의 주제는 "우리의 창조자, 곧 도덕적이고 사회적인 정의를 실현하기 위해 열정적으로 헌신하는 분이신 하나님의 능력으로 인도되고 훈계받고 마침내 구원에 이르는 사람들의 이야기"다.[322] 하나님께서 자신이 만드신 세계를 창조의 질서로 유지하면서 타락한 인간들을 품어 주시고 축복해 주시려는 이유는 하나님이 사랑이시라는 것 외에는 달리 설명할 길이 없다. 통제할 수 없는 인간의 죄는 하나님의 마음으로부터 분출하는 사랑보다 턱없이 약하다. 버나드 앤더슨(Bernhard Anderson)은 창세기 6:9-9:10의 단락을 대칭 구도로 관찰한 후, "하나님이 노아와 그와 함께 방주에 있는 모든 들짐승과 가축을 기억하사"의 '기억하사'라는 이 단어가 중심에 있으면서 하나님의 은혜가 전체 분위기를 감싸고 있다고 주장했다.[323] 홍수 사건 이후 하나님은 허물 많은 인간을 거의 조건 없이 사랑하시려고 단단히 마음먹으신 것처럼 보인다. 이제부터 하나님은 더 구체적으로 그리고 점진적으로 자기를 계시하실 것이다. 하나님은 사람에게 창조 때 요구하셨던 높은 수준의 윤리보다 한 단계 낮은 수준의 윤리를 제시하신다. 윤리의 높은 표준대로라면 인간은 계속해서 심판을 피하지 못하는 존재라는 사실을 하나님은 알고 계셨던 것 같다.

노아 언약

대홍수 이후에 하나님은 다시 인간을 축복하신다. 하나님께서는 사람들이 창조의 원형대로 살지 못하고 하나님을 배반하더라도 노아 때처럼 홍수로 쓸어버리겠다는 생각을 바꾸셨다. 하나님과 그가 창조하신 세상과의 관계성에 변화가 생긴 것이다. 하나님의 변화는 '계약'의 형태로 나타났다. 하나님은 창조 때의 기대와는 어긋나더라도 불완전한 세상과 조건 없는 관계를 맺고자 하신 것이다. 이것을 쉽게 말하면 하나님께서 자신을 죽이신 것이다. "더 낮은 (윤리의) 표준은 굳은 심성을 가진 인간의 완악함에 대한 하나님의 자기 비하다."[324] 여성 신학자인 프라이머 켄스키는 홍수 이후 인간의 '하나님의 형상'의 개념은 1장의 '하나님의 형상'의 개념과는 완전히 다르다고 말한다. 9:1-8에 나타난 것처럼 홍수 이후 새롭게 설정된 인간형은 법적 지향적인 인간이라는 것이다. 즉 "여기에서 '형상'의 개념은 우리가 어떻게 해야 하는가를 결정하도록 하는 게 아니라, 다른 사람들이 우리를 향해 어떻게 해야 하는가를 결정하도록 하게 한다."[325]

자신이 창조한 세상을 향한 하나님의 사랑은 활화산처럼 분출하는 은혜로 나타났다. 그 무조건적인 은혜의 선물이 노아와 맺은 계약이다. 그 계약은 말씀으로 맺은 약속이기에 언약이다. 구약의 언약을 이해하는 데 창조 언약의 중요성을 강조하는 덤블렐(Dumbrell)은 노아 언약을 창조 언약의 연장선에서 바라본다. 이 노아 언약과 함께 아브라함 언약과 시내산 언약은 연속성과 통일성이 있기에 창조 언약과 분리하여 설명하기란 가능하지 않을 뿐만 아니라, 뒤에 나오는 언약이 전에 나온 언약과 분리하여 설명될 수 없다.[326]

언약은 히브리어로 '베리트'(בְּרִית)인데, 이 단어는 구약성경에서 280번이나 나온다. 언약의 수납자에게 일방적으로 부과되는 신적 언약을 가리키는 이 단어는 창세기 6:18에서 처음 쓰였다. 그러나 덤블렐은 '언약'이라는 정신은 창조 때부터 있었다고 생각한다. 하나님은 세계와 인간을 창조하셨을 때부터 그것을 염두에 두고 계셨다. 덤블렐은, '베리트'라는 단어는 "내 언약을 세우다"라는 어구로 미루어볼 때 "이 어구는 언약의 시작이 아니라 이전 언약과의 영속성을 가리킨다."[327]고 본다. 그는 이 어법이 하나님과 노아의 관계가 창세기 6:18에 나타난 사건 이전부터 존재했을 것이라는 암시를 하고 있기 때문이라고 주장한다. 그런 점에서 창세기 6:17-18은 9:8-17의 언약의 선취가 아니라, 창조 질서 보존을 위한 위임명령(창 1:28)의 연장선상 위에 있다. 결국 노아 언약은 "창세기 3장의 타락한 인간 상태와 창세기 1-2장의 인간과 창조 세계를 향한 하나님의 계획과 연결되어 있다."[328]

노아 언약은 독립적으로 새로 시작한 게 아니라 창조 언약선상에 있다고 하는 덤블렐의 언약신학 사상에 신학자들이 모두 동조하는 것은 아니다. 윌리엄슨(Williamson)은 덤블렐의 생각과는 다르다. 그는 창세기 1-2장에는 언약을 증거하는 본문이 없으므로 언약이 존재할 여지가 없다고 생각한다.[329] 그는 언약 개념은 관계를 새롭게 세우는 게 아니라 세워진 관계를 보증하거나 형식화하는 수단이 되고 있다고 본다.[330] 그러므로 관계가 먼저 세워지고 언약이 세워지는 것이지, 언약이 먼저 세워지고 관계가 세워지는 것은 아니다. 이에 따라 윌리엄슨은 구약에서 언약 개념은 노아 언약을 가리키는 창세기 6:18부터 등장한다고 본다. "내가 세우다"라는 어구의 히브리어 '헤킴'(히브리어 הקים)을 '확증하다' 혹은 '유지하다'라고 해석한 덤블렐과는 달리 '새로운 것을 마련하다'라는 뜻으로 이해하기 때문이다.[331]

'헤킴'을 오로지 새로운 형태의 언약을 수립하는 관점에서만 보는 윌리엄슨의 견해는 '헤킴'의 다양한 용법을 고려하지 않은 것이어서 옳은 해석이라고 할 수 없다. 클라인(Kline), 웬함(Wenham), 맥콘빌(McConville) 등 신학자들은 오히려 덤블렐의 견해를 지지한다.[332] 창세기 6:18의 언약을 의심할 여지 없이 "구원의 언약"이라 보는 클라인은 이 단어의 쓰임새가 언약을 처음으로 세웠다든가 혹은 언약을 비준했다든가 하는 뜻으로 해석할 게 아니라, 그 이전에 있을 법한 언약의 준수 또는 약속을 이행하겠다는 뜻으로 해석해야 온당하다고 지적한다.[333]

바벨탑 사건

하나님은 자신의 형상을 닮은 인간이 하나님 지향적인 삶을 살기를 원하시지만, 한 번 타락한 인간은 끊임없이 타락의 길을 걸어간다. 아담과 하와의 불순종, 가인의 형제 살해, 라멕의 탈선, 노아 시대의 만연한 범죄들로 이어지는 인간의 타락은 이제 새로운 유형으로 발전했다. 민족들이 하나로 뭉쳐 집단적으로 하나님께 대들려고 한 것이다. 인간의 타락은 더는 타락할 것도 없을 만큼 정점에 도달해 그 타락의 결과가 가져다줄 어떤 비참한 운명, 그러나 그 비참한 운명이 갑자기 행복한 국면으로 전환될 것 같은 지점을 향해 이제는 그 끝에 다다른 느낌이다. 문화를 만들고 높은 탑을 쌓으려는 그들은 하나님 없는 문화에서 살며 이교도적인 불멸의 삶을 원했을지도 모른다.

하지만 그들 마음에 도사리고 있는 것은 스스로 하나님이 되려고 하는 인간의 묘한 명예욕과 뒤틀린 성취욕이다. 인간은 예나 지금이나 높은 곳에 계시는 하나님을 보좌에서 끌어내리고 그 자리를 차지하려는 못된 버릇이 있다(사 14:13; 살후 2:4). 노아의 후예들은 참으로 이상한 행동을 하기 위해 모였다. 시날 평지에 거대한 계단형 피라미드 지구랏(Ziggurat)을 건설하려고 집결한 것이다. 그리고 그들은 주저 없이 그 일을 감행했다. 이것은 인간의 역사는 하나님께 도전하고 반항하는 역사라는 전형적인 사건임을 보여 준다.

지구랏은 "그 뿌리는 땅에 의지하면서 머리는 구름 속에 가려진"[334], 그야말로 하늘 높이 치솟은 곳까지 올라간 초고층 빌딩이다. 하늘과 땅이 맞닿는 그곳을 인간들은 하나님이 활동하시는 공간으로 생각했다. 인간이 하늘 높이 치솟은 빌딩을 짓는 것은 하나님께 도전하는 교만한 행위다. 높은 빌딩을 짓는 행위 그 자체가 잘못이 아니라, 그 행위 뒤에 숨어 있는 반항심과 적대감과 교만함이 항시 문제가 되고 있다. 이러한 것들은 결국 하나님과 관계를 멀어지게 하는 것들이다. 이 때문에 인간은 지나치게 높고 화려한 건물을 짓는 것을 차라리 삼가는 게 현명하다. 그게 교회 건물이라고 하더라도 말이다.

바벨탑 사건은 너무나 심각한 문제여서 하나님께서도 천상회의를 여시고 최선의 방법으로 인간들을 응징하기로 결정하셨다. 하나님의 심판은 천만뜻밖이었다. 이번에는 인간들을 멸하는 대신 지구의 사방으로 흩어지게 하는 심판이다. "자, 성읍과 탑을 건설하여 그 탑 꼭대기를 하늘에 닿게 하여 우리 이름을 내고 온 땅에 흩어짐을 면하자"는 인간의 무모한 책략을 무력화하기 위한 하나님의 대응전략은 놀랍게도 하나님 자신이 혼탁한 인간 세상에 내려오시는 거였다. "자, 우리가 내려가서 거기서 그들의 언어를 혼잡하게 하여 그들이 서로 알아듣지 못하게 하자." 여기서 우리는 잘나가건 못 나가건 틈만 나면 죄를 모의하는 인간 군상과 죄를 싫어하시고 정의를 세우시려는 하나님을 본다. 정말 놀랍게도 하나님은 사람들이 건설하는 성읍과 탑을 보시려고 건축 현장에 내려오셨다.

전능하신 하나님께서 이런 회의 과정을 거쳐 인간 세상에 하감하셨다는 창세기 기자의 진술은 현대인들의 사고로는 잘 이해가 안 되지만, 고대인들에게는 그러한 일이 실제로 벌어졌다고 자연스럽게 받아들여졌던 모양이다. 이에 대해 폰 라드는 프록쉬(Procksch)의 견해를 빌려 이 신비스러운 현상을 이해하고자 했다. "여호와께서 (인간 세상에) 가까이 다가오시지 않으면 안 되는 이유는 그가 근시안이 있어서가 아니라, 정말로 그가 (인간들이 상상할 수 없는) 아주 높은 곳에 계시며 인간들의 사역이 볼품없이 꾀죄죄한 것을 입증하시려고 했기 때문이다. 그러므로 하나님의 이러한 움직임은 인간의 행동에 대해 시선을 끌기에 충분한 풍자로 이해되어야 한다."[335] 폰 라드다운 이해지만, 일견 수긍이 간다.

진노하신 하나님은 다시 한번 심판을 내리신다. 하나님은 홍수로 인간을 심판하지 않으시겠다고 약속하셨기에, 이번에 선택하신 심판은 인간들이 전혀 예측하지 못하는 방식으로 시행되었다. 그들은 자신들의 기술로 만든 하늘 높이 솟은 거대한 탑을 완성하기도 전에 지구 여러 곳으로 흩어져야만 했다. 그들은 흩어지면서 상대방이 하는 언어를 알아들을 수 없게 되었다.[336] '심판' 이미지가 강한 바벨탑 사건을 깊이 들여다보면, 흥미롭게도 '축복'이라는 성경 전체의 주제가 바탕에 깔려있다는 것을 우리는 발견하게 된다. 성경의 사건들이 대개 그렇듯이 이 사건에서도 역설과 반전이 있다. 미국 에머리터스(Emeritus) 대학의 클라인즈 교수는 노아의 세 아들에게서 70민족이 퍼져나갔음을 말해주는 10장과 11장의 바벨탑 사건과의 관계를 균형감각 있게 관찰하고 이렇게 해석했다. "만일 10장의 자료가 바벨탑 이야기를 따르고 있는 것이라면, 민족들의 목록 전체는 심판을 의미하는 것으로 읽어야 한다. 하지만 현재의 위치에서 볼 때 10장은 9:1에 나타난 하나님의 명령이 성취된 것으로 기능하고 있다."[337]

홍수 이야기(6-9장)가 인간들의 만연된 죄와 하나님의 심판의 절정을 보여주는 것이라면, 뒤이어 나오는 바벨탑(11장) 이야기는 그 절정에서 급격한 하향을 보여 준다.[338] 창세기 3장의 타락 기사가 한 인간의 타락으로 하나님과의 관계가 손상된 것을 보여준 것과는 정반대로, 창세기 11장의 바벨탑 사건은 한 집단의 타락으로 하나님과의 관계가 회복 불가능한 정도로 손상되었다는 것을 보여 준다. 바벨의 무질서와 인류의 분열은 세상의 사회구조의 특징이 되고 말았다. 하나님은 바벨탑을 쌓은 공동체에 일말의 기대도 할 수 없게 되었다. 아담부터 바벨탑 사건까지 하나님께 대한 불완전한 인간의 반응은 계속해서 실패를 경험했다. 인간은 끊임없이 역사와 운명의 주도권이 자기에게 있는 양 오만방자하게 굴며 하나님의 목적들을 좌절시키려고 위협해오면서 얼마나 끔찍한 곤경 속에 자신을 몰아넣었던가.

하지만 의로우신 하나님은 곤경의 깊은 구렁텅이에 빠져 자신의 힘으로는 도저히 빠져나올 수 없는 악한 인류에게 구원의 밧줄을 내려 주시기로 마음먹는다. 하나님은 이 타락한 공동체와는 전혀 다른 공동체, 즉 "인류의 실패와 그 슬픈 기록들을 극복할 가능성이 있고 새 시대의 역사를 열어줄"[339] 공동체를 출현시켜야 하는 당위성에 직면하시게 되었다. 하나님 편에서 볼 때 이제는 과거의 방식으로 해서는 안 될 일이다. 하나님의 대안은 무엇인가? 인류의 희망은 과연 누구를 통해 보장될 것인가? 우리는 12장에서 하나님이 찾아낸 한 사람에게서 그 해답을 발견한다. 불과 9절밖에 안 되는 이 간결하고 절제된 바벨탑 이야기는 훗날 하나님께서 '내 벗'(사 41:8)이라고 불렀던 이스라엘의 시조(始祖) 아브라함 이야기의 도입부 역할을 하고 있다.

제2장

창세기 12-24장: 아브라함 이야기

확실한 주인공이 등장함에 따라 무대는 메소포타미아에서 가나안으로 이동한다. 이제는 내러티브의 중심이 전 세계적인 것에서 축소된 공간인 한 사람에게로 옮겨간다. 하나님의 현미경은 고대 근동의 한 사람을 찾아내 그에게 집중적으로 초점이 맞춰진다. 그의 이름은 아브람이다. 하나님은 이 사람을 통해 자기의 사역을 충실히 이행해나갈 것이다.

/본문 중에서.

1. 미래의 희망 아브라함

1) 새로운 인류의 출현

창세기 1장부터 11장까지가 하나님의 창조 역사를 기술했다면, 하나님께서 창조의 목적을 이루어 나가시려고 아브라함을 부르신 12:1-3은 하나님의 구속 역사를 기술한다.[340] 이렇게 하나님의 창조 역사와 구속 역사가 오경의 시작부터 구조적으로 정교하게 연계됨으로써, 오경은 "창조와 은혜의 책"[341]임이 명백하게 드러난다. 세상을 축복하시려는 하나님의 창조 언약은 하나님께서 아브라함을 부르심으로써, 이제부터 영원하고 무조건적인 아브라함 언약과 이스라엘의 헌신과 순종을 요구하는 시내 언약을 통해 구체적으로 나타날 참이다.[342] 아브라함의 등장으로 말미암아 창세기 12-50장에 나타날 하나님의 "축복은 인간의 성취와 단결을 기초로 질서를 세우려고 했던 바벨탑의 이야기와 날카롭게 대조된다."[343]

아브라함의 등장은 원 역사에서 되풀이하여 나타난 '죄-추방-회복'의 주제를 '회복'이라는 하나의 희망찬 주제에 정향시키는 한편, 그가 실패한 아담을 대신하는 새 아담으로서 하나님의 언약이 그를 통해 성취될 것이라는 기대감을 증폭시키킨다. 그에 따라 아브라함에게 제시된 약속의 땅은 새 에덴을 대체하게 된다. 그런 점에서 창세기의 전반부인 1-11장이 하나님께서 그의 나라를 악으로부터 보존하시려는 소극적인 사역방식을 소개한 것이라면, 12-50장은 하나님이 그의 나라를 구체적으로 펼치시기 위해 인류를 구원하시려는 적극적인 사역방식을 소개한 것이라고 할 수 있다. 프레다임(Fretheim)은 전반부인 1-11장이 가족과 민족 그리고 인간의 삶과 복지에 필수적인 하나님의 질서들을 소개하는 것이라면, 12-50장은 이러한 강력하고 광범위한 관심이 가족의 창조적 질서를 중심으로 전개된다고 생각한다.[344]

생물학과 의학적인 관점으로 지혜에 초점을 맞추고 창세기를 관찰한 레온 카스는 이 책의 교육적인 측면을 이렇게 말했다. "창세기 11장까지는 (인류의) 품위 있고 정의로운 삶에 대한 계속적인 심리적·사회적 장애물들이 깔려있지만, 12장부터는 이스라엘의 창건자인 아브라함, 이삭, 야곱과 그들의 가족들의 삶에서 이러한 장애물들을 극복해가는 창시적인 노력들을 제시한다."[345] 구약과 신약에는 하나님의 구속 역사가 창조의 행위에 뿌리를 두고 있다는 메시지가 전편에 깔려있다. 창세기 1-11장에서 우리는 아담으로부터 바벨탑 사건에 이르기까지 인류는 끊임없이 하나님을 거역하고 타락의 길을 걸어와 속된

말로 '구제불능'이라는 것을 확인했다. 도무지 변화하지 않는 인류에게서 우리는 희망이라고는 조금도 찾아볼 수 없을 만큼 절망적이고 계속되는 심판만이 있을 것 같은 마음에 답답하고 탄식한다.

그러나 이상하게 우리는 이 원 역사를 읽으면서 축복과는 거리가 먼 듯한 인류가 하나님의 축복을 받아 생육하고 번성하여 땅에 충만하게 될 것 같은 기대감이 마음 한구석에 도사리고 있고, 그 마음이 환희의 세계를 향해 꿈틀대며 약동하는 것을 느끼게 된다. 하나님께서 어떤 방법으로든 죄로 얼룩진 인간을 바꾸시고 돌보실 것이라는 기대감이 있기 때문이다. 폰 라드의 관찰대로 사실 11장까지는 창세기의 해설자가 사건 그 자체에만 주목하고 있지, 그 사건 속에 숨어 있는 "구원"이니 "은혜"니 또는 "용서" 등 신학적으로 정형화된 용어들을 끄집어내며 직접적으로 언급을 하는 것은 아니다.[346] 그런데도 죄가 증가하고 심판이 뒤따를 것 같은 우울하고 음산한 분위기가 증폭되면 될수록 이런 안도의 용어들은 분명한 형체를 갖추어 막 튀어나올 것 같은 느낌이 있다. 인간은 희망을 절망의 역사로 바꿔놓지만, 하나님은 절망을 희망의 역사로 바꿔놓으실 것이다. 하나님은 창조주시고 구원자시니까 자신이 만드신 인간과 세계가 희망이 있다는 것을 스스로 입증하실 책임이 있다. 아브라함의 등장은 창세기의 독자들에게 하나님이 인간과 세계를 축복하실 것이라는 강한 기대감을 갖게 한다.

하나님은 노아 시대의 타락한 인간과는 다른 새로운 인류의 출현을 꿈꾸셨다. 새로운 인류는 하나님이 원하시는 삶을 살도록 율법을 받을 것이다. 그들은 하나님과 계약을 맺고 하나님과 특별한 교제를 하게 될 것이다. 어떻게 이런 일이 가능하다는 것인가? 하나님이 하시므로 그것은 가능하다.

하나님은 이번에는 기상천외한 방법을 택하셨다. 많은 사람이 아닌, 딱 '한 사람'을 부르신 것이다. 하나님은 그 사람과 영원한 언약을 맺고 교제하게 될 것이다. 하나님은 그 사람에게 하나님의 도가 무엇인지 깨닫게 할 것이며, 공의와 정의를 행하게 하실 것이다. 그리하여 하나님은 그 사람과 그의 후손의 하나님이 될 것이고, 그 후손들은 대대로 하나님의 백성이 될 것이다. 인류는 이렇게 그 사람으로 인해 복을 받게 될 것이다. 이것은 그 사람이 하나님을 믿는 믿음이 있기 때문이다. 그 사람의 믿음은 하나님을 믿는 모든 자의 본이 되고 하나님은 그에게 하신 약속대로 인류를 구원하실 메시아를 보내실 것이다. 그 메시아를 믿는 자들은 하나님의 형상을 닮은 창조의 원형을 회복하게 될 것이고, 하나님을 아버지라고 부를 것이며, 하나님의 나라를 유업으로 받을 것이다. 그 '한 사람'이 누구인가? 오늘날 이라크 남부의 갈대아 우르에 살고 있던 '아브람'이라고 하는 히브리 사람이다.

2) 심판과 저주에서 구원과 축복으로

11장까지의 원 역사와 아브라함이 등장한 12장부터의 역사 사이에는 외견상 급격한 변화가 있지만, 독자들은 사실 창세기 1장부터 미세한 변화가 있는 것을 감지하고 그 동선을 추적해 왔다. 그것은 심판과 저주가 구원과 축복으로 옮겨가는 어떤 운동이다. 하나님의 뜻과 인간의 책임이라는 두 축을 따라 두 당사자 간의 관계의 손상과 회복을 더듬어간 기록이 오경이라면, 창세기 11장은 "죄-추방-회복의 패러다임"[347]으로 구원의 역사를 이루어가는 오경 전체의 서문 역할을 하고 있다. 폰 라드는 창세기 1-11장이 인간의 죄에서 하나님의 심판, 하나님의 심판에서 하나님의 용서(혹은 심판의 완화)라는 운동 축을 따라 서서히 이동하고 있다고 본다.[348] 그 이동선 끝에 한 사람이 서 있는데 그가 바로 갈대아 우르에 살고 있는 '아브람'이다(아브람은 99세 때 '아브라함'이라는 새 이름이 주어졌다).

이리하여 여태까지 비관적이고 부정적인 분위기는 아브람의 등장으로 말미암아 낙관적이고 긍정적인 분위기로 확 바뀐다. "모든 인간에게 주어진 구체적인 축복들과 그 축복과 저주 사이의 투쟁이 창세기 1-11장의 핵심 모티브라면, 12-50장은 축복이 약속되고 추구되며 위기에 몰리기도 하고 매매되기도 하고 싸움질이 일어나기도 하지만, 그것은 언제나 주어지고 적어도 부분적으로는 실제로 경험된다는 주제로 구조화되어 있다."[349] 여기서부터 하나님이 약속하신 본격적인 구속의 왕국의 출현을 미리 경험할 수 있게 된다. 하나님께서는 이스라엘의 족장들을 선택하시어 그의 백성의 삶에서 영적인 통치를 통해 자신의 영광스러운 왕국을 일으켜 갈 것이다. 그러나 그 왕국은 정형적인 것과 비정형적인 것이 혼재한다.[350] 구약에서 축복은 거저 얻게 되는 무엇이 아니라 갈등의 산고 끝에 얻게 되는 그 무엇이다. 아브라함의 등장으로 창세기의 독자들은 인류가 이제부터는 복된 삶을 누릴 것 같은 행복한 감상에 빠져들지만, 흥미롭게도 이 책을 계속 읽다 보면 그게 착각일 수도 있다는 생각을 하게 된다. 왜냐하면 이전의 이야기들보다 더한 굴곡과 긴장이 있기 때문이다. 아브라함이 등장하는 창세기 12장부터 마지막 50장까지를 "축복을 위해 선택된 말썽 많은 가족에 관한 이야기들"[351]이라고 한 가톨릭 신학자인 코터(D. Cotter)의 소제목은 그래서 그럴싸하다.

아브람을 부르시다

신구약성경이 계속해서 말하고 싶어 하는 것은 하나님이 '구원자'라는 사실이다. 성경 66권 중에서 창세기는 하나님이 구원자라는 사실을 가장 잘 보여 주고 있다. 창조와 홍수 내러티브에서 하나님이 구원자시라는 것을 실감한 창세기의 독자들은 12장부터 더 섬세하고 더 구체적으로 왜 하나님이 구원자이신지를 깨닫게 된다. 지금부터 그 이야기를 해보자.

이스라엘 최초의 족장 아브라함부터 시작하는 족장들의 본격적인 이야기는 12장부터 나온다. 11:27-32의 데라의 족보는 매끈하지는 않지만 원 역사를 족장들의 역사와 연결해주고 있다. 이러한 점에서 창세기 12장은 하나님께서 종전에 보여주셨던 계시와는 다른, 새로운 형태의 계시의 출발점이다. 여기서부터 출발해 창세기가 끝나는 50장까지 이스라엘을 다루시는 하나님의 방식은 열방의 모든 민족을 다루는 방식에 대한 통찰력을 제공한다. 이스라엘에 대한 구원의 역사가 땅의 모든 민족에게 열려 있다. 모든 민족에 대한 하나님의 축복은 창조 때부터 약속의 형태로 있었고, 아담의 타락 이후 바벨탑 사건까지 은닉되어 있다가 아브라함이 역사의 무대에 등장하면서 종전까지의 형태보다 더욱 확실하고 응집된 형태로 다시 뚜렷이 부각되고 있다.

모든 민족은 구원받아 하나님의 축복을 받는 공동체로 번영을 누려야 한다는 창세기 12:1-3의 예언적 말씀은 예수 그리스도의 지상명령으로 성취되며, 인류는 미래에 대해 낙관적인 전망을 할 수 있게 된다. 아브라함의 등장 본문은 "타락과 홍수와 바벨탑 건축 결과 인간이 겪는 삼중적인 곤경으로부터 인간을 구원하시려는 하나님의 새로운 계획이 아브라함의 자손을 통해 보편성을 향해 있다."[352] 아브라함이 역사의 현장에 실제로 나타난 사실을 알려 주는 곳은 창세기 12장부터이지만, 대다수 학자는 데라의 족보가 시작되는

11:27부터 아브라함 내러티브가 시작한다고 본다.[353] 이 지점이 원 역사와 족장사를 자연스럽게 연결하기 때문이다. 아브라함 내러티브는 여기서부터 시작해 그의 죽음과 매장을 알리는 25:11까지 계속된다.[354] 아브라함 내러티브는 그의 손자인 야곱보다 현저하게 양이 작지만, 성경에서 차지하는 위상은 야곱과는 비교가 안 될 만큼 높다. P기자에게서도 아브라함은 이스라엘의 통합조상으로서의 지위가 확고하다.

확실한 주인공이 등장함에 따라 무대는 메소포타미아에서 가나안으로 이동한다. 이제는 내러티브의 중심이 전 세계적인 것에서 축소된 공간인 한 사람에게로 옮겨간다. 하나님의 현미경은 고대 근동의 한 사람을 찾아내 그에게 집중적으로 초점이 맞춰진다. 그의 이름은 아브람이다. 하나님은 이 사람을 통해 자신의 사역을 충실히 이행해나갈 것이다. 아브람은 실패한 아담과 노아를 대신해 하나님의 형상대로 창조된 인간이 어떤 모습으로 살아야 할지를 보여줘야 한다. 그는 과연 하나님의 기대대로 성공할 것인가? 아무렴 그는 이전 세대의 사람들과는 다를 것 같다. 아브람, 이 사람에게서 인류는 가능성이 있고 희망이 보인다! 창세기의 독자들은 여기서부터 안도할 수 있다. 아브람이 이전의 모든 실패한 인간과 다를 것 같은 조짐은 하나님께서 난데없이 그를 부르셨을 때 군말 없이 순종한 데서 드러난다. 하나님은 아브람에게 극단적인 요구를 하셨다. "너는 너의 고향과 친척과 아버지의 집을 떠나 내가 네게 지시할 땅으로 가라." 당신 같으면 이런 요구에 즉각 순종하겠는가? 이 일은 흥미롭고 충격적인 입담거리가 될지언정 막상 자기에게 부닥치면 기절초풍할 일이다.

3) 오경의 주제와 창세기 12:1-3

클라인즈(Clines)는 오경의 주제가 하나님께서 아브라함을 부르신 창세기 12:1-3에 함축되어 있다고 본다. 클라인즈에 따르면, 하나님의 약속은 1) 자손들, 2) 땅, 3) 하나님과 인간의 관계 등 세 가지에 초점이 맞추어져 있고, 이 세 가지 요인은 서로 적절히 결합하여 창세기 전반에 걸쳐 다양한 형태로 나타난다고 한다.[355] 그는 이 본문을 토대로 오경의 주제를 선명히 붙잡는다. 클라인즈가 생각하는 오경의 주제는 "족장들에 대한 하나님의 약속 또는 축복의 부분적인 성취"다. 부분적인 성취이므로 그것은 부분적인 비성취도 포함한다. 아브라함이 등장하기 전까지 인간이 주도권을 쥐고 재난을 자초했던 이 세상은 이제 하나님이 주도권을 쥐심으로써 약속과 축복을 기약하게 되었다.[356] 그 약속과 축복은 인류를 향하신 태초부터의 하나님의 뜻이었지 않은가?

힐(Hill)과 왈톤(Walton)도 아브라함의 등장을 세상에 자신을 나타내시고 교제하기를 원하시는 하나님의 주도권이 '계약'(covenant)이라는 형태로 표출한 사건으로 본다. 아브라함은 타락한 에덴을 회복해줄 것이다. 그는, 아담과 하와가 불순종함으로 말미암아 깨진 하나님과의 관계를 회복하고 하나님의 현존 안에 있는 인간의 상실된 특권을 다시 찾아줄 것이다. 세상과 사람을 창조하신 하나님은 이 지구 위에 거하는 사람들과 함께 거하시며 교제하기를 원하시기 때문이다. 하나님의 이러한 계획은 창조적이고 관계적이고 자비로운 그의 특성을 표현하는 주도권을 자연스럽게 나타낸다.[357] 힐과 왈톤은 세계와 인간을 향하신 하나님의 계획을 일곱 가지 단계의 굵직한 하나님의 현존으로 설명하고 있는데, 아브라함과의 언약은 에덴에 이어 두 번째 나타난 하나님의 현존이다.[358]

2. 아브라함은 역사적 실존 인물인가?

1) 아브라함의 역사성

아브라함의 역사성과 고고학

아브라함은 역사적으로 실제 살았던 인물일까? 아브라함의 역사성에 대해서는 학자들 사이에서 의견이 둘로 갈린다. 20세기 초까지만 하더라도 족장들은 역사 속 실존 인물로 비쳤다. 족장들의 역사성은 성서고고학자들의 활약에 힘입어 사실로 받아들여졌다.

그러나 20세기 중후반에 들어와 어떤 고고학적 발견은 성경의 진술과 반드시 일치하지 않는 것으로 확인되면서 족장들의 역사성은 안개 속 물체처럼 희미해졌다. 족장들, 특히 아브라함은 역사 속에서 실재한 인물이 아닐 것으로 생각하는 경향은 주로 문서설을 신봉하는 역사비평 학자들에게서 나타난다. 문서설에 집착해 이스라엘 역사를 재구성하려는 학자들이라고 해서 모두 이스라엘 족장들의 역사성을 부정하는 것은 아니지만, 그들은 대체로 족장들의 역사성을 인정하는 데 인색하다. 역사비평적 회의주의자들은 이스라엘 족장들의 역사적 실재는 물론 출애굽 사건이나 정복 사건의 역사성을 상당 부분 부정한다. 성경의 역사성을 굉장히 중요하게 여긴 폰 라드도 예외는 아니었다. 폰 라드의 신학은 이스라엘 역사의 과거를 현재의 살아 있는 본문으로 현실화함으로써 구약의 고백적이고 선포적인 증거들을 지금 다시 말하게 하는 데 초점이 맞추어져 있다. 그는 세속의 일반역사(Historie)와 구속역사(Heilsgeschichte)를 조화시켜보려고 했다. 폰 라드는 구약신학을 함에 있어서 역사(역사적 사실)와 신앙고백(역사신앙)이라는 두 마리 토끼를 잡아보려 했던 것이다. 그는 이스라엘 족장들이 언제 살았는지 확인하게 해주는 성경 외적인 거증자료를 발견하기 어렵다며 족장들의 활동 시기를 연대기적으로 결정할 수 없다고 손을 들었다.[359]

성서고고학자들과 자유주의적인 신학자들은 아브라함에게 역사성을 부여하는 데 인색한 편이지만, 보수적인 복음주의 개혁신학자들은 아브라함의 역사적 실존을 성경이 기록한 대로 받아들인다. 아브라함이 역사적 인물이었다면 그의 손자인 야곱도 역사적으로 실재한 인물이었을 것이다. 웬함(Wenham)은 고고학적인 몇몇 발견은 야곱이 밧단아람에서 살았고 요셉이 애굽에서 높은 벼슬자리에 올랐다는 것을 많지는 않지만 입증해 준다면서, 이스라엘 족장들은 자유주의적인 학자들이 주장하는 것처럼 가상의 인물에 인격이 부여된 상상력의 산물이 아니라 역사 속에서 실재한 인물들이라고 말한다. 따라서 창세기는 먼 훗날 자신들의 신앙을 고백하기 위해 묘사한 종교 작가들의 창작물이 아니라는 것이다.[360)

족장들의 역사를 포함한 성서의 중요한 역사적 사건들은 비록 그것들이 역사 그 자체보다는 신학에 관심을 가진 역사가들에 의해 윤색되었다고 하더라도 '역사적'인 사실이라는 것을 잊어서는 안 된다. 존 브라이트(John Bright)는 기원전 2000-1550년까지의 이스라엘 초기 역사를 연구한 후, 이스라엘 족장들이 역사 속에서 실재한 인물이라는 사실을 밝혀내고, 족장들에 관한 창세기의 서술들이 확고하게 역사에 토대를 둔 것이라는 결론을 내렸다.[361) 고고학에 의한 시대 분류법에 의하면, 기원전 2000년은 대략 중기 청동기가 시작할 무렵(MB I)이고, 1550년은 중기 청동기가 끝나갈 무렵(MB Ⅲ)이다.[362) 존 브라이트는 족장들을 허구의 상자 안에 가두어버리려고 안달하는 역사비평의 풍토를 개탄하며 이렇게 말했다. "왜 우리는 한걸음도 나아갈 생각을 하지 않고 여기서 주저앉으려고 하는가? 왜 우리는 족장들을 단지 비인격적인 부족 운동의 회상으로밖에 생각하지 않는가? 전혀 그렇지 않다! 우리는 비록 아브라함, 이삭, 야곱의 삶을 다시 구성하는 작업이 벅찰지라도 그들이 역사 속의 실재 인물들이었다고 분명히 믿을 수 있다."[363) 그런가 하면 드 보(R. de Vaux)는 오경 안에 있는 많은 운문체 자료(창 49장; 출 15장; 민 23-24장; 신 33장)를 살핀 결과 성경의 전승이 역사적 사실과 부합한다고 주장했다.[364) 또한 키친(Kitchen)도 역사 재구성에 몰입하는 비평학자들에 대해 성경을 철학적으로 사색하는 사람들이라면서 이렇게 비판했다. "(그들은) 믿을 만하고 권위 있는 하나님의 말씀을 반쯤은 신화로 반쯤은 역사로 뒤섞어 놓은, 도무지 믿을 수 없는 문학적인 파편들의 모음집인 누더기 잡문(a tattered miscellany)으로 만들어 놓았다."[365]

물론 복음주의 신학자라고 해서 모두 족장들의 역사성을 있는 그대로 받아들이는 것은 아니다. 어떤 학자에게는 변형된 족장이 그 마음 안에 있다. 와이브레이(Whybray) 같은 신학자가 그러하다. 자신을 복음주의 정경신학자로 자처하지만, 역사비평적인 전승비평 입장에 경도된 와이브레이는, 족장들의 이야기는 본시 서로 관련이 없는 독립적인 전승들이었지만 훗날 가공의 "가족사"[366]를 만들어내려고 꾸며낸 것이라고 주장한다. 와이브레이는 막 나간다. 그는 족장들의 이야기와 같은 구약성경의 대부분의 내러티브들은 문학적 픽션(허구)이라고 주장한다. 그것은 "일종의 픽션"[367]이다. 욥기의 서두와 말미, 룻기, 요나, 에스더, 다니엘 1-6장, 역대기의 대부분, 특히 다윗과 관련한 이야기는 "완전히 허구적인 이야기"[368]다. 그는 아브라함에 관한 본문의 최종 형태를 신학적 창작이라고 하면서 아브라함 이야기를 야곱과 요셉 이야기에 훨씬 못 미치는 문학작품으로 격하한다.[369] 한편 창세기 12-36장의 족장들의 이야기를 맨 처음에 가족사의 관점에서 접근한 학자는 베스터만이었다. 베스터만에 따르면, 족장들의 이야기는 후대의 사람들이 전승으로 내려온 고대 이스라엘의 사회적 관습과 일상생활을 자기들의 종교 · 사회적 정체성을 새롭게 정의하기 위해 만든 문학적 · 신학적 작품이다.[370] 그러나 베스터만은 역사성을 철저히 거부한 와이브레이와는 달리 족장들의 이야기는 어느 정도 역사성이 반영되어 있다고 보았다.

아브라함은 초기 청동기 시대의 사람?

이스라엘의 역사는 그들의 뿌리인 족장들로 거슬러 올라가고, 이 경우 아브라함의 역사적 실존 여부는 중대한 학문적 관심을 불러일으킨다. 물론 우리는 '이스라엘'이라는 이름, 혹은 '이스라엘'이란 존재의 역사적 실체는 언제부터 출현하였는지 정확히 알지 못한다. 그렇지만, 성서는 아브라함에 관한 비교적 상세한 정보를 제공하고 있으므로, 고고학은 일단 아브라함의 역사성에 무게를 두고 연구를 진행하는 게 좋다. 그라베(L. Grabbe)는, 아브라함의 역사적 존재는 이스라엘의 역사가 기원전 2천년기(the second millennium BCE)에 시작되었음을 보여 준다고 말한다. 이스라엘이 한 국가로서 역사의 무대에 전면으로 나서기 시작한 시기는 그들이 어떤 형태로든 가나안에 들어와 정착한 기원전 1200년 이전 무렵일 것으로 추정되지만, 적어도 고고학은 이스라엘의 출발을 기원전 2천년기로 잡고 연구를 진행하는 게 이 문제를 해결하는 데 도움이 된다는 것이다.[371]

아브라함이 실제로 역사 속에서 살았던 사람이라면 언제 적 사람이었을까? 기원전 2000년 초중반설, 기원전 2000년설, 기원전 1700년설 등 구구하다. 성경을 토대로 연대기적인 연속에 의하면, 아브라함은 기원전 2100년 무렵에 살았던 인물이다. 그는 정확히 기원전 2166년에 태어났다. 성경의 역사성에 대해 일관된 신념을 견지해온 유진 메릴(Eugene Merrill)과 레온 우드(Leon Wood) 박사도 이 해에 아브라함이 태어났다고 본다.[372] 만일 아브라함의 출생년도가 이 해가 정확하다면, 그는 메소포타미아의 수메르인들이 아카드 제국을 멸망시켰던 때보다 12년 전에 태어났다는 셈이 된다.

아브라함이 이 무렵에 살았다면 아브라함이 살았던 때는 초기 청동기 시대(기원전 2200-2000)가 될 것이다. 그렇다면 아브라함의 아들인 이삭과 손자 야곱의 연대는 초기 청동기-중기 청동기 시대(기원전 2000-1550)가 될 것이다.[373] 프로반(Provan)은 마리(Mari)와 누지(Nuzi)의 서판에서 발견된 자료들을 근거로 족장들의 역사적 연대가 기원전 20세기 초반 무렵부터 시작되었다고 확신한다.[374] 그러나 올브라이트(Albright), 스파이저(Speiser) 등 성서고고학자들은 이스라엘 족장들 시대에 나타난 결혼, 양자 입양, 유산 상속과 같은 관습과 고대 근동의 관습 사이의 유사성을 근거로 아브라함-이삭-야곱으로 이어지는 세 명의 족장 모두 중기 청동기 시대에 살았다고 본다.[375] 플레밍(Fleming)도 족장들의 연대를 중기 청동기 시대라고 본다. 그는 마리의 문서 저장소에 발견된 기록들이 창세기에 기록된 족장들의 생활문화와 닮은 점이 많다는 점을 들어 족장들이 고대 근동의 중기 청동기

시대에 살았던 역사적 인물들이었다고 단언한다.[376)]

마리는 이스라엘 족장들이 살았던 가나안과 인접한 시리아 북부에 자리 잡은 아모리인들의 도읍지였다. 고든(Gordon)은 기원전 1500년 이후 앗수르 남동쪽 50마일 떨어진 곳인 누지의 서판들에서 발견된 후리안족의 생활양식과 창세기의 기록을 비교한 결과 족장들이 살았던 시기를 후기 청동기 시대라고 주장해 관심을 끌었다.[377)] 고든은 족장들의 연대를 전통적인 견해보다 200-500년 늦췄으므로 모세의 활동 연대도 저절로 13세기로 늦게 잡는다. 아무튼 성경의 기록에 따르든 고고학자들의 연구결과에 따르든 출애굽 연대는 이른 연대인 기원전 1500년부터 늦은 연대인 1200년까지의 어느 시점이 될 것이다.[378)] 이 시기는 후기 청동기 시대에 해당한다.

아브라함의 역사성을 부정하는 문서비평 학자들

고고학적인 발견들이 창세기에 나타난 족장들의 역사성을 어느 정도 뒷받침하지만, 급진적인 문서비평 학자들은 이것을 수긍하기를 꺼린다. 문서비평 학자들은 성경에 그려진 족장들의 모습은 후대의 사람들이 창작해 낸 난센스라고 주장한다. 반 세터스(Van Seters)가 대표적으로 과격한 학자다. 반 세터스에 따르면, 창세기에 묘사된 족장들의 유목민적 생활방식은 기원전 2000년이라기보다는 기원전 7-6세기의 신앗수르나 신바벨로니아의 문화풍속에 더 잘 어울린다고 한다.[379)] 기원전

2000-1000년 사이에 이스라엘 사회가 가나안에 정착하기 전, 그들이 유목민적인 생활을 했다거나, 어느 곳에서 이주해 왔다거나, 정치적 실체로서 존재했다는 어떠한 흔적도 발견할 수 없다는 게 이 급진적인 학자의 확신에 찬 지론이다.[380] 반 세터스는 아브라함 전승에 관한 연구를 토대로 전승의 야위스트 버전이 작성된 시기를 포로시대(바벨론 유수)라고 확신한다.[381]

반 세터스의 관심은 구약성서의 기록연대에 쏠릴 뿐 아브라함의 역사성에는 안중에도 없다. 그는 오경에서 역사적 전승의 흔적조차 발견하기 어렵다고 하면서 오경은 사실상 이데올로기적인 허구에 불과하다며 오경의 권위에 '돌직구'를 던지고 있다. P 자료의 작성연대를 포로기로 끌어내린 그는 창세기의 최종 형태의 본문은 기원전 300년경 완성되었다고 주장했다.[382] 그는 족장 설화에 나타난 사회적 관습, 족장들의 이름, 고고학적 증거들을 분석한 결과 족장 설화는 기원전 6세기의 팔레스타인의 역사적·사회적 정황을 반영한 것이지 실제 일어난 일은 아니라고 주장한다. 반 세터스는 창세기의 족장 설화의 배경을 포로기 혹은 그 이후의 이스라엘 민족이 자기들이 과연 누구고 장래 운명은 어떻게 될 것인지를 서술하고자 하는 분명한 의도를 지니고 만들어 낸 허구로 돌리고 있다.[383] 반 세터스가 오경의 권위에 찬물을 끼얹는 책을 출간한 때는 1975년이었다. 마치 약속이나 한 듯, 반 세터스에 뒤이어 오경의 권위를 산산조각이 나게 한 독일어로 된 두 권의 저서가 출간되었다. 오경의 권위는 진정한 위기를 맞는 듯했다. 슈미트와 렌트로프가 내놓은 책들이 그것이다.[384]

성경을 하나님의 권위 있는 말씀이라고 여기는 신학도와 교회나 선교지의 일선 현장에서 밤낮없이 복음을 위해 수고하는 사역자들은 반 세터스 같은 급진적인 학자들의 견해를 들으면 놀랍지 아니한가? 하지만 놀라지 마시라! 모든 학문에는 다양한 의견들이 있게 마련이고 이러한 주장은 어디까지나 추측에 불과하다. 복음주의적 신학자인 왈톤(Walton)은 균형을 잡으려고 노력하는 학자다. 출애굽 연대 추정이 족장들의 연대 추정을 불가피하게 만든다고 보는 왈톤은 출애굽 연대를 산정하면서 이른 연대(장기 체류), 이른 연대(단기 체류), 늦은 연대, 재구성 연대 등 네 가지 견해를 편견 없이 관찰할 것을 권고한다.[385] 물론 그는 보수적인 구약학자여서 장기 체류 이른 연대설을 선호하고 있다.

우리는 아브라함에 관한 정보를 성경 밖에서 찾아내기가 쉽지 않다는 것을 먼저 유념해둘 필요가 있다. 아브라함은 워낙 오래전 인물이어서, 그가 지나간 삶의 자리들을 고고학적으로 찾아내 그의 역사적 실존을 입증한다는 것은 거의 불가능에 가까운 것처럼 보인다. 그러나 그렇다고 해서 우리는 역사적인 아브라함을 포기해서는 안 된다. 족장들에 관한 자료는 오랜 구전 과정을 거쳐 전해져 내려온 것으로 생각해 역사를 거슬러 올라가 아브라함이 중기 청동기 시대가 시작되던 무렵 살았던 인물이라고 막연히 단정해서도 안 될 일이다. 이것은 성경의 권위 있는 증거를 함부로 무시하거나 축소하는 태도다. 성경의 역사성 증명이 힘들다는 이유로 성경의 기록들을 인간의 상상력의 산물로 간주해 역사와 상관없는 문학적 · 신학적

작품으로 치부하면 곤란하다. 인간 역사의 현장에서 일해 오신 하나님을 로마나 그리스의 신화에 나오는 저급한 신으로 전락시킨다면 어떻게 성경이 진리와 생명의 말씀이라고 할 수 있겠는가?

2) 성경의 역사성과 역사의 종교인 기독교

성경의 역사성은 우리들 그리스도인들에게 항시 고민거리다. 하나님의 말씀으로 천지가 만들어지고, 수많은 이스라엘 사람이 갈라진 홍해를 건너가고, 무리가 고함을 치니까 철옹성 같은 여리고 성이 무너져 버렸다는 기록들을 보며 반신반의하지 않으면 오히려 이상할 것이다. 놀랍게도 예수 그리스도께서는 부활하셨다고 성경은 말한다. 죽은 사람이 3일 만에 다시 살아나, 많은 사람이 보는 가운데서 하늘로 올라갔다는 신약성경의 증언을 이성적 · 합리적 · 과학적 사고와 경험으로 잘 훈련된 현대인들이 거뜬히 받아들이는 게 오히려 신기할 정도다.

자석의 같은 극은 서로 튕겨 나가는 것처럼 신앙과 과학의 충돌 또한 그러하다. 그래서 서로 상충하는 신앙과 과학을 조화해보려는 신학자들의 고충은 이만저만 큰 게 아니다. 미국의 복음주의적인 신학자인 비일(Beale)에게서 그러한 고충은 발견된다. 비일은 기본적으로 성경의 기자들이 과거에 실제로 일어난 사건들을 기록한 게 현재 우리가 보고 있는 성경이라고 본다. 그러나 성경에 기록된 사건들 가운데 어떤 것들은 실제로 일어난 사건들에 '역사성'이 부여된 사건들이다. '역사성'은 실제로 일어난 역사와 같은 역사적 차원의 것이다. '역사성'은 과거의 특정한 사람과 사건에 역사적 실제와 진정성이 있다는 점에서 신화나 전설이나 허구와는 질적으로 다른 개념이다. 비일은 이러한 사건들을 "본질적 역사 혹은 본질적 역사성"(essential history/historicity)이라고 부른다.[386]

흔히 기독교가 '역사의 종교'라고 불리는 까닭은, 역사를 떠나서는 기독교는 생각할 수도, 존재할 수도 없다는 말이 된다. 성서에 기록된 역사적 사건들이 실제로 일어난 것인지 아닌지는 그만큼 중요하다. 사도 바울도 역사에 대해 고민을 많이 한 사람이다. 그는 그리스도의 부활은 단지 케리그마가 아니라 역사적 사건이라고 보았던 사람이다. 그리스도인은, 성서에 나오는 사건들이 신학적 상상력을 불어넣어 만들어진 게 아니고 역사적으로 실제 일어난 것들로 받아들여야 한다. 이것은 신앙의 차원이면서 동시에 지성의 차원이다. 역사를 빼버린 기독교 신앙은 그 자체로 생명력이 없는 것이다. 바울이 말한 대로 그런 믿음은 헛것이 되고 말테니까.

미국 캘빈 신학의 대표적 신학자 중 한 사람인 게할더스 보스(Geerhardus Vos, 1862-1949)는 성서의 진리를 배격하는 사람들에게 일침을 가하는 글을 남겼다. "만일 성서에서 족장들이 구속의 드라마에서 활동하는 실제 배우들이라면……그들의 역사성을 부정하는 것은 그들을 쓸모없는 존재들로 만드는 것이나 다름없다."[387] 만일 성서고고학이 신빙성이 있는 것이라면 그것은 과학인가 신학인가? 이것을 정확히 대답하기란 쉽지 않다. 절대적으로 주관적인 신학이 완전히 객관적이지 않은 과학을 증명하지 못하는 것같이, 완전히 객관적이지 않은 과학이 절대적으로 주관적인 신학을 증명하지 못하기 때문이다.

3. 축복의 통로 아브라함

1) 축복의 통로 아브라함

하나님은 아브라함에게 아담을 창조하실 때부터 약속하셨던 복을 베푸시려고 메소포타미아의 갈대아 우르에서 살고 있었던 그를 부르셨다.[388] 갈대아 우르는 현재의 페르시아만 북서쪽 약 150마일 떨어진 곳인 유프라데스강 하류에 있는 수메르인들의 국제적인 도시였다. 아마도 아브라함은 데라의 세 아들 중 막내였던 것 같다. 수메르인들은 달신(Nannar)을 섬기는 사람들이었다(수 24:2). 하나님은 아브라함에게 일방적으로 복을 베푸시겠다고 약속하신다. 하나님의 복의 약속은 세 가지 측면으로 나타난다. 1) 그에게 수많은 자손을 주어 강대한 나라를 이루게 하고, 2) 그 자손들이 거주할 땅을 주고, 3) 땅 위의 모든 민족을 구원하시기 위해 아브라함을 복의 통로가 되게 할 것이다. "너는 복이 될지라"는 하나님의 단도직입적인 축복의 선언은 아브라함이 복의 매개체와 근원임을 확증하는 것으로서 아브라함의 인격에 결부되는 선언임과 동시에 아브라함에게 무조건적인 은혜를 베푸시겠다고 하는 하나님의 목적과 의도를 압축해주는 표현이다.[389]

월터 카이저에 따르면, 이 아브라함의 언약 본문(12:1-3)은 성경 최초의 세계적인 선교본문 중 하나로 분류된다. 카이저는 아브라함 언약 본문이 창세기 10장의 민족들의 목록과 11장의 수적으로 증가한 셈의 혈통 내용을 총괄하는 필요성에 아주 잘 부응하고 있다고 본다.[390] 성경의 메시지를 웬만해서는 긍정적으로 보지 않으려는 슈미트(W. Schmidt)도 창세기 12:1-3에 대해서는 호감을 표명한다. 그는 이 축복의 선언이 원 역사에 종지부를 찍고 시대의 저주의 선언들(창 3:14,17; 4:11; 5:29; 9:25)을 종결시키면서 구원으로 가득 찬 새로운 미래가 열리기 시작하는 청신호라고 본다.[391] "아브라함의 소명에서 하나님께서는 자신의 교회를 위한 기초를 놓으신 것이다."[392]

아브라함의 등장으로, 창세기 3장부터 11장까지 계속되는 하나님과 인간의 관계단절은 극적인 회복의 전기를 마련한다. 저주는 무력화되고 '복'이라는 강력한 단어가 아브라함의 등장과 그의 소명과 함께 시작하고 있다. 인류와 하나님 사이에 벌어진 틈은 반복적으로 되풀이하는 다섯 번의 복의 선언으로 급속히 회복되고, 아브라함의 후손인 이스라엘을 통해 역전될 것이다.[393] 이 복은 예수 그리스도 안에서 완전히 성취될 것이다. 예수 그리스도의 은혜로 말미암아 인류와 하나님 사이를 끈덕지게 갈라놓은 불화의 저주가 이제 화평의 복으로 대전환하게 된 것이다(롬 5:1-2).

아브라함 언약

창세기 12장부터 시작해 25장까지 계속되는 아브라함의 생애는 하나님의 은혜와 자비로 하나님과 아브라함 사이에 체결된 언약이 수행되어가는 과정을 조바심이 날 만큼 뛰어난 문학적 표현으로 독자들을 매료시킨다. 창조 질서에 나타난 하나님의 복과 아담과 노아에게 베푸신 하나님의 복은 축복의 정점인 아브라함을 향해 집중되며 더욱 구체적이고 노골적인 내용으로 드러난다.[394] 계시가 확대되고 있는 것이다. 하나님은 아브라함이 위기를 맞을 때마다 나타나시어 자신이 '복'의 주체이시며 전능자로서 아브라함에게 하신 약속을 틀림없이 이행하실 것이라고 여러 번 밝히신다. 하나님은 아브라함에게 나타나시어 그를 통해 큰 민족을 이루시겠다고 약속하신다.

하나님께서 아브라함에게 축복하시겠다고 하는 선언은 일방적이다. 그것은 계약을 통해 지켜지고 보존된다. 하나님께서 아브라함을 축복하시겠다는 약속은 아브라함의 의지와는 상관없이, 좀 심하게 표현하면 아브라함이 하나님과의 순종 여부에 상관없이 하나님 혼자만의 의지로 수행되는 일종의 편무계약이다. 하나님은 깊은 잠을 자던 아브라함과 계약을 체결하셨다(창 15장). 이것은 이 계약이 아브라함에게는 계약사항을 이행할 어떠한 조건도 주어지지 않은 것이지만, 하나님에게는 계약을 이행할 의무와 책임이 주어져 있다는 것을 의미한다. 따라서 이 계약은 하나님의 은혜를 근거로 체결된 것이므로 어떠한 경우에도 변하지 않는 영원한 계약이다. 신약의 히브리서 기자는 아브라함과 맺은 하나님의 약속은 하나님께서 하나님보다 더 큰 이가 없으므로 자기 자신과 스스로 한 맹세이며, 또한 하나님은 인간과 달리 절대로 거짓말을 하지 않으시기 때문에 시공간적 제약과 한계를 초월하여 계약의 효력이 영속되는 영원한 약속이라는 것을 강조한다(히 6:13-18).

창세기 15장은 해석학적으로 매우 어려운 내용들이 많은 곳이다. 학자들의 관심은 "아브람이 여호와를 믿으니 여호와께서 이를 그의 의로 여기시고"라는 6절의 유명한 진술에 집중적으로 쏠린다. 6절의 말씀이 신학적으로 논란이 되는 까닭은 "어떻게 '의'를 '믿음'으로 간주할 수 있는가"라는 의문 때문이다. 문서학자들은 이 까다로운 구절을 제사장적 관점에서 제사장들이 매일 드리는 제의(레 7:18; 17:4)와 관련하여 해석하려고 한다. 제사장들의 제의는 그 제의를 드릴 때 하나님과의 관계에서 오는 차이로 인해 헌신적인 제의와 형식적인 제의로 판가름된다. 헌신적인 제의는 하나님과의 바른 관계에서 드리는 것이므로 그것은 믿음으로 드리는 제의가 되고, 그 반대로 형식적으로 드리는 제의는 하나님과의 바르지 않은 관계에서 드리는 것이므로 그것은

믿음이 없이 드리는 제의가 된다.[395)

그러나 이 구절을 꼭 제사장 문서(Priestly Code)의 시각에서 볼 필요는 없다. "아브람이 여호와를 믿으니 여호와께서 이를 그의 의로 여기시고"에서 '여기시고'라는 말을 엄격하고 법적인 제의의 완성 측면에서 볼 게 아니라 문자 그대로 믿음으로 보면 되기 때문이다. 아브라함은 환상 중에 하나님의 약속의 말씀을 듣고 그 말씀을 사실 그대로 받아들였다. 아브라함은 그 후부터 그 약속의 말씀을 붙들고 살았다. 이것은 그가 하나님과 늘 바른 관계를 맺으며 순종하며 살려는 치열한 영적 투쟁력이 있었기 때문이다.

하나님의 현현은 아브라함에게 충격적이었지만, 아브라함의 육적인 생명력은 최저치로 낮아진 반면, 영적인 생명력은 최고치에 도달했음을 보여 준다. 그 결과 그는 전심으로 하나님의 약속을 받아들였다. 그리고 이것은 모든 사람에게 하나님과의 바른 관계가 무엇인지를 보여 준다. 이러한 아브라함의 '의'는 "언약의 보증이라는 객관적인 실체"[396) 위에 확실히 서 있다. 그러므로 아브라함의 하나님과의 올바른 관계는 하나님이 보시기에 하나님의 성품을 닮은 '의'가 되었고, 그 '의'는 결국 '믿음'에 다름 아닌 것이다.

갈대아 우르에서 아브라함을 부르신 하나님은 아브라함과 언약을 맺고 많은 자손을 주시고 땅을 기업으로 주시겠다고 약속하셨다.[397) 창세기 15장에서 하나님과 아브라함 사이에 체결된 은혜의 언약은 17장에서 이른바 '할례 언약'을 통해 그 언약이 확인되고 심화한다. 17장은 15장과 마찬가지로 자손의 번영과 땅의 선물이 계약의 핵심을 이루고 있는데, 거기에 한 가지가 첨가되었다. 그것은 계약의 표징인 할례이다. 모든 이스라엘 남자는 생후 팔일째 되는 날에 할례를 받아야만 한다고 하나님은 명령하셨다.[398] 이로써 이스라엘 민족에게 계약의 표징으로서 할례의 이행은 자신들이 이방인들과 구별되어 하나님의 유일한 성민이라는 자아의식을 고취시키고 독특한 문화공동체를 형성할 수 있었다. 이스라엘 공동체에 속한 모든 남자는 예외 없이 할례를 받음으로써 하나님의 백성이 되고 그들은 하나님을 그들의 하나님으로 섬길 수 있다.

창세기 17:7-8에 나타난 "내가 내 언약을 나와 너 및 네 대대 후손 사이에 세워서 영원한 언약을 삼고 너와 네 후손의(그들의) 하나님이 되리라"라는 언약의 공식문구는 구약 전체에 흐르는 사상이다. 하나님께서 그의 백성을 축복하시고 그들의 여정에서 함께하시겠다는 이 공식 문구는 하나님을 신뢰하고 예배하는 제사장 민족으로서의 이스라엘과의 계약 형식을 통한 영원한 언약을 보증하고 아울러 성민 이스라엘을 하나님께서 특별히 선택한 것을 함축하는 표현이다. "나는 너희를 내 백성으로 삼고 나는 너희의 하나님이 되리라"(I will be your God and you shall be my people.) 렌토르프(Rendtorff)는, 하나님과 이스라엘 사이에 체결된 이 공식적인 언약의 메시지는 하나님께서 이스라엘의 하나님 되심을 원하시기보다는 그의 백성들을 위해 존재하신다는 데에 방점이 있으며, 이스라엘이 결정적인 위기의 순간에 맞닥뜨릴 때마다 등장함으로써 구약 계약신학의 본질적 형성에 이바지한다고 평한다.[399] 이스라엘 백성의 편에서 보면 그들은 하나님의 아들로서 하나님의 것, 즉 하나님에게 귀속된다. 그 반대로 하나님 편에서 보면 하나님은 그들의 아버지로서 그들의 것, 즉 성민 이스라엘에게 귀속된다.

그러나 전체적인 분위기를 감돌고 있는 것은 하나님께서 일방적으로 그 계약의 효력을 유지시키겠다는 은혜의 언약이다. 아브라함에게 기초를 둔 이 언약 문구는 출애굽 사건에서부터 양방향으로 심화하고 확장되어 갔고, 선지자 예레미야 등을 통해 새 언약으로 발전되어 갔으며, 마침내는 예수 그리스도께서 십자가의 피로 세우신 새 언약으로 성취되었다. 사도 바울은 그래서 하나님께 대한 진심으로 고마운 마음을 담아 이렇게 선언할 수 있었다.

"우리가 아직 죄인 되었을 때에 그리스도께서 우리를 위하여 죽으심으로 하나님께서 우리에 대한 자기의 사랑을 확증하셨느니라"(롬 5:8).

아브라함의 생애 가운데 축복과 언약은 밀접히 연관되며 반복해서 나타난다.[400] 아브라함의 생애는 도표 3을 참조하기 바란다.

〈도표 3〉 아브라함의 생애

성경 구절	아브라함의 나이	일어난 일
12:4	75	아브라함이 하란을 떠남

16:3	85	가나안에 입성한 지 10년이 지남
16:16	86	이스마엘이 태어남
17:1	99	할례 계약을 체결함
21:5	100	이삭이 태어남
23:1	137	사라가 사망함
25:7	175	아브라함이 사망함

2) 축복의 장애물들을 치우시는 하나님

이스라엘과 모든 민족을 향한 축복의 언약

하나님은 아브라함에 대한 축복의 언약이 그의 아들 이삭과 손자 야곱의 대에 이르러서도 변함없이 유지된다는 것을 알려주기 위해 말씀으로 그것을 확증하신다. 이삭은 아버지 아브라함에게 현존하신 하나님을 그 자신도 직접 체험했다. 야곱도 할아버지 아브라함과 아버지 이삭에게 현존하신 하나님을 그 자신도 여러 번 체험했다. 사실 족장들의 이야기인 창세기 12장부터 요셉의 일대기를 포함한 창세기의 나머지까지 내러티브를 이끄는 것은 끊임없이 반복되는 하나님의 약속이다. 미국 예일대학의 구약학 교수로 일했던 차일즈(B. Childs, 1923-2007)는 족장들의 삶에 지속적으로 나타난 이러한 하나님의 약속들이야말로 "이 다채로운 역사의 다양한 상황들 속에서 하나님의 변하지 않는 요소로 작용하고 있다."[401]고 말한다.

그는 하나님의 약속이 조건적인 것이 아니라 일방적이고 절대적(편무적)인 것임을 강조했다.[402] 히브리서 기자는, 하나님은 그 약속을 스스로 맹세함으로써 보증하셨다고 밝히고, 그 약속은 믿는 자들의 영원한 대제사장이신 예수 그리스도를 통해 이루어졌다고 밝힌다(히 6:13-20). 율법과 복음의 관계에 대해 깊은 신학적 사색을 한 사도 바울은 아브라함에게 임한 하나님의 축복은 그리스도 예수 안에서 모든 이방인에게 미친다고 하였다(갈 3:7-14). 그러므로 아브라함에 대한 축복의 언약은 이스라엘과 모든 민족에게 미치는 것이다.

약속의 성취를 방해하는 장애물들

약속의 성취를 방해하는 장애물들을 족장들이 어떻게 하나하나 극복해 나가는가를 눈여겨보는 것은 창세기를 읽는 또 하나의 즐거움이다. 특히 아브라함이 그러하다. 아브라함보다 강도는 세지 않더라도 이삭과 야곱에게도 하나님의 약속의 성취를 위기에 빠뜨리게 하는 많은 장애물이 있었다. 아브라함에게 자손과 땅을 주시겠다는 하나님의 약속은 곳곳에서 암초를 만난다. 자손이 번성하고 땅을 기업으로 받으려면 족장들이 우선 생존해야 하고 그들의 가계를 잇는 상속자가 있어야 한다. 그러나 생존과 상속자의 출생은 불확실성 속에서 숱한 위험을 만나고 극적인 긴장을 일으킨다.

하나님의 약속이 과연 어떤 방식으로 실현될 것인가 하는 문제는 사실 신구약성경의 전체 이야기를 이끌어가는 주제다. 무릇 약속은 그 약속이 체결되는 순간부터 약속이 이행되는 마지막까지 취소되거나 파기될지도 모를 변수들이 있는 법이다. 인간끼리의 약속은 언제나 변질될 우려가 있다. 그러나 하나님의 약속은 어제나 오늘이나 내일도 변질되지 않고 확실하다(히 13:8; 계 22:13). 그것은 약속의 상대인 인간의 반응에 따라 언제든 변질될 수도 있는 변증법적인 긴장관계에 놓인 것임에도 불구하고, 하나님 자신이 스스로 한 것이기에 변질되거나 깨질 가능성은 전혀 없다(민 23:19; 히 6:13-18). 하나님은 족장들을 위기 속에 몰아넣고(때로는 족장들 스스로 위기를 선택하기도 한다), 결정적인 순간에 개입하시어 당초 언약이 손상되는 일이 없도록 그 언약을 원래의 완벽한 상태로 돌려놓으신다. 하지만 족장들은 이 약속이 지켜질지 안 지켜질지를 아슬아슬하게 경험해야만 했고, 창세기를 읽는 독자들 또한 그러하다.

장애물이란 적대감을 갖는 이방인뿐만 아니라 지근거리에 있는 친척이나 기근 같은 천재지변을 포함한다. 아브라함과 조카 롯의 결별을 예리하게 분석한 헬러(Helyer)의 말대로 "위기는 약속의 당사자인 주인공 자신에 대한 위협이거나 그렇지 않으면 주인공의 위치를 가로챌 수 있는 상속 경쟁자의 등장이라는 형태로 주어진다."[403] 장애물은 가까스로 하나를 극복하면 그다음에 또 하나의 큰 장애물이 기다린다.[404] 대개는 뒤로 갈수록 장애물은 더 크고 위험하다. 그 장애물이 크든 작든 만일의 경우 족장들이 단 하나의 장애물에 넘어져도 언약은 무효화될 판이다. 아브라함은 아리따운 아내 사라를 이방 왕에게 두 번이나 빼앗길 뻔했던 일(창 12:10-20; 20:1-18), 조카 롯의 존재로 인해 약속의 땅이 상실할 뻔했던 일(13:5-13), 엘리에셀을 상속자로 삼을 뻔했던 일(15:1-3) 등 아찔한 줄장애물들을 넘어야 했다.

장애물 중에서 아브라함이 극복해야 했던 가장 끈질기고 혹독한 장애물은 약속된 아들이다. 이 장애물은 금실 좋은 부부 사이를 갈라놓게 하고, 행복한 가정의 평화를 깨뜨렸으며, 하마터면 하나님의 약속이 우스꽝스럽게 되어버릴지도 모를 '사건'이 되어버렸다. 나이는 자꾸 들어가는데, 아들을 갖지 못해 초조해진 사라가 남편 아브라함에게 건강한 대리모를 데려와, 그 몸종(handmaid)에게서 아들을 낳으면 그를 상속자로 삼으라고 제안해 일이 일파만파 커진 사건이다. 사라의 제안을 덜컥 수락한 아브라함의 결정의 배후에는 그에게 아들을 주시겠다는 하나님의 약속을 사실상 믿지 못하겠다는 불신앙이 깔려있다. 창세기 15장의 하나님의 분명한 약속과 보증과는 완전히 대조적인 16장의 "이 에피소드는 하나님의 약속의 성취가 더디 이루어지는 데서 오는 인간의 불확실성과 두려움을 다루고 있다."[405]

아브라함과 사라가 가나안에 기근이 들어 애굽에 내려가 부부라는 사실을 속이며 살다가 발각되는 바람에 창피를 샀지만, 하나님의 개입으로 사태가 수습되어 그들이 가나안에 돌아올 때 가축들과 함께 데려온 신분이 낮은 애굽(이집트) 처녀가 하갈이었다. 아브라함은 사라의 제안을 고민하지 않고 얼른 수납해버린다. 그래서 하갈은 사라의 몸종으로 경건한 아브라함의 집에 들어오게 되었다. 젊고 건강한 하갈은 아브라함의 집에 들어오기 무섭게 금방 임신하고 아들을 낳았는데, 그가 곧 이스마엘이다.

하갈은 아브라함의 집에 들어왔을 때는 그저 사내아이나 한 명 낳아주면 소임을 다할 것으로 보였다. 그러나 그녀는 임신한 후부터는 자기 목소리를 낸 것으로 보인다. 거기서 사달이 났다. 사라가 참다못해 분통을 터뜨린 것이다. 그런 사라는 베드로전서 3장에서 묘사된 온유하고 평정심을 잃지 않으며 행실이 정결한 여자가 아니라, 신경이 날카로운 질투의 화신이었다. 아이를 갖지 못하는 사라의 상처와 질투는 젊고 풍만한 여자를 전격적으로 집에 들여놓기로 결정할 때부터 배태되어 있었던 것으로 보인다. 사라 자신과 주변 사람들이 그것을 확인하기까지는 그다지 오랜 시일이 필요하지 않았다. 사라는 하갈이 임신했다는 것을 알았을 때부터 사사건건 하갈이 하는 짓을 곱상하게 보지 않았고, 이제는 눈엣가시 같은 자기의 몸종이 눈앞에서 완전히 사라지는 것을 보아야 마음이 편할 것 같았다. 하갈은 이스마엘을 낳고 위상이 달라지는 듯했다. 그러나 그녀의 존재감은 거기까지였다.

한 남자의 정식 부인 자리를 놓고 두 여자 사이에 추잡한 암투가 일어난 결과는 하갈의 참패로 결말이 났다.[406] 그녀는 필요할 때면 곁에 두고 필요 없으면 여지없이 차버리는 "쓰다 버린 존재"(a throw-away character)[407]였다. 남성들의 마음을 사로잡는 치명적인 매력은 "애굽의 잃어버린 에덴"(lost Eden of Egypt)[408]과 같은 것이었다. 집도 절도 없는 그녀는 무참하게 쫓겨남으로써 이야기의 중심에서 변방으로 밀리고 마침내 자취를 감추고 말았다.

비운의 여인 하갈

구약에서 힘없고 가련한 여자들의 이야기가 많이 나오지만, 하갈 이야기는 특히 육체적·정서적으로 파괴된 한 상처받은 여자의 기구한 처지를 가장 잘 묘사하고 있다. 전통적인 족장 시대에 그 어떤 희망도 보이지 않는 이 이야기를 미국의 여성 해방 신학자인 필리스 트리블(Phyllis Trible)은 오죽하면 성서의 공포의 본문들(texts of terror) 가운데 하나로 채택했을까.[409] 외국인인 하갈은 권력을 거머쥐고 우월한 위치에 있는 사라한테서 부당하게 학대받는 여인으로 묘사된다. 여자로서 아들을 임신하고, 낳고, 그 아들을 낳아준 한 남자의 사랑을 받는다는 것은 행복하고 안전한 일이다. 그 행복과 안전을 확실히 해두려면 무조건 자기가 낳은 아들이 상속자가 되어야 한다. 이스마엘은 객관적인 상황으로 볼 때 아브라함의 상속자가 될 가능성이 매우 많은 위치에 있었다. 아브라함에게서 아들을 낳아준 하갈은 상속권을 주장할 만큼 권리가 있었다. 그러나 그녀는 하녀의 신분이었다.

하녀라는 신분상의 굴레는 언제든 그녀의 운명을 불운한 쪽으로 몰고 갈 소지를 제공한다. 하갈은 한번 삐끗하면 자신이 어떤 처지에 전락하는 지를 본능적으로 감지하고 있었던 것 같다. 그녀는 모처럼 잡은 행운의 기회가 신기루처럼 사라지지 않도록 생각에 생각을 거듭하고 그 생각들을 실천에 옮겼을 것이다. 그러나 그녀의 꿈은 수포가 되었고 희망은 무너졌다. 우리는 이러한 하갈을 보며 복잡하고 거친 인생사에서 흔히 만나는 비애와 그 비애 너머의 색다른 은혜를 맛보는 것이다. 하갈 이야기는 우리에게 많은 것을 시사해준다. 축복과 저주, 상과 벌, 사랑과 증오, 약속과 약속의 폐기, 권력의 획득과 상실, 안전과 불안전, 부와 가난, 정착 생활과 떠돌이 생활, 핵심과 변방, 주류와 비주류, 행복과 불행, 교만과 겸손, 요즘 한국사회에서 유행하는 '갑과 을' 등이 그러한 교훈들이다.

하갈 이야기는 창세기 16장과 21장에 나오고 구약에서는 두 번 다시 취급되지 않는다. 이것은 아마도 하갈은 '부정 타는' 사람으로 인식되어서 그런지, 아니면 성경 전체를 관통하는 언약과 축복 정신에 찬물을 끼얹을까 봐 그런지 그 이유를 정확히 알 수 없다. 하갈이 성경에 다시 등장하는 곳은 뜻밖에 신약성경의 갈라디아서 4장이다. 사도 바울이 기독교 복음을 변증하면서 희미한 기억에 남은 그녀를 소환해 냈다. 바울은 옛 언약과 새 언약을 날카롭게 대조하면서 옛 언약을 대표하는 인물로 하갈을, 새 언약을 대표하는 인물로 사라를 내세운 것이다. 여기에서도 하갈은 불명예스럽다. 바울의 논조를 얼핏 보면 하갈은 악하고 소행이 나쁜 악녀로, 사라는 여성들이 본받아야 할 정숙하고 거룩한 선녀로 그려놓은 것 같지만, 이것은 바울의 의도를 잘 몰라서 하는 오해의 소치다.

바울은 도저히 어울릴 수 없는 대척점의 두 여자를 통해 시내산 언약으로 대표되는 구약의 언약과 예수 그리스도 안에서 주어진 신약의 새로운 언약의 성격에 대해 말하고 있다.

사라와 하갈 이야기로부터 배우는 교훈

하갈은 소행이 나쁜 여자, 사라는 소행이 좋은 여자라는 이분법적인 사고는 아브라함과 사라를 일방적으로 편드는 남성 독자들의 편견에서 비롯되었다. 성경을 남성의 관점, 이스라엘의 관점, 언약신학의 관점에서만 보는 중증 '편견남'은 하갈을 생각하면 못된 애굽을 연상한다. 애굽은 요셉이 죽은 후 이스라엘 백성을 혹독하게 탄압한 나라였고, 마술사와 거짓 신들이 득실거리는 나라였고, 하나님을 대적한 나라였다. 또 애굽은 이스라엘이 국가를 이루고 위난에 처할 때마다 늘 구애의 대상이었다.[410] 그런데 창세기의 관련 본문을 주의 깊게 관찰하면 오히려 소행이 나쁜 쪽은 하갈보다는 사라 쪽이다.

아브라함은 더 나쁘다. 두 사람의 갈등을 조정하고 봉합해줘야 마땅한 아브라함은 사라의 뒤에 숨어 무력하고 소극적인 태도로 일관한다. 그는 자신의 내면 안에 그 어떤 의사결정권도, 희망도 없는 사람처럼 그저 무기력하게 서 있다. 사람만 좋고 분별력이 둔한 이러한 아브라함의 태도에 발끈하는 여성 독자들이 많은 것은 이상한 일이 아니다. 만일 아브라함이 SNS와 여론조사가 발달한 현대의 남성이라면 여성들로부터 뭇매를 맞을 것이다.

아브라함이 또 하나 비난을 받아도 싼 것은 귀가 얇다는 것이다. 그는 아담에 이어 그의 귀에 속삭이는 사랑하는 아내의 유혹적인 말에 너무나 쉽게 넘어간 '얼빠진 공처가'의 전형이라는 불명예스러운 딱지가 붙었다. 웬함(Wenham)은, 아브라함이 아내 사라의 말에 마음이 확 바뀐 이 장면은 아담이 아내 하와의 말에 넘어간 창세기 3:17의 기분 나쁜 장면을 회상하게 한다고 말한다. 아담이 하와의 손에서 유혹을 받은 것처럼 아브라함은 사라의 유혹적인 제안에 굴복하고 말았다. 아브라함이 사라의 "말을 들으니라"(창 16:2)는 뜻은 문자적 의미로는 창세기 3:17과 마찬가지로 "—의 음성에 귀를 기울이다"로서, 이는 곧 "아브라함이 그의 아내에게 순종했다"는 말이 된다. 두 사건의 결과는 모두 '타락'으로 귀결(창 3:6b; 16:3-4)되었다.[411]

오늘날 하갈은 재조명받고 있다. 이것은 성경이 기록되었던 때부터 지금까지 줄곧 그녀가 부당하게 취급받아 왔다는 것을 잘 보여 준다. 성경을 꼭 권력이 있는 자와 권력이 없는 자의 갈등과 주도권 다툼이라는 측면에서 보지 않더라도, 하갈은 구약성경에서 부당한 압제로부터 자신의 권익을 보호하려고 애쓴 최초의 여성이었다. 사실 창세기 문맥을 찬찬히 뜯어보면, 그녀는 결백하고 또한 여주인을 함부로 막 대하지는 않았다. 상상력을 한껏 동원해 봐도, 하갈은 정식 부인인 사라를 밀어내고 안방 자리를 차지하려고 하는 데까지 기세가 등등했을 것같이 보이지만, 눈을 씻고 봐도 본문에는 그런 흔적은 없다. 창세기 기자는 하갈의 긍정적인 측면보다는 부정적인 측면을 더 부각하려고 한 것은 아닌 것 같다. 그러나 그의 의도가 무엇이든 간에 내러티브는 오히려 하갈의 긍정적인 측면을 부각하고 있다. 그런데도 독자들은 하갈에게만 지나치게 동정심을 보내서는 안 된다. 사실 하갈 이야기는 갈등의 중심에 있는 두 여자가 모두 불행으로 울고 있다. 하갈 못지않게 사라도 고통스러운 경험을 하지 않으면 안 되었다. 그녀는 남편의 차가운 시선을 의식해야만 했고, 경제적 안전과 자율권을 침해받아야만 했다.[412)]

하갈은 기네스북에 등재될 만한 여섯 개의 신기록 보유자다. 그녀는 천사와 최초로 만나(창 16:7), 천사와 대화한 최초의 사람이었고(창 16:11), 자기 생각을 접고 하나님의 뜻에 순종한 최초의 여성이었고(창 16:9)[413)], 수많은 자손을 약속받은 최초의 여성이었고(창 16:10), 부당한 압제로부터 스스로 자기의 권익을 보호하고 표현하는 최초의 자율적인 여성이었으며(창 16:8), 그녀가 만난 하나님을 '나를 살피시는 하나님'이라고 이름을 지어 부른 최초의 사람이었다(창 16:13). 한국적 상황으로 말하면, 하갈은 아기를 낳지 못하는 한국인 부부의 요청으로 먼 이국에서 한국에 온 베트남 여자와 같은 사람이다. 의지할 곳 없고, 힘없고, 변변한 집 한 채 가지고 있지 않은 그녀다. 이 때문에 그녀는 이웃들로부터 돌봄의 대상이 되어야 마땅하다. 그러나 그녀의 말 못 할 억울함과 소외감을 그녀 주변의 사람들은 외면하였다. 오로지 하나님만 아시고 그녀를 위로하셨다. 하나님은 그녀의 고통을 들으시고 구원해주신 것이다.

약속의 상속자가 될 뻔한 이스마엘

적지 않은 페미니스트들은 "하갈은 그녀를 부당하게 대우한 이스라엘 족장 사회와 민족주의적인 사회의 희생자"[414]라며 안쓰러워한다. 본부인한테서 학대받고, 한 이부자리에서 사랑을 나눈 남편한테서 외면받은 하갈에게 동정이 가는 것은 인간 정서로는 자연스러운 일이다. 그러나 인간적인 생각이 지나치면 하나님의 신묘막측한 섭리와 구원의 행사를 간과할 수 있다는 점에서 우리 생각에는 함정이 도사려 있다. 하갈과 이스마엘 이야기에서 우리가 반드시 놓쳐서는 안 되는 요체는 이스마엘이 하마터면 약속의 상속자(약속의 합법적 아들)가 될 뻔했던 아찔한 일이다. 그랬더라면 오늘날 애굽으로 대표되는 아랍 사람들이 정통성을 가진 언약 백성이 될 수도 있었던 게 아닌가? 이스마엘의 존재는 아브라함을 통해 후손을 주시겠다는 하나님의 약속을 방해하는 장애물 중 결정적인 장애물이었다. 하갈은 하나님의 구속 계획을 송두리째 뒤흔들어 놓을 수 있는 여자였던 것이다.

하갈 이야기는 이야기의 중심이 점차 하갈에서 이스마엘로 이동한다. 하나님의 구속사를 복잡하게 만들었을 뻔했던 하갈과 이스마엘, 이 두 사람의 이야기는 창세기 12-22장의 수사적 흐름을 방해한다. 이 단락은 두 사람이 끼어들지 않았더라면 더욱 깔끔했을 것이다.[415] 또 하나 양념으로 알아둘 것은, 하나님의 자비로우신 성품과 구원의 범위이다. 하나님은 하갈의 고통을 들으시고 필요한 조치를 취해주셨다. 성경에서 하나님의 인애와 친절이 빛나는 장면 중 하나다. 하나님은 이스라엘의 하나님도 되지만, 애굽의 하나님이며 모든 민족의 하나님이시다. 실제로 훗날 하나님은 이사야를 통해 애굽을 '내 백성'(사 19:25)이라고 부르셨던 것이다. 사라를 사랑하신 하나님은 하갈도 사랑하셨다.

후손을 주시겠다는 하나님의 약속을 위협하는 장애물은 하갈 이야기 다음에도 도처에 깔려있다. 요셉 이야기에는 그러한 장애물을 하나씩 하나씩 걷어치우고, 이스라엘이 지구상의 어엿한 민족으로 태동하는 그림이 가시권에 오도록 하게 하는 하나님의 섭리가 섬세하고 놀라운 필치로 다루어져 있다. 요셉이 형제들에 의해 광야의 구덩이에 던져지고, 타의에 의해 애굽으로 끌려가, 훗날 총리대신이 된 것은 그의 형제들을 생존시키려는 하나님의 치밀한 계획이 아니었으면 불가능한 일이다. 이렇듯 창세기는 이런저런 장애물들이 하나님의 은혜와 보호로 제거되어 나가는 것을 독자들에게 보여 준다.

4. 아브라함의 성숙

창세기 22장은 신앙인의 가슴을 뜨겁게 하는 사건이 나온다. 창세기 기자는 이 이야기를 들려주면서 우리에게 이런 질문을 하는 것 같다. "당신은 진실한 믿음이 있는가? 당신의 믿음이 시험을 받는다면 어떻게 할 셈인가? 당신의 믿음은 생각 속에 머물러 있는가, 아니면 행동으로 옮길 수 있는 것인가?"

아브라함이 이삭을 낳은 후 만사가 태평하고 하나님의 약속은 완벽하게 성취된 것 같은 행복한 감상에 사로잡혀 있을 때였다. 모든 장애물이 사라지고 이제 더는 장애물이 없을 것 같은 즈음 아브라함은 자신의 인생에서 최대의 위기에 봉착하게 되었다. 아브라함이 뛰어넘을 마지막 장애물은 하나님 자신이 만들어 놓으신 것이다. 하나님께 시험받는 것으로 시작한(12:1의 "가라") 그의 인생 역정은 하나님께 시험받는 것에서(22:2의 "이삭을 바쳐라") 정점에 도달한다. "하나님이 아브라함을 시험하시려고"에서 '시험하다'는 하나님의 진짜 의도가 무엇인가를 엿보게 하는 중요한 열쇠로 기능한다. 지금까지 그의 위기는 모두 사람들로부터 온 것이지만, 이번

위기는 하나님이 직접 불러들인 위기였다. 하나님은 아브라함을 "시험하시려고 부르셨다." 신앙인은 자신의 진실한 믿음이 시험을 받을 때는 위기에 직면하게 되는데, 이때 이론적인 신앙은 삶의 경험을 통해 훈련되고 단련된 실제적인 신앙보다 못하다.

하나님께서 아브라함을 시험하셨다는 것은 아브라함에게 그의 신앙의 실체를 보여줄 기회를 주신 것이다.[416] 하나님이 이삭을 제물로 바치라는 명령은 당사자인 아브라함은 물론 창세기의 독자들도 도무지 이해할 수 없는 것이지만, 결국에 가서는 이마저도 장애물은 제거되고 위기상황은 평온을 되찾는다. 하나님은 아브라함에게 마지막 장애물을 통과하도록 끔찍하고 황당한 시험을 주셨다. 하지만 아브라함은 이 시험을 무난히 통과해 그가 진실로 하나님을 경외하는 사람이라는 것을 입증할 수 있었다. 그의 믿음은 하나님께 인정받았고, 그의 순종은 모든 믿는 자의 본이 되었다. 하나밖에 없는 사랑하는 아들을 제물로 바치라는 하나님의 '명령'과 하나밖에 없는 사랑하는 아들을 십자가에 제물로 바치신 하나님의 '헌신'은 묘한 대조를 이루면서, 두 사건을 묵상하는 신앙인에게 형용할 수 없는 은혜를 준다. 이삭 대신 숫양을 내주신 하나님은 우리 한 사람 한 사람을 위해 외아들 예수를 제물로 내주셨기 때문이다.

아브라함이 하나밖에 없는 아들을 희생 제사로 하나님께 드릴 뻔한 창세기 22장은 성경에 나오는 이야기니까 그렇지, 이것이 실제로 내게 닥친 일이라면 어떡할 것인가? 생각만 해도 아찔하고 기절초풍할 일 아닌가! 아브라함에게 이삭은 어떠한 존재였던가? 오랜 세월 기다리고 기다리다 얻은 이들이 이삭이었다. 100살에 낳은 하나밖에 없는 귀한 아들을 하나님께 번제로 드린다는 이 이야기는 너무나 끔찍해 현대인들에게는 소름이 끼친다. 아브라함은 신앙의 "모델인지 아니면 괴물(Model or Monster)"[417]인지 의구심이 들게 하고, 신앙은 어쩌면 환상일지도 모른다는 낯선 이물감에 소름이 돋는 것이다. 그런 의구심이 뒤죽박죽 증폭이 되면 때론 하나님은 신앙인의 정서를 맘먹은 대로 조종해 궁지로 몰아놓는 '가스라이팅 가해자'(gaslighter)가 아닐까 하는 생각이 불현듯 솟구치는가 하면, 아브라함은 신실한 아버지인지 아니면 자식을 괴롭히는 아버지인지조차 헷갈리게 한다. 우리의 이성으로는 도저히 이해할 수 없는 이러한 모든 의구심에도 불구하고, 이 이야기가 우리 가슴에 와닿는 까닭은 형용할 수 없는 어떤 신앙적인 카타르시스가 있기 때문일 것이다.

그리스도인인 우리는 이 본문에서 어쩔 수 없이 가슴에 확 와닿는 두 개의 단어가 있다. 첫째 단어는 '믿음'이다. 믿음은 선택이다. 우리는 평소에 우리의 모든 일상생활의 대소사를 하나님께서 함께해주시고 책임져주신다는 생각을 갖고 있다. 하지만 막상 감당하기 힘든 극심한 시험을 당하는 경우에는 어떻게 해야 할 것인가 하는 신앙의 갈림길에서 어느 하나를 분명히 선택해야 하는 실존적인 과제에 잠재적으로 노출되어 있다. 더욱이 그 시험이 이유를 알 수 없는 것이라면 문제는 더욱 심각해진다. 둘째 단어는 '대속'이다. 실제로 아들을 죽인다면 그다음엔 어떻게 된다는 것인가? 하나님은 아들을 살려낼 것인가? 그렇다. 살려낼 것이다! 하나님은 이삭을 다시 살리실 것이다. 놀랍지 아니한가? 아브라함에게는 놀랍게도 그러한 믿음이 있었다. 아브라함의 바로 그런 점이 믿음이 없는 우리들 현대 크리스천과는 차이가 난다.

하나님은 이삭 대신 번제할 어린양을 미리 준비해 놓으셨다. 여기서 우리는 십자가의 예수 그리스도를 보게 된다. 하나님은 우리를 위해 하나밖에 없는 아들을 준비하시고 정확한 때, 정확한 장소에서 대속의 제물로 주셨다. 바로 그런 점에서 창세기 22장은 그리스도의 대속 사건을 가장 생생하게 보여주는 구약의 메타포로서 기능한다. 아버지와 함께 산에 오르면서 "내 아버지여, 번제할 어린양은 어디에 있습니까?"라는 이삭의 질문은 오늘날 그리스도인들에게 "예수님은 어디에 있습니까?"라는 질문의 전조다.[418]

창세기 22장의 본문이 신약에서 대속의 의미로 쓰이지 않았다는 사실은 의아하다. 아브라함에 관한 이야기는 신약에서 심심치 않게 나온다. 아브라함에 관한 관심은 사도 바울에게서도 발견된다. 로마서 4:1-25과 갈라디아서 3:6-18이 그러한 본문이다. 그러나 이 본문의 논지는 아브라함이 하나님의 약속을 굳게 믿고 행동으로 믿음의 진수를 보였다는 것이지, 대속을 말하고자 하는 게 아니다. 이삭의 번제 사건과 관련해 대속과 가장 근접한 신약의 본문은 히브리서 11:17-19의 짧은 말씀이다. 이 본문 또한 죽은 자를 다시 살리시는 하나님의 능력을 신뢰하는 아브라함의 믿음에 관한 이야기이지, 대속과 직접적인 관련이 있는 것은 아니다. 그럼에도 불구하고,

우리들 그리스도인은 이런 구절들을 보면서 그리스도의 대속의 희생과 하나님의 사랑에 흠뻑 젖으며 로마서 5:8을 찾으려고 성경을 들쳐 본다. 거기엔 이렇게 쓰여 있다.

> "우리가 아직 죄인 되었을 때에 그리스도께서 우리를 위하여 죽으심으로 하나님께서 우리에 대한 자기의 사랑을 확증하셨느니라"

모리아산의 이삭 번제 사건은 아버지와 아들의 관계가 얼마나 친밀한 관계가 있는지를 실감나게 보여 준다. 아버지와 아들의 관계는 "네 사랑하는 독자"라는 말에 진하게 배어 있다. '독자'(the only son)라는 단어는 이 내러티브에서 세 번이나(창 22:2,12,16) 연거푸 나온다. 그만큼 이삭은 하나밖에 없는 아브라함의 사랑받는 아들이었다. 우리말로 '독자'라고 번역한 이 단어는 히브리어로는 'יחיד'(예히드)인데, 이것은 '오로지 하나밖에 없는'(only)이란 뜻이다.

신약성경에서는 예수님께서 세례를 받으실 때나 신령한 몸으로 변형이 되셨을 때 "너는 내 사랑하는 아들이라"는 소리가 하늘에서 들렸다. 하늘에서 들려오는 음성은 아버지와 아들의 떼려야 뗄 수 없는 관계를 물씬 풍기게 한다. 모리아산에서 아버지 아브라함과 그의 유일한 아들인 이삭의 대화가 그러했다. 아버지와 아들 간 사랑과 신뢰의 관계를 인간의 말로는 형용할 수 없는 이 고차원의 분위기를 신약성경의 기자들은 놓치지 않았던 것이다. 아브라함이 하나님의 뜻에 따라 이삭을 번제로 희생시키려 했던 이 사건이 신약의 기독론에 미치는 영향이 얼마나 큰가를 짐작하게 한다.

믿음이란 대체 무엇인가? 아브라함의 믿음을 이해하지 않고서는 우리의 믿음이란 그저 허공에 떠 있는 어떤 것이 아닐까? 돌이켜보면 아브라함은 믿음이 있는 것 같아 보이면서도 믿음이 없는 사람이었다. 그도 우리와 똑같이 실수와 허물이 많은 사람이었다. 그가 보여준 일련의 행동은 약속을 성취하시는 하나님의 능력을 신뢰하지 못하고, 때로는 조급증으로 때로는 의심으로 은혜의 복을 망칠 뻔했다. 그런 그가 어떻게 하나밖에 없는 아들을 번제로 바치라는 하나님의 명령에 군말 없이 순종할 수 있었을까?[419] 이상하게 본문에는 언급이 없어서 그렇지, 아브라함이 견딜 수 없는 번민과 고통에 오열하면서, 달빛 아래 쪼그려 앉아 질문하고 또 질문하면서, 하나님과 씨름하는 처연한 광경을 상상하기란 그리 어렵지 않다. 하지만 아들을 바치라는 말씀을 듣고 모리아 기슭을 타고 산머리에 오르기까지의 아브라함의 행동에서 우리가 진하게 감지하는 것은, 그가 침묵으로 일관되게 반응하고 있다는 점이다. 이 침묵은 그가 산에서 자신의 사랑하는 아들을 죽이려고 칼을 들고 지나치리만큼 과격하게 행동하고 있는 것과 묘한 대조를 보이며 극적인 긴장감을 일으키고 있다. 이 본문을 대하는 독자는 아브라함의 침묵 속에 함께 빨려 들어가는 고뇌 가운데서 하나님이 무언가를 예비하실 것이라는 침묵의 확신이 있다.[420]

우리는 여기서 겟세마네 동산에서 하나님의 뜻을 물으며 기도하시면서 땀이 땅에 떨어지는 핏방울같이 되신 예수님을 마음속에 떠올려 본다. 아브라함의 감당할 수 없는 고통과 예수님의 감내할 수 없는 고통 뒤에서 하나님은 또 얼마나 고통이 크셨을까! 아브리함의 놀라운 순종은 오로지 믿음이라는 신앙적인 작용 외에 그 어떤 개념으로도 설명할 수 없는 차원의 것이다. 이 때문에 바울은 아브라함을 모든 신앙인이 본받아야 할 표상으로 제시한다. 아브라함의 믿음이 얼마나 기독교 신앙에 핵심을 이루었기에 로마서 4장 전체가 아브라함의 믿음과 하나님의 약속의 성취에 관해 그토록 소상하게 언급해 놓았겠는가. 히브리서 기자도 아브라함의 믿음과 하나님의 약속을 한 카테고리 안에 묶어, 아브라함이 시험을 받을 때에 믿음으로 이삭을 드려 하나님의 약속을 유업으로 받았다고 말한다.

이렇게 아브라함에게 주어진 약속들은 계속해서 이삭과 야곱에게 확인되고 강화된다. 그러나 창세기에서는 오직 아브라함의 믿음만이 강조되고 있다(창 15:6). 정경신학자인 차일즈(Childs)는 이삭 번제 내러티브를 제대로 이해하려면 하나님께서 아브라함에 대해 의롭다고 선언하신 창세기 15:6과 관련지어 음미해야 한다고 말한다. 차일즈에 따르면, '의'(righteousness)라고 하는 것은 어떤 이상적이고 절대적인 표준이 아니라, 하나님과의 언약 관계에서 필연적으로 수반되는 의로운 관계이다.[421] 하나님의 의는 헌신의 행위나 혹은 순종의 행위와 같은 어떤 것을 성취함으로써 얻는 결과라기보다는, 오로지 하나님의 약속 안에 있는 믿음이 아브라함으로 하여금 하나님과의 올바른 관계를 가질 수 있도록 사전에 프로그램화된 것이다.[422]

제3장

창세기 25-36장: 야곱 이야기

야곱의 특징을 한마디로 말해보라면, 그는 육적인 성향이 대단히 큰 사람이었을 뿐만 아니라 영적인 성향도 그에 못지않게 큰 사람이라는 사실이다. 그의 생애 가운데서 나타난 이러한 모순은 그의 삶을 순탄하지 않게 만들었다. 영리한 그는 세파를 훌륭히 이겨내며 씽씽 잘나갈 사람 같았지만, 실제론 삶의 파고 앞에서 숱한 곡절과 파란을 겪으며 이리 다치고 저리 넘어지며 상처와 피멍으로 얼룩진 영혼이었다.

/본문 중에서.

1. 엄마 뱃속에서부터 싸움꾼인 야곱

1) 야곱의 출생의 비밀

창세기 22장은 모리아산의 이삭 번제 사건을 다루고 있다. 그리고 그다음 장인 23장은 사라의 죽음과 그녀가 묻힌 막벨라굴 이야기를 다루고 있다. 사라의 죽음과 장사를 다룬 23장을 불과 한 장 건너뛴 25장에는 아브라함의 죽음과 장사가 이어 나온다. 아브라함은 자신보다 먼저 하나님 곁으로 간 사랑하는 아내를 따라 막벨라굴에 묻혔다. 아브라함과 사라의 죽음 사이에는 꽤 오랜 세월의 간격이 있다. 무려 38년이다(사라는 127세를 일기로 죽었고, 사라보다 10살 나이가 많은 아브라함은 175세를 일기로 죽었다. 성경이 사망 나이를 밝힌 여자는 사라가 유일하다). 창세기 기자는 이 긴 세월 동안 있었던 일들 가운데 한 가지 사건을 크게 조명했다. 그것은 이삭이 그의 어머니 사라가 죽은 지 3년 후인 40세 되는 나이에 멀리 메소포타미아(오늘날 튀르키예) 나홀의 성에 살고 있던 사촌 누이 리브가를 가나안으로 데려와, 어머니가 사용하던 장막으로 들이고 아내로 삼은 이색적이고 경이로운 이야기다.

그 일이 성사하게 된 것은 주인의 심부름을 받은 늙은 하인 엘리에셀의 눈부신 활약 덕택이었다. 막중한 임무를 띠고 나홀의 성에 당도한 엘리에셀은, 과연 그의 주인 아브라함이 100% 안심하고 만족할 만한 언행으로 리브가와 리브가의 가족을 설득했다. 그는 리브가와 이삭(리브가가 그때까지 한 번도 만난 적도 없고 알지도 못한 이국땅의 남자)과의 결혼을 성공적으로 끌어낸 일등공신이었다. 창세기 기자는 이런 불가능한 일이 가능하게 된 건 그가 언변이 뛰어나거나 능력이 출중해서가 아니라(물론 이런 것들도 때론 일의 성패를 판가름하는 요인이 되기도 하지만), 순전히 위기 때마다 하나님을 신뢰하고 지혜를 구한 기도의 사람이었기 때문이라는 사실을 강조한다. 이로써 아브라함에게 땅을 주시겠다는 하나님의 약속은 실현되기 시작했다. 하나님께서는 아브라함에게 그의 씨에서 나온 후손이 그 수를 헤아릴 수조차 없는 하늘의 별들처럼 큰 민족을 이루고, 땅의 모든 족속이 아브라함으로 말미암아 복을 얻게 될 것이라고 여러 번 약속하신 바 있다. 이 하나님의 약속은 아들 이삭이 가나안족 혈통이 아닌 자신의 혈족인 리브가를 배필로 맞이함으로써 구체적으로 성취되기 시작한 것이다. 하나님은 자신의 약속을 지키시려고 이삭의 배필이 될 사람을 치밀하게 준비해 놓으셨다!

우리는 이러한 문맥 속에서 창세기 25장을 살펴봐야 한다.

창세기 25장은 두 사람(아브라함과 이스마엘)이 죽고, 두 생명(야곱과 에서)이 태어난 기사를 실었다. 문서비평 학자들은 이 기사들이 출처가 다르다고 주장하고 있지만, 꼭 그렇게 볼 일은 아니다. 창세기 기자는 이전 세대는 가고 새로운 세대가 오는 것을 이런 식으로 대조함으로써, 인간의 덧없는 역사와 하나님의 희망차고 역동적인 구속의 역사를 의도적으로 대비시켜 놓고 있다.

지금부터 우리가 탐구해야 할 인물은 야곱이다. 흥미롭게도 성경에는 보통 사람의 상식으로는 이해할 수 없는 인물들이 많이 등장한다. 대표적인 사람은 야곱이라고 할 것이다. 야곱에 관한 본격적인 이야기는 27장부터 나오지만, 그에 관한 소개는 25장에 미리 나온다. 태어날 때 형의 발꿈치를 잡은 야곱의 악착같은 성격을 반영하듯, 야곱 이야기가 아버지 이삭 이야기가 나오는 26장을 제치고 성급하게 25장부터 나오는 것은 우연이 아니다. 이 장은 아브라함과 이스마엘의 죽음 기사에 뒤이어 야곱에 관한 두 개의 일화를 다루고 있다. 첫 번째 일화는 쌍둥이인 야곱이 태어날 때 있었던 '출생의 비밀'과 여호와의 예언적 말씀, 두 번째 일화는 야곱이 형 에서에게서 장자 상속권을 속여 빼앗는 사건이다. 이 두 가지 사건은 야곱의 기질과 형과의 갈등을 통해 그의 운명이 험난하고 치열한 삶을 살게 될 것과, 그러한 모나고 흠 많은 사람을 다루어 나가시는 하나님의 주권적 선택과 은혜로운 구원의 역사가 어떻게 전개되어 나갈 것인지를 흥미진진하게 보여 준다. 어머니의 뱃속에 있는 태아 때부터 다투는 두 아기의 출생과, 이들이 장성해서 아우가 형을 속여 장자 상속권을 탈취하는 기사는 창세기의 독자들에게 형제 사이에 벌어질 반목과 대립을 일찌감치 예견하게 하면서, 이 경쟁 구도를 통해 하나님의 신비로운 구속의 역사에 대한 호기심을 일으키고 있다.

창세기의 구조를 보면, 야곱 이야기는 37장부터 시작해 요셉의 죽음으로 끝나는 이 책의 마지막인 50장까지이다. 창세기 기자는 야곱 이야기를 서술하기 전 두 개의 톨레도트를 배치해 놓았다. 이삭의 톨레도트(25:19-35:29)와 에서의 톨레도트(36장)다. 이삭 내러티브는 11장에 달하지만, 그런데도 외관상 야곱 이야기에 흡수된 것처럼 보인다. 이 내러티브에서 이삭(이삭이 주인공 역할을 하는 장면)은 불과 26장 한 장밖에 나오지 않아, 이삭은 아버지인 아브라함과 아들인 야곱에 비해 무시당하는 것처럼 비친다. 그러나 그것은 오해다. 25장부터 전개되는 야곱에 관한 이야기가 사실은 이삭의 톨레도트 구조 안에 들어있기 때문이다. 창세기 기자는 "아브라함의 아들 이삭의 족보는 이러하니라"(25:19)고 하면서, 여기서부터 35:29("이삭이 나이가 많고 늙어 기운이 다하매 죽어 자기 열조에게로 돌아가니 그의 아들 에서와 야곱이 그를 장사하였더라")까지가 이삭에 관한 이야기라고 미리 밝히고 있다. 그럼에도 창세기 독자들은 이삭의 이야기가 아버지 아브라함보다 어쩐지 싱겁고, 그런 기조는 세월의 모진 굴곡과 풍파를 간단없이 겪으며 파란만장한 삶을 살았던 아들 야곱에 비해 밋밋한 스토리라인이라는 것을 확인한다.

이같이 이삭 내러티브의 흥미진진함이 아버지 아브라함이나 아들 야곱에 못 미치는 것은 구속사에서 그가 차지하는 비중과 역할이 미흡해서라기보다는 그의 인생 역정이 아버지나 아들과 같은 극적 서사가 빈약해서다. 하지만 앞서 밝힌 것처럼 이삭의 삶이 극적인 서사가 빈약하다고 해서 내러티브의 비중과 역할이 미흡한 것은 아니다. 이삭 이야기를 주의 깊게 읽어보면 극적인 전율과 반전이 있다는 것을 발견할 수 있다. 실제로 이삭의 이야기는 처음부터 아버지와 두 아들과의 사이에서 매우 심상치 않은 사건들이 벌어질 것 같은 긴장감을 준다. 창세기 25장의 내용도 평범하지 않다.

이삭 내러티브의 백미는 야곱과 에서의 경쟁과 화해다. 야곱과 에서의 이야기를 읽으면서 독자들은 메시지의 본질이 무엇인지를 놓쳐서는 안 된다. 이 메시지는 어느 한쪽이 포기해야 끝나는 치킨게임이 아니다. 또한 야곱은 착하고 에서는 악하니까, 야곱은 축복을 받고 에서는 망하게 된다는 식의 소위 선악 대결을 통한 권선징악을 교훈하려는 것도 아니다. 그런 식으로 본다면 오히려 약삭빠르고 교활한 야곱보다 솔직하고 남자다운 에서가 승자가 되어야 합리적일 것이다. 그렇다고 구약에서 흔히 동원되는 표현인, 야곱은 의인이고 에서는 악인이라는 등식 설정으로 의인은 흥왕하고 악인은 멸망한다는 토라식 교훈도 호소력이 부족하다. 이 이야기의 본질은 하나님의 주권과 선택이다. 하나님의 생각은 우리 인간의 생각과는 다르다(사 55:8). 그래서 당황스러운 것이다. 당황스럽지만 은혜는 증폭한다. 당황의 끝 지점에서 은혜의 정체는 확인된다.

에서도 흠이 많은 사람이었고 야곱도 흠이 많은 사람이었다. 그런데 하나님은 에서는 미워하였고 야곱은 사랑하셨다(말 1:2-3; 롬 9:13). 에서의 입장에서 보면 억울하겠지만 하나님이 하시는 일이니 어쩌랴. 그러나 에서는 알아야 한다. 하나님의 언약의 축복인 장자 상속권을 팥죽 한 그릇과 맞바꾼 에서의 경솔한 처신은 윤리와 도덕의 차원을 넘어서 하나님께 대한 망령된 행실이었다. 야곱은 하는 짓이 얄밉지만, 복이라면 물불 안 가리고 독차지하려는 그를 하나님은 아끼고 사랑하셨다. 엉뚱하게도 하나님 나라에서는 야곱이 하나님의 종이고 택함을 받은 사람이었다. 선지자 이사야는 야곱의 이러한 이미지를 통해 미래에 오실 '여호와의 종'을 이렇게 노래했다.

"너는 나의 종이라 내 영광을 네 속에 나타낼 이스라엘이라"
　(사 49:3).

야곱! 야곱은 누군가? 교회를 안 다니는 이들도 야곱은 안다. 그는 이스라엘의 시조다. 그에게서 이스라엘 민족이 형성되어 나라가 세워졌고, 4천 년 세월이 지난 지금에도 중동의 팔레스타인에 그의 이름을 딴 '이스라엘'이란 나라가 건재하고 있다. 야곱은 우리 한민족이 받드는 고조선의 창설자인 단군(檀君)과는 다르다. 단군은 신화적인 인물이지만,[423] 야곱은 역사적인 인물이다. 야곱은 보통 사람들처럼 단점도 많고 실수도 많은 사람이었다. 그러나 야곱은 영적인 가치를 위해 치열하게 살았던 사람이다. 그에게서 태어난 열두 아들을 통해 이스라엘 지파들이 형성되고, 그 지파 동맹을 통해 어엿한 한 나라가 세워졌다. 그런 점에서 야곱은 이스라엘 역사 대대로 숭상 받는 거인이었다. 이것은 두 밀레니엄의 오랜 세월이 지난 후 야곱의 우물에서 예수님을 만난 한 사마리아 여인이 예수님께 "당신이 야곱보다 더 크니이까?"라고 묻는 데서 확인할 수 있다. 또한 2천 년 동안 나라 없이 전 세계에 흩어져 살았다가 1948년에 다시 나라를 세우고 이름을 '이스라엘'로 명명한 현대 이스라엘 국가를 보아서도 확인되는 일이다.

2. 영적인 성향보다 육적인 성향이 컸던 야곱

야곱은 이렇게 큰 인물이지만 창세기의 독자들이 야곱 이야기를 대하면서 그에게 갖는 첫인상은 비호감이다. 인간적으로 보면 소탈하고 화끈한 에서가 오히려 호감이 간다. 더욱이 에서는 근육질이고 호탕한 전형적인 남성상을 지니고 있다. 야곱은 좋은 것과 돈 되는 것이라면 교활한 술수로 어떻게든 그것을 차지하지 않고서는 못 배기는 성격의 소유자다. 약삭빠르고 잔꾀를 부리는 야곱의 특징은 머나먼 여행길의 끝에서 사촌 여동생인 아리따운 라헬과 삼촌의 많은 가축을 처음 본 순간 번뜩이는 두뇌 회전에서 잘 드러난다. 그는 속으로 이렇게 말했을 것이다. '삼촌의 많은 재산은 틀림없이 내 신분을 높여주고 안전을 보장해 줄 거야. 게다가 라헬은 절세미인 아닌가. 이거야말로 꿩 먹고 알 먹는 격이다.'

목적이 분명해진 이상 야곱은 행동에 들어갔다. 그는 민첩하게 우물 아귀에서 돌을 옮겨 라헬이 돌보았던 양 떼에게 물을 먹이고 일단 라헬의 환심을 산 다음, 경계심을 푼 그녀에게 다가가 살짝 입을 맞추었다. '까칠남'이 매력적인 '훈남'으로 돌변하는 순간이다. 라헬을 만난 지 두어 시간도 안 되어 해는 서산에 뉘엿뉘엿 기울고 붉은 노을이 밧단아람의 대지를 적실 즈음, 그는 라헬을 자기의 아내로 삼아야겠다고 확실히 눈도장을 찍었다. 그리고 그녀의 관심을 끌려고 과장되게 울었다. 불과 며칠 전 벧엘에서 하나님을 보았다고 감격해 마지않던 그였다. 목적을 위해서라면 수단과 방법을 안 가리는 야곱의 캐릭터가 특히 이 장면에서 잘 드러난다. 그렇지만 이상하게 독자들은 야비한 야곱을 미워하지 않는다. 미워하기는커녕 오히려 그에게 동정과 응원을 보낸다. 왜 그럴까? 모순덩어리인 야곱이 영락없이 바로 자기라고 생각하기 때문이다.

야곱의 특징을 한마디로 말해보라면, 그는 육적인 성향이 대단히 큰 사람이었을 뿐만 아니라 영적인 성향도 그에 못지않게 큰 사람이라는 사실이다. 그의 생애 가운데서 나타난 이러한 모순은 그의 삶을 순탄하지 않게 만들었다. 영리한 그는 세파를 훌륭히 이겨내며 씽씽 잘나갈 사람 같았지만, 실제론 삶의 파고 앞에서 숱한 곡절과 파란을 겪으며 이리 다치고 저리 넘어지며 상처와 피멍으로 얼룩진 영혼이었다. 그는 천성적으로 타고난 싸움꾼이었다. 그는 워낙 육적인 성향이 강한 사람이어서 주변 사람들에게 싸움을 걸어야 자기 존재를 확인하는 스타일의 사람이었다.

야곱은 강렬한 육적인 성향 못지않은 강렬한 영적인 성향을 동시에 갖고 있어서, 그의 내면은 보통 사람이 이해하기 어려울 만큼 복잡하게 꼬인 사람이었다. 참으로 묘한 것은 이런 부류의 사람은(남자건 여자건) 타인에게 충분히 매력적이면서 또한 충분히 경멸을 살 만한 인물로 비친다는 것이다. '육적'이란 세상적인 것들에 마음을 빼앗겨 그것들을 얻는 것을 양보할 수 없는 삶의 제일의 목적으로 삼는 특질이다. '영적'이란 하나님 나라의 것들을 사모해 그것들을 얻는 것을 우선적인 삶의 목적으로 하고 세상적인 것들은 하나님께 맡겨버리는 것을 의미한다. 야곱은 어떤 때는 육적이었다가 어떤 때는 영적이었다. 아니, 육적이면서 동시에 영적이었다. 이러한 이중성은 세상의 좋은 것들을 향한 욕정과 거룩한 것들을 향한 구도심 사이에서 그를 늘 괴롭히는 문제였다. 그는 자기가 옳다는 것을 관철시키려고 사람들과 싸움하는 것을 즐겼고, 때로는 하나님께 싸움을 거는 것을 마다하지 않았다. 그는 겉으론 말도 없고 얌전한 샌님처럼 보였지만, 큰 이득을 얻을 기회를 포착하면 강한 사냥감을 노리는 사자처럼 눈빛을 번뜩이는 '빌런'이었다. 왈키(Waltke)는 야곱이 갖고 있는 이러한 특징을 "기지와 강함"[424]이라고 관찰한다. 이런저런 사건에 맞닥뜨려 특유의 순발력으로 상황을 돌파해 나가고 갖은 난관 앞에서도 앞만 보고 달려가는 야곱의 주 무기는 다름 아닌 "기지와 강함"(wit and strength)이라는 것이다.

머리 회전이 빠른 사람이 대개 그렇듯 야곱은 능수능란한 사기꾼처럼 행동했지만, 그는 결코 호머의 작품에 나오는 그리스 영웅 오디세우스같이 "성공적인 사기꾼"[425]은 되지 못했다. 그는 자기가 마음먹은 대로 뭔가를 쟁취하고 이룩한 것 같았지만 그러한 성공들은 그의 내면을 결코 채워주지 못했다.

뭔가를 성취하고 상당한 지위에까지 올랐으면서도 노상 마음이 불안하고 만족하지 못하는 사람이 있다. 믿음은 근본적인 변화를 요구하지만 끈덕진 육적인 성향은 변화를 두려워하고 회피하게 만든다. 세상에서 잘 변하지 않는 게 사람이다. 그리스도인은 변화를 위해 나아가는 사람이다. 그러나 그리스도인들이 좀처럼 성화되기가 쉽지 않듯 야곱이 그러했다. 어쩌면 그는 엄청나게 많은 은혜를 받고서도 변화되지 않는 우리네 신자들의 롤 모델이었다. 야곱이 변화되지 않은 이유는 그가 하나님 중심적인 사람이 아니라 철저히 자기중심적인 사람이었기 때문이다. 자기중심적인 사람은 그게 잘못이라는 것을 깨닫기까지 개고생을 하게끔 되어 있다. 야곱은 육적인 성향이 완전히 탈색되어 옛사람을 벗어버리고 영적인 성향의 새사람으로 심령이 변화될 때까지 무수한 고난들을 겪어야만 했다(엡 4:22-24).

3. 위기 앞에서 기도하는 야곱

　　　　　그런데 우리들 그리스도인들과 야곱의 다른 점은, 우리는 이해하기 어려운 사건 앞에서 자기 생각을 하지만 야곱은 기도한다는 점이다. 바로 이게 야곱의 가장 큰 장점이고, 그를 위대한 사람들의 반열에 올려놓았으며, 믿음의 모델로 만들어 놓았다. 야곱은 얍복강 나루터에 혼자 남았다. 그는 이제 막다른 곳까지 왔다. 아깝게 모은 재산은 물론 자신과 가족들의 생명까지 피땀 흘려 쌓아온 모든 업적을 순식간에 잃을지도 모른다는 두려움에 사로잡혀 있다. 무언가를 위해 숨 가쁘게 달려왔던 그였다. 위기 때마다 그는 자신의 힘과 능력과 경험을 한껏 동원해 봤다. 그러나 이제 그런 방식으로는 살 수 없다. 판 전체를 확 뒤집지 않고는 더는 살 기력도 희망도 없는 일생일대의 대전환점에 서 있게 된 것이다.

　　일생일대의 대전환점에서 야곱은 하나님을 만났고, 하나님을 만나는 방식은 야곱 특유의 '싸움'이었다. 싸움꾼 야곱은 한밤중에 옥쇄할 각오로 하나님께 싸움을 걸었다. 그의 과거와 현재와 미래가 민낯으로 드러나는 싸움이었다. 피조물이고 죄인인 인간이 창조자요 전능하신 하나님을 만나 평가를 받으려면(결산을 하려면) 오직 단독으로 하나님과 대면해야 한다. 그것은 누가 대신할 수 없다. 생과 사 ―이승의 삶과 죽음뿐 아니라 그 너머 저승의 영원한 삶과 죽음까지도 포괄하는― 의 운명을 결정짓는 절체절명의 순간, 이 절대 고독의 사나이는 처절하게 하나님께 기도하고 있었다. 인생의 극적인 전기를 경험한 사람들이 흔히 간증하듯 야곱은 하나님과 씨름하면서 이렇게 물었을 것이다.

"하나님, 제가 누구입니까?"

"하나님, 당신은 누구입니까?"

"하나님, 하나님이 살아계시고 역사의 주인이시라면

저는 이제 어떻게 살아야 합니까?"

야곱은 이런 질문들을 하면서 목숨을 건 기도를 하고 있었던 것이다. 그때 신비한 일이 일어났다. 천사로 변장한 정체불명의 사람이 야곱에게 나타났던 것이다. 야곱은 밤새도록 그와 샅바씨름을 했다. 그 씨름은 한판 승부가 아니라 넘어지고 또 넘어지기를 수도 없이 반복하는 혈투였다. 마침내 그 신비한 존재가 야곱의 근성에 질렸다는 듯 그의 허벅지 관절을 내리쳐서 골절상을 입혔다. 그런데도 야곱은 자기를 축복하지 않으면 절대로 물러서지 않겠다고 하면서 날이 샐 때까지 그를 붙잡고 늘어졌다. 이윽고 그 신비한 존재가 야곱에게 패배를 시인하듯 조용히 물었다. "네 이름이 무엇이냐?"(What's your name?) 야곱이 그제야 그 사람의 옷을 움켜잡은 손을 거두고 멋쩍은 듯 "제 이름은 야곱입니다."라고 대답했다. 그러자 그가 이렇게 말했다. "다시는 네 이름을 야곱이라 부르지 말고 이스라엘이라 불러라. 이것은 네가 하나님과 사람들과 겨루어 이겼기 때문이다."

야곱이 얍복강에서 신비한 존재와 씨름하는 이 광경은 아무리 성경이라지만 흔치 않은 장면으로 '완전 대박'이다. 성경 독자들의 눈길은 이곳에서 한참 동안 머물러 있게 마련이고, 신앙의 열정을 다시 불태우기 위한 그리스도인들은 이 기사를 들춰내곤 하기 때문이다. 창세기는 분명히 역사 속의 '이스라엘'의 국가 이름이 이 장면에서 유래되었다고 증거한다. '이스라엘'이란 국가 이름의 개념은 마리오 리베라니(Mario Liverani)가 주장하는 것처럼 "역사적 진화"[426)의 결과가 아니다.

야곱은 자기 삶의 주도권을 하나님께 맡겨버렸다. 허벅지 관절이 위골되어 그의 강한 육적인 성향은 급격하게 약화했지만, 그에 반비례하여 영적인 성향은 강화되었다. 요셉 솔로베이치크(Joseph Soloveitchik)의 성공을 지향하는 인간형인 "아담 Ⅰ"에서, 내면의 질서로 회복되어 사랑과 구원의 이상적인 인간형인 이른바 "아담 Ⅱ"로 변모되는 순간이란 바로 이런 것인가?[427) 그는 육체적으로는 걸음이 절뚝거렸지만 영적으로는 바로 걷기 시작했다. 이제부터 그는 딴판 인생을 살게 될 것이다. 약할 때 강함이 된다는 사도 바울의 고백은 이래서 우리 믿는 자들의 마음을 찡하게 만든다. 하나님이 힘이 약해서 야곱에게 진 것일까? 그것은 가당치 않다. 하나님은 힘이 없어서 야곱에게 져주신 것이 아니라, 야곱을 사랑하시어 그 삶을 새롭게 출발하도록 일부러 져주셨다. 그리하여 하나님의 은혜가 야곱에게 족하게 임했다(고후 12:9). 얍복강가의 극단적인 만남의 자리에서 하나님의 사랑이 야곱의 인생에 깊숙이 파고들어 압도적인 소음을 내기 시작한 것이다. 그래서 믿음은 하나님이 누군지 알기 위해 새벽까지 끈질기게 천사와 싸운 야곱처럼 하나님과 논쟁하고 질문하며 이 세상이 결코 알 수 없는 것들을 추구하는 과정인 것이다.

4. 야곱 인생의 터닝 포인트 얍복강 사건

영국 태생 유대인 랍비인 조너선 색스(Jonathan Sacks)는 야곱이 얍복강 나루터에서 하나님과 필사적으로 씨름하는 바로 이 지점에서 오열하는 듯한 말을 남겼다. "우리는 삶의 공포와 잔혹성에 대한 우리의 인식을 무디게 만들 정도의 고분고분한 신학을 구성해서는 안 된다."[428] 야곱의 얍복강 씨름 이야기는 숙명적으로 하나님과 동행하지 않으면 안 되는 이스라엘의 전체 역사를 압축한다. 이스라엘의 족장들이 하나님과 처절하게 겨루어 축복을 쟁취한 것처럼, 국가로서의 이스라엘도 하나님과 끈질기게 겨루어 축복을 쟁취하는 민족이라는 사실이 이 이야기에 담겨 있다. 이스라엘의 승리는 그들이 힘이 있어서가 아니라 하나님이 힘이 있으시기 때문이다. 아일랜드의 시인인 예이츠(William B. Yeats, 1865-1939)의 표현을 빌리면, 사랑의 시작은 "느닷없이 당하는 일격"이라고 한다. 인간과 인간 사이에 불붙는 사랑의 시작도 이렇게 강력한데, 하나님과 인간의 사랑은 그보다 천 배, 만 배 강력하지 않겠는가. 그것은 많은 불로도 끄지 못하고 홍수라도 삼키지 못하는 맹렬한 불이다(아 8:7). 돌이켜보면 "느닷없이 당하는 일격"은 야곱이 그의 어머니 리브가의 복중에 있을 때부터 있었던 일이고, 야곱이 꽤 나이를 먹어서도 하나님을 바로 만나지 못하고, 한 발은 세상에 또 한 발은 하나님께 '양다리를 걸쳐 놓고 있을 때'에도 일어났다.

야곱(이스라엘)이 얍복강가에서 강력하고 결정적인 불의의 일격(카운터블로우)을 당한 사건은 그의 삶을 180도로 바꿔놓게 하였다. 변덕스럽고 불안정한 그의 신앙 여정은 하나님께서 가하신 최후의 일격에 마침내 완전히 쓰러져버렸던 것이다. 하나님을 알고 이해하기 위해서는 하나님을 직접 만나야 한다. 하나님과 대면해 느낀 감정은 인간의 언어로 설명할 수 없는, 심장 속에 감추어진 은밀한 그 무엇이며, 그것은 하나님을 만난 자만이 알 수 있다. 기독교 역사에 큰 족적을 남긴 사도 바울이 그러했다. 그는 하나님의 사랑의 일격에 고꾸라진 야곱의 전철을 그대로 밟은 사람이다. 사도로 부름받기 전 그는 자기를 의롭다고 자부한 사람이었다. 그는 자기와 같은 방식으로 하나님을 믿지 않는 사람들을 색출해 처단하는 데 앞장섰다. 어느 날 기독교인들을 잡으러 다메섹으로 가던 그는 홀연히 하늘로부터 내린 빛에 둘러싸여 고꾸라진 후 전혀 딴사람이 되었다. 그는 그리스도 예수께 잡혀 세상의 것들을 배설물로 여기며 남은 생애를 복음을 위해 불태우다 하나님께 갔다(행 20:24; 빌 3:7-14; 딤후 4:7-8).

하나님이 야곱에게 가하신 마지막 일격은 이 비호감의 남자를 호감의 남자로 바꾸어 놓았다. 일반적으로 일 중독자는 인간미가 없어 주변 사람들로부터 호감을 사지 못하는 게 보통이다. 일에만 몰두하는 완벽주의자는 성공할지는 몰라도 따뜻하고 다정한 면이 없기 때문에 친밀감을 원하는 주변 사람들에게는 호감을 사지 못한다. 야곱은 일 중독자였고, 끝을 모르는 출세와 성공지향적인 사람이었다. 그는 스스로 완벽을 꾀했지만, 허투루 한 면들도 많았다. 야곱은 남을 쉽게 속이는 사람 같았지만 오히려 속임당하기 일쑤였고, 약삭빠른 계산가 같았지만 번번이 계산에 착오가 있었다. 시간이 갈수록 독자들은 그러한 야곱에게서 몰인정과 비정함보다는 실수가 많고 허점이 많은 인간미를 발견하고 자기와 동질감을 맛보는 것이다.

하나님은 자신의 약함을 선택하는 것이 인간의 강함을 꺾을 수 있는 가장 유효한 수단이라는 것을 잘 알고 계시는 것 같다. 그것은 그리스도의 십자가 사건으로 나타났다. 이사야는 인간이 하나님을 만나지 못하는 것은 하나님 잘못이 아니라 인간의 죄악 때문이라고 개탄한다. "여호와의 손이 짧아 구원하지 못하심도 아니요 귀가 둔하여 듣지 못하심도 아니라 오직 너희 죄악이 너희와 너희 하나님 사이를 갈라놓았고 너희 죄가 그의 얼굴을 가리어서 너희에게서 듣지 않으시게 함이니라"(사 59:1-2). 게할더스 보스(Geerhardus Vos)는 도저히 변하지 않을 것 같은 야곱이 그의 인생을 통째로 하나님께 맡겨버린 얍복강 씨름 사건에서 하나님의 은혜를 발견한다. 하나님은 그가 택하신 자녀들에게는 그들의 죄를 압도하는 능력을 갖고 계시므로 그들의 성품을 반드시 바꾸시고야 말 것이다.[429]

태어날 때부터 형의 발꿈치를 잡은, 악착같고 이기적인 '사기꾼'

야곱이 어떻게 하나님이 기뻐하시는 인간형으로 탈바꿈할 수 있었을까? 그게 가능한가? 가능했다! 야곱이 가능했다면 우리 또한 가능하다. 하나님을 우리도 만날 수 있기 때문에 가능한 것이다. 사도 바울은 그 가능성을 입증한 사람이다. "내게 능력 주시는 자 안에서 내가 모든 것을 할 수 있느니라"(빌 4:13)고 바울은 자신 있게 고백할 수 있었다. 주변 사람들에게 지기를 싫어해 다투기를 좋아했던 야곱의 인간관계적인 수평적인 축은 앞으로는 하나님과의 관계인 수직적인 축으로 급격하게 이동하게 될 것이다.[430]

　야곱이 필사적으로 씨름을 해서 이긴 그 불가사의한 상대가 누구인지에 대해서는 해석들이 분분하다. 우리는 그 씨름의 당사자인 야곱의 증언이 가장 확실하다고 믿는다. 야곱은 그가 하나님이라고 말했다. 그 신비스러운 존재는 한 사람의 과거와 현재와 미래를 훤히 알고 계실 뿐만 아니라, 사람들이 모인 공동체는 물론 국가와 인류의 과거, 현재, 미래를 훤히 알고 계시는 하나님이시다(히 13:8; 계 22:13). 야곱이 하나님과 조우한 얍복강은 전통적으로 이스라엘 국경의 변방에 위치해 있는 곳이다. 야곱은 약속의 땅인 가나안에 들어가기 전, 국경의 변방에서 가나안의 실질적 소유주인 하나님과 맞서고 있다. 얍복강 씨름 장면은 야곱의 내적 문제에 초점이 맞춰진 듯해서 야곱이 부각되는 것 같지만, 이야기의 전체적인 강조점은 하나님이시라는 것을 알아야 한다. 폰 라드는 "하나님의 활동, 하나님의 파괴적인 공격, 하나님의 의로움"[431]이 이 이야기에 잘 드러나 있다고 관찰했다.

5. 야곱에게서 배우는 교훈

야곱이 실제로 역사 속에서 살았던 인물인지 아니면 가상의 인물인지 학자들은 의견이 분분하다. 그의 조부 아브라함과 부친 이삭처럼 말이다. 바벨론에 포로로 잡혀갔던 제사장들이(혹은 2세들이) 자신들의 신학적 구성을 위해 야곱을 고안해 낸 인물이라고 주장하는 문서비평학자들도 있다. 철기시대 때 트랜스요르단 일대에서 민간에 나돌았던 베네 야곱(Bene Ya'aqob)이란 사람에 관한 이야기가 최초로 문서 버전이 된 이래, 이것이 점차 발전단계를 거듭해 비로소 성서의 야곱 내러티브가 완성되었다는 것이다.

그렇다면 야곱 이야기의 배경이 되는 시대는 기껏해야 기원전 8세기가 되는 셈이다.[432] 하지만 스위스의 저명한 구약학 교수이자 문서비평학자인 토마스 뢰머(Thomas Römer)는 야곱에 관한 내러티브는 이스라엘의 기원에 관한 완전한 역사라고 본다. 야곱 내러티브는 "그 자체로 충족되는 역사이므로 서문(노아, 아브라함 등)도, 결문(모세 등)도 필요 없는 역사를 제공한다."[433] 뢰머는 바로 그런 점에서 이 전승은 다른 전승들과 경합을 벌였지만, "야곱이 이스라엘 기원사의 경전적 구조의 위대한 '창시자'로 점차 두각을 드러냄에 따라, P기자는 야웨 백성의 기원사와 이 백성의 세상을 향한 사명을 제시하는 총괄적 기획 속에 지파 선조의 기사를 처음으로 삽입한 사람으로서의 행운을 누리게 된 것이다."[434]고 했다.

아무튼 창세기의 독자들은 야곱의 이야기를 통해 배워야 할 두 가지가 있다. 하나는, 하나님께 나아가게 하지 못하는 것들이 무엇인지를 진지하게 발견해야 한다. 이를테면 쓸데없는 자존심, 고집불통의 성격, 편견과 무지, 돈이나 명예, 권력과 향락, 과도한 오락과 취미, 집착과 편집증, 외모와 허영, 열등감과 상처 등이 그러한 것들이다. 야곱 이야기를 통해 배우는 또 하나는, 이러한 것들을 내려놓게 해달라고 끈질기게 기도하되, 인생의 위기에 맞닥뜨릴 때는 며칠이고 금식하며 밤을 새워서라도 필사적으로 한번 하나님께 매달려보는 것이다. 야곱의 신앙 체험을 통해 우리가 배울 수 있는 건, 우리들 기독교적 신앙은 "절망과 하나님 안에서의 확신은 매우 밀접한 관계가 있다."[435]는 사실이다. 그 극한의 절망적인 때, 인간이 하나님께 나아가는 거의 유일무이한 길은 기도다. 원숭이나 사슴은 사자의 입에 삼키는 순간 기도하지 못한다. 기도는 한계적인 상황에 처해 있는 인간만이 할 수 있는 특권이다. 하나님은 사랑하시는 자녀들을 그들 스스로 해결할 수 없는 지극히 어렵고 불가능한 상황으로 집어넣으시지만, 그 벼랑 끝 극적인 순간에 구원해 주신다(출 15:13; 사 43:1-3; 렘 30:7; 고전 10:13). 극한 상황에서 우리가 할 수 있는 것은, "우리를 시험에 들게 하지 마옵시고 다만 악에서 구하옵소서"라는 주님이 가르쳐 주시는 기도를 하는 일이다.[436] 이렇게 기도하는 사람에게 하나님의 축복과 은혜가 임한다는 것을 창세기 32장은 보여 주고 있다.

야곱은 네 명의 아내와 열두 명의 아들과 한 명의 딸과 많은 가축을 가진 사람이라 누가 봐도 성공하고 잘나가는 사람 같았지만, 그가 진정으로 하나님을 만나기 전까지는 늘 불안하고 만족하지 못하고 사람들과 경쟁하면서 피곤한 삶을 살아야 했다. 그러나 하나님을 만나고 새사람이 된 후로는 여유 있고 너그럽고 복 있는 삶을 살았다. 그는 요셉이 애굽에 있다는 말을 듣고는 "족하도다"고 하면서 브엘세바에서 하나님께 예배를 드리고 정든 가나안 땅을 떠나 멀리 이국땅으로 내려가는 여유를 보였다(창 45:28-46:7). 나이 130세 되던 해 그는 지난 삶을 회고하면서 할아버지인 아브라함이나 아버지인 이삭에 비해 자신이 "짧고 험악한 세월을 보냈다"고 토로했다. 왕 같은 제사장의 신분으로 애굽의 파라오를 축복해 주는 야곱의 모습에서 우리는 인간의 품격 높은 위풍과 절제와 성숙이 무엇인지를 발견하게 된다. 그를 이렇게 만들어 주신 분은 하나님이셨다. 이사야는 사람으로 하여금 은혜롭고 풍성한 삶을 누리게 하시는 능력을 가지신 하나님을 이렇게 소개하고 있다.

"나의 종 야곱, 내가 택한 이스라엘아 이제 들으라 너를 만들고 너를 모태에서부터 지어 낸너를 도와 줄 여호와가 이같이 말하노라 나의 종 야곱, 네가 택한 여수룬아 두려워하지 말라나는 목마른 자에게 물을 주며 마른 땅에 시내가 흐르게 하며 나의 영을 네 자손에게, 나의 복을 네 후손에게 부어 주리니 그들이 풀 가운데에서 솟아나기를 시냇가의 버들 같이할 것이라 한 사람은 이르기를 나는 여호와께 속하였다 할 것이며 또 한 사람은 야곱의 이름으로 자기를 부를 것이며 또 다른 사람은 자기가 여호와께속하였음을 그의 손으로 기록하고 이스라엘의 이름으로 존귀히 여김을 받으리라"

(사 44:1-5)

제4장

창세기 37-50장 : 요셉 이야기

　믿음이 없는 사람도 이 이야기를 읽거나 듣노라면 역사는 그저 아무렇게나 굴러가는 게 아니라, 어떤 신비한 원리에 의해 움직여가는 것을 막연하게나마 느낄 수 있게 된다. 즉, 역사는 우연과 우연의 결합조합이 아니라 어떤 분명한 목적을 향해 정교하고 질서 있게 움직여 나간다는 것 같다고 말이다. 우리들 기독교인들은 이것을 '섭리'로 생각하고 스스럼없이 받아들인다.

　/본문 중에서.

1. 가나안에서 애굽으로

1) 문학적 · 역사적 · 신학적 걸작인 요셉 이야기

창세기의 마지막 부분은 우리가 잘 알고 있는 요셉 이야기(37-50장)다. 요셉 이야기의 기능은 족장들의 역사와 출애굽 역사를 이어주는 교량적인 역할을 한다. 요셉은 이스라엘의 족장은 아니지만 이 부분을 따로 구분하는 이유는, 요셉 이야기가 그 자체로서 이전의 족장들과는 다른 문체를 가지고 하나의 거대한 이야기 군을 형성하고 있을 뿐만 아니라, 한 인간의 영웅적인 일대기가 한 편의 웅장하고 감동적인 드라마를 보는 것과 같이 독자들을 매료하기 때문이다. 이와 함께 등장인물들의 활동무대가 메소포타미아와 가나안에서 애굽(이집트)으로 옮겨졌다는 것도 요셉 이야기를 족장들의 이야기에서 따로 떼어 놓는 이유가 된다.

하지만 독자들은 총 14장에 달하는 내러티브를 이끌어 나가는 사람은 단연 요셉이지만, 그 막후에서 내러티브를 실질적으로 주도해 나가는 주인공은 야곱이라는 것을 잊어서는 안 된다. 창세기 기자도 야곱이 가나안 땅에 정착하여 살기 시작한 때부터 "야곱의 족보는 이러하니라"(37:2)고 언급하며 이 점을 분명히 해두려고 하였다. 그렇다면 요셉 이야기에도 족장들과 마찬가지로 하나님께서 자기의 약속을 이루시기 위해 방해물이 되는 것들을 제거해 나가신다는 주제가 동일하게 반영되어 있다고 할 수 있다. 요셉 이야기는 야곱의 후손들이 장차 애굽에서 거주하게 될 때에 하나님 백성으로서의 정체성을 어떻게 발견하고 애굽을 탈출하게 되는지를 예견하게 한다.[437]

요셉 이야기는 치밀하게 잘 구성된 하나의 통일된 문학작품으로 읽을 때 한층 묘미가 있다. 요셉 이야기는 다소 엉성한 아브라함이나 야곱의 이야기와는 달리 훌륭한 단편소설과 같은 문학이다. 요셉 이야기가 문학적으로 얼마나 완벽한지는 폰 라드의 극찬에서도 확인된다. 폰 라드는 요셉 이야기를 "철두철미한 소설"[438]이라고 하였다. 요셉 이야기는 여기저기 흩어져 있는 자료들을 모아놓아 엮은 아브라함이나 이삭이나 야곱 이야기처럼 제의적 요소가 강한 영웅담이 아니라, 그 자체로 하나의 훌륭한 문학적 단위로서 고대 근동의 대표적인 지혜문학의 정수를 맛볼 수 있다.

한편 요셉 이야기의 문학적 특징을 소설이라고 해서 이것을 역사적인 일과 관계가 없는 문학적 허구라고 오해해서는 안 된다. 신학자들 가운데도 요셉 이야기를 꾸며낸 이야기로 보는 사람들이 더러 있다. 애굽학과 고고학에 조예가 깊은 캐나다의 레드포드(Redford) 같은 학자가 좋은 예다. 레드포드는 출애굽 내러티브에 나타나는 이름들, 지명들, 풍습들은 애굽 신왕국(기원전 1525-1100) 시대가 아니라, 페르시아가 이집트를 정복하기 직전인 고대 이집트의 마지막 왕조인 26왕조의 통치 시기(Saite period)인 기원전 6세기 이집트의 시대 상황을 반영한다고 주장했다.[439] 그는, 요셉 내러티브는 이러한 자료들을 바탕으로 페르시아 시대인 기원전 650-425년 사이에 작성되었다고 하면서, 이 이야기가 작성된 배경을 나라 잃은 불운한 처지에 있었던 디아스포라 유다인들에게 유다 지파에서 다윗 왕이 어떻게 태어났는지 알려줌으로써 그들에게 용기와 희망을 주려고 한 데서 찾았다.[440]

　요셉 이야기가 역사성이 없는 문학적 허구라는 이러한 주장에 이 이야기가 사실에 근거한 문학적 진실이라는 주장이 맞서 있다. 보(Vaux)는 요셉 내러티브를 문학적으로 매우 수준 높은 역사소설로 보면서도 역사적으로 진정성 있는 특징들이 있다고 평가한다.[441] 베스터만(Westermann)은 요셉 이야기를 허구적인 요소가 많은 소설로 보지 않고 사실에 바탕을 둔 문학작품으로 본다. 그는 요셉 이야기가 구두전승 형식의 단편이라기보다는 가족과 왕국이라는 사회의 두 형태에 관해 설명하는 단일한 문서로 된 신학적인 문학작품으로 간주한다.

　까다로운 학자인 아놀드(Arnold)도 요셉 내러티브가 너무나 완벽한 한 편의 소설과 같기에 오히려 이게 요셉 내러티브의 역사성을 방해할까 우려한다.[442] 요셉 내러티브를 역사 소설로 간주하는 아놀드는, 그러나 이 이야기가 역사적이라고는 하지만 반드시 역사적 사실에 바탕을 둔 것은 아니라는 조심스러운 견해를 내비쳤다.[443] 『이스라엘의 성경적 역사』(A Biblical History of Israel)를 공동 저술한 이안 프로반(Iain Provan)은 정교하고 세련된 이 내러티브를 "단편소설 같은 요셉 이야기"(novella-like Joseph story)[444] 혹은 "단편소설같이 특성 있는 작품"(novella-like quality)[445]이라고 말한다. 호프마이어(Hoffmeier)와 플레밍(Fleming)은 요셉 이야기에 나오는 인명, 지명 등 애굽의 요소들은 그동안 밝혀진 성경 외적 증거자료들과 모순되지 않기 때문에 요셉 내러티브를 사실성이 있는 '그럴듯한'(plausible) 이야기로 받아들인다.[446]

신학자들의 이러한 평가로 미루어, 요셉 내러티브는 역사적 사건이냐 아니냐를 떠나 매우 수준 높은 문학기법을 활용한 문학적 작품인 것만은 분명하다. 위 신학자들의 견해를 종합하면, 요셉 내러티브는 단편 문학소설에서 발견하는 사건해결적 요소, 고대 이스라엘 역사의 단면을 보여주는 역사적 요소, 이스라엘의 지혜 전통을 특유의 신앙 영역으로 끌어와 절묘하게 표현한 신학적 요소가 복합적으로 융합된 문학적 · 역사적 · 신학적인 걸작품이라고 정의할 수 있다. 요셉 이야기가 가진 이러한 풍부한 상상력과 모험심은 독일의 노벨상 작가 토마스 만(Thomas Mann)의 마음을 움직일 만큼 충분했다. 토마스 만은 요셉 이야기를 소재로 4부작 제1부 창세기개관 장편소설《요셉과 그의 형제들(Joseph und seine Brüder, 1933-1943)을 잇달아 출간했다. 나치 독일은 이 책들의 출판을 금지했고, 토마스 만은 공산주의자로 몰려 국외로 추방당해야 했다.

요셉 이야기를 문학적 예술성을 지닌 독립된 작품으로 보는 와이브레이는 이 탁월한 문학작품의 최종적인 저자를 오경의 저자와 분리하지 않고 같은 저자라고 생각한다.[447] 처음부터 끝까지 아름답고 긴장감 넘치는 요셉 이야기는 독자들에게 짠한 여운을 남긴다. 믿음이 없는 사람도 이 이야기를 읽거나 듣노라면 역사는 그저 아무렇게나 굴러가는 게 아니라, 어떤 신비한 원리에 의해 움직여가는 것을 막연하게나마 느낄 수 있게 된다. 즉, 역사는 우연과 우연의 결합조합이 아니라 어떤 분명한 목적을 향해 정교하고 질서 있게 움직여 나간다는 것 같다고 말이다. 우리들 기독교인들은 이것을 '섭리'로 생각하고 스스럼없이 받아들인다. 조금도 실수가 없으신 하나님의 임재는 인간의 증오를 사용하면서까지 야곱의 모든 가족과 뭇 생명들의 목숨을 구해내셨다. 이렇게 하나님의 섭리는 요셉 내러티브를 이해하는 초점이 되지만, 이 이야기의 전편에 걸쳐 어디 한 군데도 그러한 섭리는 얼른 알아차릴 수 있을 만큼 겉으로 드러나지 않고 있다.

2. 시아버지와 며느리의 낯 뜨거운 에피소드

1) 요셉 이야기 안에 불쑥 끼어들어 온 38장

우리가 잠깐 주목해야 할 것은 요셉 이야기의 자연스러운 읽기를 방해하는 38장이다. 창세기 38장은 유다에 관한 보고서. 창세기의 독자들이 우선 알지 않으면 안 되는 것은 38장은 성경에서 '작은 단위의 문학적 완성'[448](smaller literary wholes)의 모범을 보여주는 걸작품으로 꼽힌다는 사실이다. 멘은 이 이야기에서 다양한 의미들을 발견한다. 그가 푸념했듯이 유다와 다말 이야기는 "무슨 말을 하는지 얼버무리고 도발적인"[449](understated and provocative) 문체들로 가득한 성경의 대표적인 사례다.

38장은 37장부터 시작하는 요셉 이야기 속에 불쑥 끼어들어 온 훼방꾼이라는 점에서 독자들을 당혹하게 한다. 38장이 요셉의 삶과는 별로 관계가 없는 이야기이기 때문이다. 38장은 야곱의 넷째 아들 유다와 그의 며느리인 다말과의 사이에서 일어난 에피소드를 다루고 있다. 전통적으로, 주석가들은 구성진 요셉 이야기의 첫머리 부분에 끼어들어 온 이 반갑지 않은 에피소드를 못마땅해한다. 기독교가 태동할 무렵인 1세기 『유대고대사』(Jewish Antiquities)를 쓴 요세푸스도 이 에피소드를 다루기가 난처한 듯 의도적으로 지나쳐 버렸다.[450] 짐작하건대 점잖은 요세푸스는 시아버지와 며느리 사이에 벌어지는 낯 뜨거운 이야기를 자기 책에서 취급하기에 난처함을 느꼈을 것이다. 현대의 주석가 중에도 유다와 다말 이야기가 전반적인 요셉 내러티브에 끼어들어 온 이야기라고 보는 이들이 더러 있다. 폰 라드는 유다와 다말 이야기가 치밀하게 구성된 요셉 이야기와 관련이 없고 훗날 끼워진 것 같다고 생각한다.

38장은 연대기적으로 보면 41:48 뒤에나 나오면 혹시 괜찮을지 모르겠다. 이때 유다의 나이는 아마도 40세쯤 되었을 것이다. 요셉 이야기는 37장에서 시작한다. 요셉이 형제들의 작당으로 지나가는 상인들에게 팔려 애굽에 모습을 드러낸 것은 39장이다. 이 기간은 길어봤자 석 달도 채 안 될 것이다. 이때 요셉의 나이는 17살이었다. 요셉보다 서너 살 위인 유다는 20살 조금 넘은 나이였을 것이다. 38:1에 언급된 바와 같이 유다가 수아라고 하는 가나안 여자와 결혼한 때가 만약 요셉이 애굽에 팔려간 지 얼마 안 돼 생긴 일이라면, 37장 끝에서부터 시작해 유다가 가족들(아내, 두 아들, 두 손자)과 함께 애굽에 내려갔다고 보도한 창세기 46:12까지의 세월의 경과는 22년 정도로 추산된다.[451] 하지만 이 기간은 너무 짧아 앞뒤 연대를 매끈하게 이어주기에는 불충분하다.

최근 들어 이 에피소드를 새롭게 해석하는 개혁주의적인 주석가들은 38장의 위치가 다른 곳에 있는 것보다 현재의 자리에 있는 게 적절하다고 생각하는 경향을 보인다. 다소 자유주의적인 기풍이 있지만, 신학의 깊이가 있었던 부시(G. W. Bush)는 일찍이 38장을 날카롭게 관찰했다. 그는 38장이 시작되는 시기가 야곱이 밧단아람에서 내려와 세겜에 장막을 쳤다고 보도하는 창세기 33:18까지 소급하는 게 자연스러우며, 이 경우 유다와 다말 이야기를 다룬 창세기 38장의 현재 위치는 다른 곳에 위치하는 것보다 훨씬 편안해 보인다고 생각했다.[452]

유진 메릴(Eugene Merrill)은 창세기 38장의 현재 위치가 지극히 정상적이라고 본다. 가나안 출신 여자와 유다의 불미스러운 결혼이 요셉을 애굽에 팔려 가게 하는 계기를 제공하였을 수도 있다고 추측하는 그는, 유다가 결혼한 때를 야곱이 세겜에서 헤브론으로 옮긴 직후에 있었을 것으로 보면서, 아예 그 시기를 기원전 1900년 아니면 1901년으로 추산한다. 유진 메릴의 연대기 계산법에 의하면, 유다의 결혼은 요셉이 애굽에 팔려 간 1899년보다 불과 1-2년 전의 일이라고 한다.[453] 여성 신학자인 멘(Menn)도 창세기 38장에서 야곱의 넷째 아들인 유다에 모이는 초점을 주목한다. 멘은 유다에 대한 스포트라이트가 37장부터 시작해 50장으로 끝나는 전체 요셉 이야기를 하나로 묶어줄 만큼 훌륭하게 기여하고 있다고 생각한다. 곧 38장은 그다음부터 이어지는 야곱의 12 아들의

삶의 이야기가 어떻게 전개되어 나갈 것인지를 미리 함축하고
있다는 것이다.[454]

3. 유다와 다말 이야기에서 배우는 교훈

그런데 이 이야기의 위치가 어딘지 아는 것도 중요하지만, 그보다 더 중요한 것은 이 메시지가 던지는 교훈과 의미다. 이 이야기는 하나님의 거룩한 계시로 기록된 정경의 말씀이라는 점에서, 그리고 구속사에서 빠뜨릴 수 없는 중요한 사건이라는 점에서 그렇다. 현대판 막장 드라마 같은 유다와 다말 이야기는 독자들에게는 불편한 진실이다. 주간 잡지에서나 접할 수 있는 망측한 세속 언어들이 난무하는 이야기가 거룩한 성경에도 나오는 것을 보고 의아해하지 않는다면 오히려 이상할 것이다. 창녀로 변장한 며느리가 점잖은 시아버지를 유혹해 잠자리를 같이해서 아기를 임신했다는 이 이야기는 정말이지 성경 애독자의 얼굴을 화끈거리게 할 만큼 황당하다.

하지만 이 이야기는 오늘날 문명사회에서 있었던 게 아니고 고대 근동의 한적한 한 시골 마을에서 있었던 실화다. 아기를 얻기 위해 며느리가 기를 쓰고 시아버지와 성적으로 결합한다는 이 이야기는 현대 문화의 시각으로는 도저히 이해가 안 된다. 현대의 독자들은 당시 사회 시스템이 만든

통념의 시선으로 이 이야기를 접근할 필요가 있다. 성경 본문의 세계와 현대의 독자들이 사는 세계는 윤리와 문화가 너무나 다르기 때문에, 우리는 이 이야기를 초윤리적인(meta-ethical) 틀에서 접근하지 않으면 잘 이해하지 못하게 될 것이다. 더욱이 구약의 증거를 기독교 윤리에 적합하게 사용하기 위해서는 고도의 윤리적 해석이 요구되므로 방법론적으로나 세부적으로 엄청나게 많은 자료와 노력이 요구된다고 하겠다.[455]

본문은 이 이야기를 오늘의 윤리와 가치의 잣대로 보려 하지 말고, 그 당시의 문화의 잣대로 대할 것을 요청한다. 여성 편에서 성경 본문을 관찰하는 멘은 '오디세우스의 흉터'[456](Odysseus' Scar)처럼 이 본문을 읽을 것을 권장한다. 주의 깊게 이 이야기를 읽지 않으면 역동적 이야기를 쓴 원저자의 의도를 놓칠 수 있다는 것이다. 해석자가 팔레스타인의 특별한 역사적·문화적 상황에 그의 해석을 정초하면 진실 게임 같은 이 별난 사건을 이해할 수 있다. 멘은 이 이야기에서 기독교적인 정경적 해석을 시도한다. 그는 시아버지 유다가 많은 사람이 운집한 가운데 며느리를 보고 토로한 "그는 나보다 옳도다"라는 표현에서 하나님 앞에서 허물을 고백하는 한 죄인으로서의 유다의 초상을 한층 발전시키는 신학적 탐색을 하고 있다. 과연 유다는 자신의 이름마따나(유다라는 이름은 본래 '고백하다'란 뜻을 지니고 있다) 하나님 앞에서 자신을 낮추고 하나님을 찬양하는 이름값을 톡톡히 해내고 있다.

"그는 나보다 옳도다"의 '옳도다'라는 말에서 우리는 하나님의 의를 발견한다. '의롭다'라는 말은 히브리어로 'צַדִּיק'(짜디크)라 하고, 영어로는 'righteous'(라이티어스)라고 한다. 이 말의 명사는 '의' 또는 '의로움'이다. 하나님께서 죄인인 사람을 그리스도의 대속의 은혜로 의롭다고 선언하신 것을 신학적인 용어로 보통 '칭의'라고 말한다. 구약에서 '의'는 원래는 하나님의 속성을 일컫는 말로, 하나님만이 갖고 계시는 성품을 말한다. 하나님이 갖고 계시는 이 성품은 하나님을 피조물인 인간과 근본적으로 다르게 한다. 죄인인 어떤 인간도 의롭지 못하다. 죄인인 인간은 율법의 도덕적이고 윤리적인 규범들에 적극적으로 순응하고 실천해 율법이 제시한 표준과 일치를 이룰 때 비로소 의인이 되는 것이다. 하나님이 이스라엘을 선민으로 선택하신 것도 이스라엘 사람들이 의로워서가 아니라, 하나님께서 그들을 일방적으로 사랑하셨고 아브라함-이삭-야곱으로 이어지는 그들의 조상들에게 하신 약속을 지키려고 하셨기 때문이다(신 7:6-8). 그렇다면 구약의 의는 구약 백성을 향하신 하나님의 사랑에 기초해 하나님과 인간의 올바른 관계를 온전하게 이어주는 일종의 줄이나 띠와 같은 것이다(엡 4:3; 골 3:14).

"그는 나보다 옳도다"라는 유다의 표현에서 우리는 '배타적 유일신 사상'과 함께 '언약적 율법주의'(신율주의)가 유대교를 규정하고 작동시키는 두 가지 근본원리라는 것을 실감하게 된다. 기독교가 예수 그리스도 안에서 구원의 선물이 배달되는 것처럼, 구약의 의는 하나님과 인간 사이에 창조적 질서이면서 동시에 구원이라는 요소를 끊임없이 실어 나른다. 그것은 완전·사랑·정직·성실·진실·평화·신뢰· 순수·선·친절·봉사와 같은 공의로우시고 바른 하나님의 성품들(신 32:4)을 반영한다. 유다가 다말에게 "그는 나보다 옳도다"라고 한 이 말은 이 세계와 인간들의 활동 속에서 완전한 질서와 신묘막측한 섭리를 통해 일하시는 하나님의 뜻과 계획에 젊은 며느리인 다말이 인생깨나 살았다는 자기보다 훨씬 잘 깨닫고 순응하고 있다는 솔직한 고백이다.

여기서 우리는 유다가 자기보다 높은 수준의 윤리와 신앙을 가졌다고 인정한 다말이라는 여성을 눈여겨볼 필요가 있다. 성경을 거꾸로 읽지 않더라도 유다와 다말 이야기의 중심축은 유다라기보다는 다말이라는 것은 쉽게 짐작할 수 있다. 내러티브를 이끌어가고 있는 사람은 유다인 것 같지만 자세히 뜯어보면 다말이라는 말이다. 유다보다는 다말의 존재감이 훨씬 더 부각되어 있기 때문이다. 다말은 유다의 이야기를 보조하는 역할에 머무는 게 아니라 오히려 이야기의 중심에 있다. 창세기의 명주석가인 폰 라드는 다말이 본격적으로 등장하는 12절부터가 38장의 실제 이야기가 시작된다고 보았다.[457] 그녀는 남자들이 관습적인 방법으로 생식하는 방법을 찾지 못하고 있었을 때 인습에 얽매이지 않고 자기가 옳다고 생각한 신념을 과감하게 행동에 옮김으로써 명실상부한 "비관습적인 주인공"[458](unconventional protagonist)이 될 수 있었다.

다말의 존재감은 며느리 다말이 외간 남자와 정을 통해 임신한 걸로 오인한 시아버지 유다가 하인들에게 다말을 끌어내어

불사르라고 명령했을 때, 다말이 시아버지와 잠자리를 같이 했던 증거물들을 내보이며 준엄하게 항의한 장면에서 빛나고 있다. 어지간해서는 자세가 흐트러지지 않는 유다였지만 며느리가 내민 증거물들을 보고는 꿈쩍했다. 다말이 제시한 증거물들은 상황을 반전시키기에 충분할 만큼 강력하고 실효적인 것이었다. 그 증거물들은 수개월 전 유다가 너울로 얼굴을 가린 창녀와 하룻밤을 지낸 대가로 지급할 화대를 훗날 염소 새끼로 치르겠다는 약속을 이행하기 위한 담보물로 제공한 바로 그 소지품들이었다(희대의 이 극적인 장면을 독자 여러분도 잘 알겠지만, 시아버지 유다 앞에서 창녀로 변장한 여자는 그의 며느리인 다말이었다). 이 세계와 자연, 그리고 모든 인생만사와 그 배후에서 일하시는 하나님의 일하심에 대한 유다의 고지식한 사고체계를 확 뒤집어 놓은 것은, 그 결정적인 증거물도 증거물이지만 극한의 상황에서도 동요하지 않고 시아버지의 올바른 사태파악과 결정을 요구하는 며느리의 의연한 눈빛과 항거의 목소리였다. 이러한 요인들이 상승작용을 일으켜 유다로 하여금 사람들이 보는 앞에서 엉겁결에 발뺌하지 못하도록 막아주었을 뿐만 아니라, 하나님 앞에서 스스로 죄인임을 고백하며 하나님의 은혜의 섭리 안에 들어오게 하였던 것이다.

다말은 많은 사람 앞에서 시아버지를 면박하고 야유하려 했던 게 아니다. 그녀는 한 인간으로서 그리고 한 여자로서, 아니 하나님의 약속 —자손을 통해 번영과 복을 주시겠다고 하는— 을 악착같이 붙드는 구약 백성의 모델적인 캐릭터로서 자신의 권리를 당당히 주장하며 하나님께 극한의 처지를 호소하고 있는 것이다. 바로 여기에 삶과 미래를 통째로 하나님께 기대는 언약 백성의 치열함이 있다. 다말은 고분고분하고 말이 없는 여자였지만, 자기의 운명을 바꿔놓을 수 있는 결정적인 기회가 올 때는 할 말은 하고(38:16-18,25) 당돌하게 행동했다.

하나님의 은혜는 유다의 양심에 정밀한 타격을 가했다. 홀아비로 살면서 창녀의 유혹에 쉽게 몸을 맡겼던 그였다. 며느리의 항의로 부끄러운 민낯이 드러났지만, 그 사실을 애써 감추려 하지 않고 몸을 낮춘 것은 그가 본질적으로 악당이 아니라 은혜의 빛에 노출된 사람이었기 때문이리라. 마지막 조각이 끼워져 모자이크가 완성되자 유다는 이 모든 일의 전모를 알아챘다. 그 순간 그는 모골이 송연해지면서 하나님의 섭리를 온몸으로 느끼며 어떤 신비한 경외감에 떨었을 것이다. 그 순간 사람들에게 거칠게 끌려 나가는 며느리의 음성이 그의 귓전을 때렸다. 그러자 유다는 '콰르릉'하는 하나님의 음성을 듣고 있질 않나 자기 귀를 의심했을 것이다. 예나 지금이나 사람들은 잘못을 저질러놓고 들통이 나면 대개가 변명하거나 발뺌하는 게 보통이다. 남들이 보면 점잖고 교양 있게 보이는 유다였다. 그런 그가 백주에 동네 사람들과 하인들 앞에서 자기의 잘못이 드러났는데도, 선뜻 자기의 허물을 인정하고 그 허물을 폭로한 상대방을(그것도 다른 사람이 아닌 며느리를) 옳다고 공개적으로 시인했다. 여기 유다의 남다른 면모가 있다. 이것은 결코 쉬운 일이 아니다.

4. 이스라엘 역사에서 뛰어난 유다와 요셉

유다는 야곱이 레아에게서 낳은 넷째 아들이다. 야곱의 아들들 가운데 인간적으로 가장 뛰어난 아들은 열한 번째 아들인 요셉이지만, 그러한 요셉도 유다가 받은 축복에는 미치지 못한다. 야곱은 유다의 혈통에서 먼 훗날 인류에게 특별한 일이 일어날 것이라고 내다보았다. 야곱은 유다의 미래에 대해 신비스러운 예언을 했다. "규가 유다를 떠나지 아니하며 통치자의 지팡이가 그 발 사이에서 떠나지 아니하기를 실로가 오시기까지 이르니리 그에게 모든 백성이 복종하리로다"(창 49:10).[459] 과연 야곱의 유언처럼 유다는 범상치 않은 영적인 사람이었던 것이다. 그의 혈통에서 다윗이 태어났고 급기야는 예수님이 태어나셨다. 다윗은 이스라엘을 고대 근동의 최강국가로 만들었고, 예수님은 영적 이스라엘 나라를 온누리의 민족들에게 주셨다. 다윗은 위대한 하나님의 왕국을 세웠고, 메시아로 오신 예수님은 하나님의 나라를 이 땅 위에 몰고 오셨다.

창세기의 독자들은 요셉 이야기를 주의 깊게 읽어보면

내러티브를 이끄는 인물은 요셉임에도 요셉의 역할은 유다의 역할에 종속되고 있다는 것을 포착할 수 있다. 유다가 형제 중에 뛰어나기 시작한 것은 야곱의 열두 아들의 얘기가 나오는 창세기 37장부터가 아닌가 한다. 유다는 구덩이에 빠져 목숨이 위태롭게 된 요셉을 변호하는 데 앞장서는데, 이것은 그가 리더십이 있다는 것을 살짝 보여주기를 시작한다는 점에서 눈길을 끈다. 유다가 야곱 내러티브의 중심인물 가운데 한 사람으로 부각하기 시작한 것은 다말과의 불미스러운 사건이 있었던 때부터였고, 창세기 38장은 바로 이 에피소드를 다뤘다는 점에서 창세기 독자들의 흥미를 유발한다.

유다는 타인을 설득하는 타고난 재주가 있었지만, 다말 에피소드의 처음 갈등 부분에서 보듯 경솔하고 충동적인 사람이기도 했다.[460] 그러나 이 에피소드의 종결부는 그런 그가 잘못에 대해 치사하게 변명을 늘어놓거나 발뺌하지 않고 책임감 있게 처신하고 있는 것을 보여 준다. 이 일이 있고서 유다는 매사에 절제와 신중을 기하며 야곱의 아들들 가운데 가장 출중한 지도력을 확보해 간다.[461] 다말과의 부끄러운 이야기가 나오는 창세기 38장이 유다에게는 오히려 결정적인 전환점이 된 셈이다. 그는, 형제들이 곡식을 사러 애굽에 내려가 곤경에 처했을 때 위험을 무릅쓰고 사태를 수습하는 일에 발 벗고 앞장서는 등 두드러진 활약을 했다. 이러한 일련의 사건들의 전개과정에서 유다는 형제들의 리더가 될 만한 충분한 자질과 능력을 가진 자로 비쳤다.

유다의 이러한 면모는 애굽 생활은 물론 훗날 세워질 다윗 왕국 시대에 유연한 리더십을 발휘할 유다 지파를 예견하게 한다. 야곱의 모든 가족이 애굽에 내려왔을 때 "유다와 그의 형제들이 요셉의 집에 이르니"(창 44:14)라고 한 창세기 기자의 서술을 보더라도, 유다는 다른 형제들을 제치고 지도자의 위치에 확고히 서 있다는 것을 미루어 짐작할 수 있다. 역대상 기자는 그런 유다에 대해 이렇게 평가했다. "유다는 형제보다 뛰어나고 주권자가 유다에게서 났다"(대상 5:2).

그렇더라도 창세기의 독자들은 요셉 내러티브를 이끌어가는 주역은 아무래도 요셉인 것을 부인하기 어려운 게 사실이다. 요셉이 워낙 걸출해 독자들로부터 존경과 사랑을 받기 때문이다. 요셉은 도덕성 측면에서 유다와는 결이 다른 사람이었다. "유다는 형제보다 뛰어나고 주권자가 유다에게서 났으나 장자의 명분은 요셉에게 있으니라"(대상 5:2). 역대상 기자가 요셉에 대한 미련을 떨치지 못하는 대목이다. 요셉이 얼마나 뛰어났으면 역대상 기자가 이렇게 말했겠나. 그럼에도 불구하고 유다는 육적인 축복뿐 아니라 영적인 축복이 요셉을 능가하고 있다는 것은 놀라운 일이다. 성욕에 못 이겨 창녀에게 눈길을 보낸 전력이 있던 유다가 믿음이 좋고 유능하고 성품이 좋은 요셉을 제치고 왜 우월한 지위를 차지했는지 우리로서는 의아스럽다. 요셉의 팬들은 실망할 수밖에 없지만, 그게 구원의 역사를 이루어 가시는 하나님의 기가 막힌 섭리의 방법이니 어쩌랴. 하나님의 생각은 인간의 생각과 다르며, 하나님의 길은 인간의 길과 다르다(사 55:8).

5. 새롭게 조명되는 신여성 다말

　　　　창세기 38장을 은혜로 읽지 않고 인간 사회의 윤리와 도덕의 잣대로 읽는 경우에 우리는 당혹하지 않을 수 없다. 그건 다름 아니라, '때로는 나쁜 행위라도 그게 고차원의 동기에서 하는 것이라면 괜찮은 것인가?' 하는 난해한 질문이다. 그것은 도덕적인 가치로는 용납이 안 되지만 하나님의 섭리 차원에서는 용납이 된다는 것을 유다와 다말 내러티브는 보여 준다.

　구약성경에 종종 남자들보다는 여자들이 사기 행각을 벌이는 경우가 많다는 사실은 성경 애독자들을 놀라게 한다. 순진한 남자들은 여자들이라면 대개가 사기나 협잡 따위의 비행과는 거리가 멀다고 생각하는 경향이 있다. 게다가 남자들은 여자들에게 묘한 성적 감정을 가지고 있으므로, 때로는 속는다고 생각하면서도 당하는 쪽을 택하는 어리석은 존재다. 동서고금을 막론하고 미인계가 그래서 통한다. 구약성경에 등장하는 여성 중 사기나 협잡 같은 비행을 저질러 자기의 뜻을 관철하려는 여성이 많다는 것은 이런 여성들이 원래가 거룩하고 경건하다고 생각하는 독자들을 당황하게 만든다. 이삭의 아내인 리브가, 야곱의 첫째 부인인 레아, 모압 여인으로 보아스의 아내가 되었던 룻, 약소민족으로 사회의 말단 신분으로 있다가 페르시아 왕의 왕비가 되어 위기에 처한 조국을 구해낸 에스더 등이 바로 이런 여성들이다. 그러나 이 여성들의 비행은 하나님의 목적을 이루기 위한 일종의 '의로운 행위'이므로 하나님이 눈감아 주신다는 데서 성경은 통쾌한 재미를 불러일으키면서 신학적 통찰을 요구한다. 성·경건·협잡 등 복잡한 요인들이 얽히고설키면서 보여주는 여성들의 활약이 때로는 신비스럽고 진진한 감동을 주는 까닭은, 이 여성들의 행위가 하나님의 뜻에 부합되고 하나님의 구원의 목적을 이루는 데 요긴하게 쓰임을 받기 때문이다.[462]

주석가들은 창세기 38장의 주제를 놓고 저마다 한마디씩 한다. 그만큼 유다와 다말 이야기는 난해하다. 브루그만(Bruggemann)은 자신이 생각하는 주제가 옳게 보이더라도 다른 사람이 제기하는 주제를 가볍게 여기지 말라고 주문한다. 그 주제가 더 설득력이 있을지 모르기 때문이다.[463] 유진 메릴은 하나님의 백성인 이스라엘이 영적·사회적인 순수성을 지키기 위해서는 계속적인 타락의 우려가 있는 가나안으로부터 고립된 장소에 있어야 할 필요성을 제기한다. 그런 면에서 애굽은 최상의 장소였고 요셉은 하나님의 섭리로 미리 그곳에 가게 되었다는 색다른 의견을 내놓았다.[464]

얼핏 보기에 유다와 다말 이야기를 다룬 38장은 요셉 내러티브의 자연스러운 흐름을 방해하는 듯이 보이지만, 이 이야기는 창세기의 전체 이야기 진행에 중요한 역할을 하면서 중심주제의 발전에 기여하고 있다. 여기에서 우리는 룻기와 유사한 주제를 발견한다. 유다는 족장들처럼 약속의 씨와 혈통에 대한 관심이 거의 없는 듯한 무책임한 사람으로 묘사된다. 오히려 유다의 집을 보존한 것은 다말의 의로움 때문이었다(창 38:26).[465] 인간적 측면으로 보면, 다말은 보통 여성들이 갖고 있지 않은 성정과 결기가 있었다. 그녀는 암담한 현실에 자신의 처지를 비관하지 않고, 생존과 축복을 자기 것으로 쟁취하기 위해 자신만의 용기와 도전 정신을 여과 없이 보여줬다. 그 과정에서 튀는 언행은 무모한 것 같았지만, 그녀가 보여준 끈질긴 투혼과 솔직하고 대담한 발언은 결국 그녀가 옳았다는 지지를 이끌어 냈다. 이처럼 앞이 보이지 않는 상황에서 하나님의 축복과 약속을 보장받고 말겠다는 다말의 다부진 결의와 그 목적을 수행하기 위한 치열한 도전 정신은 이 진실 게임에서 주도권을 거머쥐게 하였고, 그것은 급기야 하나님의 은혜의 빛에 들어서게 하는 축복의 견인차가 되게 하였던 것이다.

한편 이스라엘의 위대한 왕인 다윗이 유다의 혈통이라는 사실은 그 자체로 흥미롭다. 다윗은 유다와 다말 사이에서 태어난 베레스의 후손이다(룻 4:18-22; 대상 2:3-17). 다윗의 고조부인 살몬의 아내 라합은 가나안의 여리고 성의 기생이었고, 증조부인 보아스의 아내인 룻은 모압 출신의 가난한 여인이었다. 이러한 사실은 다윗의 집안이 남들이 부러워할 만큼 명문귀족은 아니었다는 것을 말해 준다. 다윗 자신도 그에게서 솔로몬을 낳아준 밧세바가 이스라엘 출신이 아닌 헷 족속이었다. 다말-라합-룻-밧세바로 이어지는 이색적인 혈통은 솔로몬부터 약 일천 년 후 한적한 시골 마을 베들레헴에서 예수님의 탄생으로 절정을 이룬다. 이것을 보면, 기원전 1800년 무렵 살았던 다말은 모나고 흠투성이인 다윗의 가계에 하나님의 은혜의 섭리가 임하게 하는 페이브먼트(포장도로)를 깔아준 여인이었다.

다말의 기묘한 행동은 하나님의 유장한 구원의 역사에서 우리에게 쑥덕공론이 아니라 언약과 축복, 선택과 섭리라는 가치 논쟁으로 격상시켰다. 마태는 복음서를 쓰면서 첫머리에 "아브라함과 다윗의 자손 예수 그리스도의 계보라"고 하면서 예수님이 누구인지를 소개하고 있다. 예수님은 하늘에서 어느 날 뚝 떨어진 메시아가 아니라, 허물 많고 죄 많은 인간의 혈통에서 태어나신 분이시다. 하지만 인간과 함께 써 내려온 하나님의 구원 역사에서 이 땅에 왕으로 오신 예수님은 이 세상의 모든 인간과 다른 신적인 분이시다. 수많은 장애와 딜레마에 빠진 인류는 오직 그에게서 소망을 발견할 수 있다. 메시아이신 예수님이 품행이 단정하지 못한 시아버지 유다와 악착같이 대를 이어나가려는 며느리인 다말의 결합을 통한 혈통에서 나왔다는 사실은 우리에게 저항할 수 없는 묘한 은혜를 감지하게 한다.

6. 하나님의 섭리 – 인간과 세계의 역사 배후에서

   요셉 이야기는 처음부터 사과 냄새처럼 상큼하지는 않다. 야곱의 아들들 사이에 갈등이 생기고 화해할 수 없을 만큼 깊이 파인 갈등의 골은 적대·분당·위협·살해·이별·해체 등 이 가족 전체를 불행으로 빠뜨리게 할 것 같은 어떤 불길한 예감을 주고 있다. 갈등의 원인 제공자는 열두 아들들을 둔 야곱이었다. 야곱은 사랑하는 라헬로부터 얻은 요셉을 다른 아내들에게서 낳은 아들들보다 지나치게 편애했다. 요셉이 입은 채색옷은 요셉에 대한 야곱의 편애를 압축해 준다. 요셉에 대한 아버지의 편애로 인해 열 명의 이복형제들은 요셉을 시기하고 미워해 드러내 놓고 '왕따'시켰던 모양이다. 요셉은 꿈을 꾸는 소년이었다. 그는 자신이 꾸었던 꿈을 자랑하듯이 형들에게 말하기를 좋아했다.

  요셉이 17세 되던 어느 날, 야곱은 요셉에게 형들과 양 떼가 잘 있는지 살피고 돌아오라는 심부름을 시켰다. 헤브론 골짜기에 널찍이 자리 잡은 집을 나선 요셉은 형들을 만난다는 기분에 들뜨며 세겜을 거쳐 도단까지 수십 리 길을 걸어갔다.

형들은 채색옷을 입은 요셉이 멀리서 걸어오는 것을 보았다. 그들은 이 우쭐대고 똑똑한 동생이 혼자서 오는 것을 보고는, 미운 동생을 자기들의 눈앞에서 영원히 나대지 않도록 제거할 절호의 기회로 삼았다. 그들이 이런 생각을 행동으로 옮기기까지에는 그리 긴 시간이 필요하지 않았다. 거기에는 무슨 고뇌나 토론이 개입할 여지가 없이 즉각적이고 육감적이고 그리고 광적인 분노와 폭력만이 낭자했다.

형들은 요셉을 죽이려고 광야의 깊은 구덩이에 던져버렸다. 그들은 살려달라는 요셉의 울부짖음을 외면하면서 요셉이 가지고 온 음식을 나눠 먹었다. 이렇게 태연자약한 야곱의 아들들의 모습에서 우리는 인간이 얼마나 잔인한 존재인가를 실감하게 된다. 절체절명의 위기에 처한 요셉은 맏형 르우벤과 넷째 형 유다의 온정으로 겨우 목숨만은 구했지만, 이국 타향인 애굽에 노예로 팔려 가게 되었다. 사악한 인간들이 벌이는 이러한 일은 사이코드라마 같지만, 인간사에서 흔히 벌어지는 일이다.

요셉이 아버지의 심부름으로 홀로 집을 나서고, 그의 열 형제에게 인적이 드문 들에서 하마터면 죽임을 당할 뻔했지만 극적으로 살아났고, 때마침 지나가던 상인들에 팔려 애굽으로 내려가게 된 일련의 사건들은 인간적인 눈으로 보면 이게 모두 우연이라고 하겠지만, 신앙의 눈으로 보면 전혀 그렇지 않다. 그 모든 배후에는 하나님의 섭리가 있었던 것이다. 하나님의 섭리는 드라마틱한 사건이든 일상의 평범한 사건이든, 큰 사건이든 작은 사건이든 상관없이 우리 인간이 모르는 사이에 이 모양 저 모양으로 미친다. 예수님은 이러한 하나님의 은혜를 이렇게 알기 쉽게 설명해주셨다. "하나님은 그 해를 악인과 선인에게 비추시며 비를 의로운 자와 불의한 자에게 내려주심이라"(마 5:45). 야곱의 아들들이 어찌 이 기가 막힌 하나님의 섭리를 이해할 수 있으랴.

이것은 현대인들에게도 마찬가지다. 과학 문명이 고도로 발달한 시대에 사는 현대인들이지만, 많은 현대인은 신묘막측한 섭리(攝理)를 맹목적인 팔자(八字)로 이해하고 인생만사를 팔자소관이라고 이해한다. 한국인들에게 무신론적인 팔자소관의 세계관은 무의식에 짙게 드리워져 있다. 초고층 빌딩을 짓거나 우주선을 쏘아 올릴 때도 고사상에 돼지머리를 올려놓고 고사를 지내지 않으면 직성이 풀리지 않을 만큼 극성스러운 팔자소관 세계관이다. 팔자(八字)는 섭리(攝理)가 지배되는 기독교 세계관과는 완전히 다른 개념이다. 기독교 세계관은 인간과 역사를 섭리의 안목으로 이해하고 받아들여 삶의 가치로 여기는 태도를 말한다. 하나님의 존재와 활동을 믿지 않는 사람은 인생의 과정과 역사의 진행이 목적과 인격이 없는 재수와 운으로 돌아간다고 생각한다. 에밀 브루너(Brunner)는 말하기를 "하나님의 섭리 사상은 이 우주가 아무런 의미가 없다고 하는, 즉 세상만사가 우연히 돌아간다고 하는 사상을 단호히 부정하는 것"이라고 하면서, "존재하는 모든 것과 일어나고 있는 모든 것이 하나님의 지식과 의지 안에서 자리하므로 삶에 관한 우연이란 있을 수 없으며 제멋대로 일어나는 일이란 있을 수 없다."[466]고 보았다.

'섭리'를 영어로는 'Providence'라고 한다. 정확한 발음은 '프라버던스'다. 하지만 '프로비던스'라고 발음해도 누가 뭐라 할 사람 없다. 대부분의 서구인들은 이 말의 뜻을 알 거라고 추측하지만, 한국인을 비롯한 동양인들은 이 말의 뜻이 무엇인지 정확히 아는 사람은 그리 많지 않을 것 같다는 느낌이다. 프랑스어로는 Provence('프로방스'라고 발음)라고 한다. 영어 Providence와 프랑스어 Provence는 라틴어 Provincia에서 유래한 단어들이다. 프로비던스 혹은 프로방스는 지역, 도시, 상호, 교회 이름으로 곧잘 쓰인다. 오늘날 프로비던스는 미국 동북부에서 가장 잘 사는 로드아일랜드주의 주도명이다. 프로방스는 프랑스 남부와 이탈리아 북서부 일부를 가리킨다. 이곳에서 전 세계 라벤더 작물의 80%가 수확된다. 경기도 파주의 프로방스 마을은 젊은 부모들이 자녀들과 함께 놀러가는 명소로 자리 잡았다. 지중해 바람에 실려온 라벤더 향기를 맡고 싶으면 이곳에 가보시라.

  요셉의 형제들은 인간과 세계의 모든 사건에 하나님이 개입하시어 어떤 목적을 이루시려 한다는 것을 훗날 깨달을 때까지는 무수한 시행착오와 고통을 겪어야만 했다. 요셉의 형제들에게 그러한 시행착오와 고통이 없었더라면 그들은 하나님 앞에서 자신들이 얼마나 끔찍한 죄인들이라는 사실을 자각하지 못했을 것이다. 자각하지 못했다면 죄를 뉘우치고 용서를 구하지 못했을 것이다. 그리고 죄를 회개하고 용서를 구하지 않았더라면 형제들 간 켜켜이 쌓인 원망과 적대감은 해소되지 않은 채 죽을 때까지 그걸 싸안고 살아야만 했을 것이다.

구덩이에 던져진 요셉은 하나님의 은혜로 구출되어 은 20세겔에 애굽에 노예로 팔려 간다.[467] 그때 요셉의 나이 17세였다. 요셉은 바로(Pharaoh)의 신하인 보디발의 집에서 일하게 되었다. 보디발은 정직하고 성실한 요셉을 신임해 그에게 집안일을 도맡아 처리하는 집사직을 맡겼다. 하지만 운명(이 단어를 쓰기에는 다소 거북하지만 '운명'이라고 해두자)은 그를 가만히 놔두질 않았다. 시련이 몰아닥친 것이다. 한 사람의 시련은 자신이 잘못해서 오는 것이지만, 전혀 예상하지 못하는 데서도 온다. 지혜로운 요셉에게 불어닥친 시련은 보통 사람들이 흔히 겪는 이성 문제에서 비롯되었다. 요즘 흔히 말하는 '팜 파탈'(프랑스어 femme fatale)을 연상하게 하는 보디발의 아내가 화근을 일으킨 것이다. 그녀는 젊고 잘생긴 요셉에게 성적인 매력을 느껴 집요하고 원색적인 유혹의 몸짓을 보냈다.

보디발의 아내는 권력가의 아내여서 사회적 신분이 높았다. 많은 재산을 가지고 호화롭게 살았던 그녀는 성적으로 탐스럽고 농염한 자태를 지녔을 것이다. 향긋하고 섹시한 여자의 노골적인 성적 요구는 남심을 휘어잡게 되어 있다. 남자가 아름다운 여자에게 매혹되어 하릴없이 애간장이 녹아들고 이성이 마비될 만큼 마음을 다잡지 못하고 번민에 빠지면 그걸 '뇌쇄'(惱殺)라고 하지 않나? 치명적인 매력으로 남자를 유혹하는 위험한 여자를 가리키는 팜 파탈은 그래서 '뇌쇄적'이다. 평소엔 자제력이 있는 웬만한 남자도 이런 여자를 만나면 결국 파멸하게 될 줄 알면서도 그녀와 함께 타고 가는 배라면 기꺼이 거기에 승선하는 것이다.

요셉 내러티브에서 보디발의 아내가 붙잡은 요셉의 옷은 다말이 정체를 숨기고 유다를 유혹하려고 벗은 과부의 의복과 얼굴을 가린 너울과 함께 중요한 소품으로 등장한다. 성적 자극에 탐닉하는 현대인들은 결정적인 장면을 상상하고 침을 꿀꺽 삼킨다. 그 엿보기의 절정에서 요셉은 관중의 기대를 저버린다. 여자의 요구를 단호하게 뿌리쳤기 때문이다. 요셉은 타락한 인간 군상들의 기대를 외면하지만, 하나님의 기대에는 부응한다. 요셉이 유혹을 물리친 대가는 혹독했다. 감옥에 들어가게 된 것이다. 요셉은 억울한 누명을 쓰고 감옥에 들어가면서도 무슨 변명이나 항의조차 하지 않고 침묵으로 일관했던 것 같다. 이사야는 요셉의 이런 모습에서 십자가를 지고 가는 어린양 예수를 보았다. 이사야는 여호와의 종의 모습을 이렇게 노래했다.

> "곤욕을 당하여 괴로울 때에도 그의 입을 열지 아니하였다 마치 도수장으로 끌려가는 어린 양과 털 깎는 자 앞에서 잠잠한 양같이 그의 입을 열지 아니하였다"(사 53:7).

불같은 성적 유혹을 물리친 요셉의 정결한 능력은 유다의 도덕적 연약함과 대조된다. 우리는 "내가 어찌 이 큰 악을 행하여 하나님께 죄를 지으리이까?"(창 39:9)라며 하나님을 의식하며 죄를 짓지 않은 요셉에게서 진정한 그리스도인의 모습을 보게 된다. 그의 야심은 하나님께 닿아 있다. 그는 어디서든 무슨 일을 할 때든 하나님이 보고 계신다는 생각을 하고 있었다. 하나님이 동행한다는 말은 하나님이 지금 보고 계신다는 말과 같다. 이런 생각으로 가득한 사람은 틀림없는 진짜 기독교인이다. 요셉이야말로 진정한 신앙인이었다. 겉으로는 경건한 척하면서 뒤에서는 '호박씨 까는' 신앙인이 오늘날 얼마나 많은가. 그런 가짜가 평신도라면 그나마 봐줄 만도 하다. 제법 이름이 알려진 목회자나 교계 지도자 중에 엉터리 가짜가 많기에 신실한 그리스도인들이 상처받고 마음이 퍼렇게 멍들고 있는 것이다.

요셉을 유혹해 신앙의 길에서 넘어뜨리려고 하는 보디발의 아내는 지천에 널려 있다. 여성신학자인 멘은 유다를 속여 성관계를 한 다말과 보디발의 아내를 대조한다. 다말은 성적 쾌락을 위해서가 아니라 아들을 얻으려고 남자와 성관계를 했지만, 음탕한 요부인 보디발의 아내는 요셉의 미려한 외모에 마음을 빼앗겨 성관계를 가지려 했다.[468] 그 짜릿한 유혹을 거절한 요셉은 감옥에 들어갔다. 그러한 요셉에게 하나님은 항상 함께 계셨으며 그의 길을 형통하게 하셨다. 요셉이 감옥에 갇힌 지 얼마 후 왕을 시해한 혐의를 받는 바로의 측근 두 명이 감옥에 들어와 요셉은 뜻밖에 '감방 동지들'을 두게 되었다. 바로의 두 신하는 괴상한 꿈을 꾸었고, 요셉은 그들의 꿈을 해몽해 주었다. 이런 일이 있은 지 2년이 흘러 요셉은 바로 앞에 서게 되었고, 바로의 꿈을 해석해서 30세의 젊은 나이에 일약 애굽의 총리대신이라는 지위에 오르게 된다. 이 모든 일들은 하나님의 때에, 하나님의 방법으로 정확히 이루어졌다. 하나님이 요셉과 함께 계셔서 범사에 형통하게 하신 것을 요셉 주변의 사람들은 목격했고, 창세기 기자도 누누이 그렇게 평하는 것을 잊지 않았다.

요셉이 전격적으로 발탁되어 애굽의 제2인자 지위에 오르게 된 것은 그 나라의 절대 군주인 바로(파라오)가 있었기에 가능한 일이었다. 바로의 역할은 조연에 불과한 것 같지만 요셉 이야기에 없어서는 안 되는 중요한 인물이다. 요셉 이야기에서 바로가 전면에 등장하는 것은 두 장(40-41장)에 불과하지만, 전체 이야기 속에 숨어 있다. 바로의 전폭적인 후원 없이는 먼 훗날 가나안 땅에 들어가 살아야 할 야곱의 후손들의 번성과 안전은 기대할 수 없기 때문이다. 그래서 창세기 저자는 요셉 시대의 바로에 대해 일관되게 호감을 보이고 있다. 고대 애굽에서 바로는 애굽인들에게 "세계의 지배인이자 신"으로 여겨졌다.[469] 바로는 무소불위의 권력을 가진 사람이다. 하지만 요셉을 등용한 바로는 뜻밖에 부드럽고 친절한 사람이다. 그는 때로는 유약하지만 때로는 단호하다. 인재를 발견하면 중용하고, 어려운 결정을 내려야 하는 상황에서는 전광석화처럼 결단하고, 일단 의사결정을 하면 그 결정한 내용을 신속하고 박력 있게 추진해 나가는 지도자의 면모도 있다. 무엇보다 그는 타인의 신앙을 존중할 뿐 아니라 타문화마저도 적극적으로 수용해 공존의 삶을 누리는 게 좋다고 생각하는 휴머니스트다.

하지만 그런 그도 통제하지 못하는 상황이 있다. 그는 꿈을 꾸고 번민하는가 하면, 살해 위협이나 국가적 재난 따위 등 미지의 불길한 어떤 것에 두려움에 떠는 인간이다. 바로는 이 세계가 그의 지식이나 능력을 벗어나 있다는 것을 알고 있다.

바로의 뛰어난 장점은 그가 비록 천지를 창조하시고 역사를 이끌어 가시는 하나님을 직접적으로 경험하지는 않았지만, 이 세계와 역사가 어떤 전지전능하고 인격적인 신이 다스리시고 통제하고 계신다는 사실을 어렴풋이나마 알고 있다는 점이다. 요셉이 자신의 재능을 십분 발휘하고 이스라엘 자손들이 애굽 땅에서 안주하고 살게 된 것은 인격이 고상한 이 사람 바로가 없었다면 불가능했을 것이다. 바로는 요셉의 훌륭한 파트너였던 셈이다. 하나님은 구속사에서 이런 이방인을 매우 요긴하게 사용하셨다. 대부분의 어려운 일들을 좌고우면하지 않고 시원시원하게 처리하는 바로의 결단력은 애굽의 통치자인 바로 자신의 의식적인 힘과 무의식적인 힘(복잡하고 불투명한 상황 속에서도 요셉이 결국 형통하게 될 것이라는 독자들의 열망과 기대)의 합작품이라고 할 수 있다.[470]

바로의 신임을 얻은 요셉은 애굽의 권세가인 제사장의 딸(아스낫)과 결혼해 두 아들을 낳고 안정적인 삶을 살아간다. 야곱의 아들들이 요셉을 만난 것은 그들이 비정하게 요셉을 미디안 상인들에게 팔아넘긴 지 최소한 20년은 지난 때였다. 애굽뿐 아니라 가나안에도 가뭄이 들어 식량이 필요했기 때문이다. 요셉은 형들이 자신에게 저질렀던 잘못을 어떤 식으로 앙갚음해줄 것인가? 요셉은 형들을 거칠게 다루었다. 이런 과정을 통해 형들은 잘못을 회개하고 회복될 수 있었다.

잘못을 저질러놓았으면 그 잘못에 대해 흐지부지 지나가거나 괜스레 용서니 긍휼이니 하며 부드럽게 처리할 일이 아니다. 은혜로운 방식으로 대가를 치르고 잘못에 대한 처절한 반성과 회개가 뒤따라야 한다. 요셉의 형제들이 바로 이러한 과정을 거쳤다. 요셉은 형제들에게 신분을 밝히고, 이로써 형들을 시험하는 혹독한 훈련 과정은 끝이 났다. 요셉의 형제들이 과거의 잘못을 뉘우치고 저간 일어났던 일들에 하나님의 섭리가 작용하고 있다는 것을 깨닫기까지는 전적으로 요셉의 공이 컸다. 요셉이 정확하게 상황을 파악하고 때마다 적절한 충격요법으로 대처하지 않았던들 형제들은 결코 자신들이 무엇을 잘못하고 어떻게 살아야 옳게 사는지를 깨닫지 못했을 것이다.

그리고 보면 요셉은 선택의 세 가지 요소, 즉 타이밍, 순서, 임팩트의 원리를 꿰뚫고 그것을 제대로 작동한 상황 인식과 타개의 달인이라고 하겠다. 요셉의 이러한 탁월한 면모는 그가 지혜자의 전형이라는 말 말고는 설명하기가 마땅치 않다.[471] 요셉은 회개한 형제들에게 '아브라함과 이삭과 야곱에게 하나님이 맹세하신 땅'을 상기시킨다. 그는 유언을 통해 형제들이 애굽에 거주하는 게 약속의 최종 단계가 아니라는 점을 잊지 말도록 간곡히 부탁한다. 그리고 자신의 유해가 훗날 그 땅에 묻힐 것을 소망한다. 요셉에게는 아직 성취되지 않은 그 가나안 땅이 영원한 본향이 되는 셈이다.

요셉 이야기는 이처럼 하나님께서 인간과 세계의 역사를 주관하시는 분이라는 사실을 확실하게 보여 준다.[472] 터너(Turner)는 요셉 내러티브에서 예정론을 발견한다.[473] 하나님의 절대 주권은 인간의 모든 계획과 목적들을 부적절하게 만든다. 인간의 활동들은 하나님의 계획을 이뤄나가기 위해 예정되어 있거나, 아니면 하나님이 보장하신 성공에 비추어 적절하지 않은 것으로 판명이 난다. 이 과정에서 하나님은 인간을 꼭두각시처럼 조종하시는 분이 아니라, 스스로 일하고 그 일의 문제 해결을 위해 백방으로 노력하는 인간을 통해 섭리하신다. 즉 섭리는 하나님과 인간 사이의 상호교환적인 어떤 것이다.[474]

　　역사를 주관하시고 자연을 통치하시는 하나님의 주권적인 행사들을 '하나님의 섭리'의 관점에서 이해하려는 신학자들은 요셉의 이야기에서 섭리의 신학을 제시한다. 신학자들이 관찰한 바, 인생만사와 자연현상에서의 하나님의 섭리는 하나님이 '사랑'이시기 때문이다. 하나님은 "창조적 사랑"[475]이시다. 하나님은 사랑의 근본이시고 주체적으로 사랑을 창조하여 행사하신다는 이 믿음은 사실 성경의 중심적인 사상이라고 해도 과언이 아니다. "하나님은 악을 물리치시고 새로운 가능성을 창조하시면서 역사 속에서 활동하시는 분이시다."[476] 섭리는 하나님의 신묘막측한 행위이므로 인간의 지혜와 지식으로 그것을 이해한다는 것은 사실상 불가능하다. "제아무리 큰 책이라도 피조물을 향하신 하나님의 섭리에 관해 완벽하게 말하기에는 너무나 작다."[477]라는 어떤 신학자의 토로는 그래서 공감이 간다. 인간이 할 수 있는 것은 하나님의 섭리에 자신과 자신의 미래를 맡기는 것이다. 그게 믿음 아니겠는가.

　　요셉 이야기는 유다와 다말 이야기와 함께 가르침이 핵심을 이루는 토라의 진수를 보여 준다. 여기에서 '알다'(인식하다)에 해당하는 히브리어 '나카르'(נכר)는 토라의 가르침을 부각하는 매우 중요한 단어다.[478] 요셉 이야기는 잠언 기자에게 "사람이 마음으로 자기의 길을 계획할지라도 그의 걸음을 인도하시는 이는 여호와"(잠 16:9)라는 사실과, "사람의 마음에는 많은 계획이 있어도 오직 여호와의 뜻만이 서리라"(잠 19:21)는 깨달음을 주었다. 그리하여 잠언 기자는 인간의 경험과 지식으로는 도저히 헤아릴 수 없는 하나님의 지혜와 지식을 "지혜로도 못하고, 명철로도 못하고, 모략으로도 여호와를 당하지 못하느니라"(잠 21:30)고 탄복했던 것이다. 과연 요셉은 자기의 삶 가운데서 전능하신 하나님의 은혜로운 손길이 있다는 것을 뼛속 깊이 알고 있었다. 그러기에 그는 모든 일을 긍정적으로 생각하였고, 그에게 못되게 굴던 주변 사람들을 너그럽고 부드러운 마음으로 용서하고 포용할 수 있었다.

7. 이상적인 인간의 전형 요셉

              성경에는 놀라운 사람들이 많이 등장하지만, 요셉이야말로 정말 놀라운 사람이다. 요셉은 모세처럼 하나님의 음성을 직접 들었다거나 엘리야처럼 기적의 능력을 가진 사람은 아니다. 그런데도 그가 성경의 인물 중에 우리가 가장 닮고 싶은 베스트5 안에 들어갈 만큼 강렬한 인상을 남기고 있을까. 요셉은 용서와 화해, 성공과 부귀의 아이콘이다. 그는 잠언에서 묘사하는 완벽한 인간의 전형이다. 요셉의 인기는 현대 여성들에게도 거의 절대적이다. 아직 시집가지 않은 여성들에게 이상적인 남편상을 물으면 십중팔구는 "요셉 같은 남자"라고 말한다. 시집갈 여성은 줄 서 있고 요셉은 한 명이니 독신녀들이 굉장히 많은 이유다.

  여성들의 평가가 아니더라도 우리들 '찌질한' 남성들이 보기에도 요셉은 멋있고 유능한 남자다. 요셉은 구약형 성령의 열매들이 가득 맺힌 사람이다. 순수·정직·성실·겸손·인내·절제·관용·친절·충성·봉사·침묵·능력·신중·지혜·위엄 등 하나님의 성품을 쏙 배닮은 유전자가 요셉에게서 발견된다. 폰 라드에 따르면, 요셉 내러티브는 왕 곁에서 국사를 조언하고 집행하는 고대 궁중 행정관들이 본받아야 할 가장 지혜롭고 이상적인 관리를 소개하는 데 초점을 맞추고 있다고 한다. 폰 라드는 요셉 내러티브가 종교적인 가르침 이상의 보다 포괄적인 도덕과 윤리를 제시한다고 보았다. 요셉의 내적 정화, 엄격함, 친절함 등이 그러한 것들이다.[479] 과연 요셉은 인간이 갖추고 있어야 할 덕목들을 두루 가진 사람이었고, 지혜로운 사람이었으며, 출중한 행정력과 정치력을 가진 능력자였다.

2024년 4월 10일은 제22대 국회의원 선거일이다. 유권자들은 총선 때마다 국회의원 자질을 놓고 이러쿵저러쿵 말들이 많다. 요셉에 관한 이야기를 하고 있으니, 말도 많고 탈도 많은 우리나라 국회의원들이 요셉과 같은 자질을 갖추면 안 되나 해서 한 신문 기사를 소개해 본다. 2016년 4월 13일은 대한민국 제20대 국회의원을 뽑는 날이었다. 19대 국회가 역대 최악이라는 평가를 받았으므로 20대 국회는 유권자인 국민의 마음을 사로잡고 국가와 민족의 미래 비전을 제시하고 실천할 국회의원들이 선출되었으면 하는 게 국민 대다수의 염원이었다. 그러한 국민의 여망에 부응해 중앙일보는 경희대학교와 함께 성인남녀 3,061명을 대상으로 설문조사를 했다. 조사팀은 국회의원에 출마한 후보자가 갖추고 있어야 할 36가지 요건을 제시했는데, 응답자들이 선호하는 5대 매력 포인트는 1) 인품, 2) 정치 역량, 3) 소통, 4) 리더십, 5) 정치 비전 순으로 나타났다. 응답자들은 인품 중 가장 중요한 매력 요소로 청렴(24.5%), 도덕성(19.2%), 책임감(17.4%)을 꼽았다.

이 조사결과를 토대로 중앙일보 취재팀은 우리나라 정치인들이 갖추어야 할 3대 덕목을 품격 · 공감 · 비전(국익)으로 압축했다. 그러면서 취재팀은 품격의 정치인으로 고(故) 만델라 남아공 대통령을, 공감의 정치인으로 버락 오바바 전 미국 대통령을, 비전의 정치인으로는 앙겔라 메르켈 전 독일 총리를 부문별 모델로 손꼽았다.

이 기사를 보면서 필자는 요셉을 생각해봤다. 요셉이야말로 이 세 가지 요건을 두루 갖춘 가장 이상적인 정치가라는 것을 새삼 깨닫게 된다. 그가 현대에 태어났더라면 만델라와 오바마와 메르켈의 매력들을 모두 합쳐놓은 가장 이상적인 정치인으로 만인의 흠모를 받지 않았을까 싶다. 고대 애굽 왕조에서 총리대신을 지낸 요셉은 이렇게 예나 지금이나 정치인들이 지녀야 하는 덕목들을 골고루 갖춘 정치인으로서 매력이 넘치고 품격이 높은 사람이었던 것이다. 한국의 정치인들은 요셉에게서 능력·경륜·혁신·안정·소통 등 리더가 갖추어야 할 덕목들을 배워 국민을 섬기고 나라를 발전시켜야 할 것이다.

남자는 매력이 있어야 멋있다. 우리는 요셉에게서 남자의 매력이 무엇인지를 배우게 된다. 요셉의 매력은 무엇일까? 요셉의 매력은 고난과 연관 짓지 않고서는 생각해볼 수 없다. 그는 고난의 사람이었기 때문이다. 사람들은 극심한 고난을 받으면 대개는 움츠러들고 상처받기 마련이다. 그러나 요셉은 고난에 상처받지 않았고 역경에 움츠러들지 않았다. 그는 오히려 고난과 역경에 처하면 그 상황을 외면하지 않고 직시한 다음, 정면으로 돌파하여, 국면을 자신의 것으로 만들어, 주어진 현실의 역사를 창조적으로 변혁하였다. 요셉의 이러한 기상은 비폭력성과 포용성 그리고 개방성을 그가 몸담은 공동체의 작동 원리가 되도록 하게 만들었다. 이게 보통 사람들과 다른 요셉의 매력 포인트다.

요셉이 가진 이 특별난 매력도 근사하지만, 그보다 요셉의 진정한 매력은 따뜻하고 다정한 인간미에서 찾을 수 있다. 니체(F. Nietzsche)가 말한 것처럼 권력과 힘은 인간의 가장 강렬한 욕구다. 그러나 요셉은 그 권력과 힘을 타인을 지배하고 조종하기 위한 수단으로 휘두르지 않고 절제와 덕으로 사용했다. 이것은 그의 내면이 인간 중심적인 생각과 원리가 아닌 하나님 지향적인 신앙심으로 꽉 차 있었기 때문이다. 요셉은 온몸이 촉수인 사람으로 하나님께 반응하며 살고 싶어 했다. 그는 진실로 하나님을 경외하는 사람이었고, 격동하는 역사와 이 역사의 무대인 세계에 대해 하나님 중심적인 확고한 역사관과 세계관을 갖고 있었다.

하나님께서 인간사의 배후에 깊이 간여하시고 활동하고 계신다는 요셉의 평소 신념은 하나님께서 자기의 백성을 구원하시기 위해서 사람들의 나쁜 의도마저 사용하신다는 역사인식을 갖게 하였다. 하나님께서 자기의 계획과 목적을 가지고 백성들을 돌보신다는 요셉의 요지부동한 신앙관은 이 내러티브의 마지막 부분에서 확연히 드러나 있다. "당신들이 나를 이곳에 팔았다고 해서 근심하지 마소서 한탄하지 마소서 하나님이 생명을 구원하시려고 나를 당신들보다 먼저 보내셨나이다"(창 45:5). "당신들은 나를 해하려 하였으나 하나님은 그것을 선으로 바꾸사 오늘과 같이 많은 백성의 생명을 구원하게 하시려 하셨나니 당신들은 두려워하지 마소서 내가 당신들과 당신들의 자녀를 기르리이다"(창 50:20-21).

요셉의 이 말은 참으로 "우리가 알거니와 하나님을 사랑하는 자 곧 그의 뜻대로 부르심을 입은 자들에게는 모든 것이 합력하여 선을 이루느니라"(롬 8:28)고 고백하는 모든 크리스천에게 귀감이 되고 있다. 요셉은 우리에게 신앙의 낭만과 인간의 품격이 무엇인지를 가르쳐 준 사람이다. 하나님에 대한 신뢰와 사랑을 어떻게 반응하고 표현해야 할지 난감할 때면 요셉을 생각해보라. 그리고 눈을 감고 하나님이 당신에게 그동안 베푸신 은혜들에 감사하고 장래에도 부어주실 은혜들을 기대해보라. 그런 당신은 하나님께서 범사에 형통하게 하심을 계속해서 보게 될 것이다.

요셉의 삶은 이스라엘의 어두운 미래에 빛을 던져 주었을 뿐만 아니라, 하나님의 거룩한 언약 백성인 이스라엘이 직접적인 신의 현현 없이도 하나님을 만나는 전환점을 가져다주었다.[480] 야곱과 요셉의 죽음으로 이스라엘의 형성을 준비하는 시대는 마침내 막을 내리고, 이제부터는 민족적 국가로 탄생하게 될 세계 역사상 유례없는 사람들의 위대한 이야기가 전개될 것이다. 요셉의 유골이 들어있는 관은 창세기를 미완의 책으로 남겨놓는다. 이것은 창세기의 독자들에게 후속으로 이어지는 책을 기대하게 한다. 요셉의 관은 하나님이 정해놓으신 시간이 차면 이국땅인 애굽을 떠나게 될 것이다. 하나님의 백성이 있어야 할 곳은 애굽이 아니라, 하나님이 선물로 주시겠다고 한 거룩한 땅이기 때문이다. 자, 그러면 족장들에게 하신 하나님의 약속은 어떻게 성취될 것인가? 하나님은 어떤 방법으로 인간 역사에 개입하시어 그 일을 해내실 것인가? 인간은 어떻게 하나님의 뜻을 이해하고 그 뜻을 실천해 나갈 것인가? 이러한 놀랍고 흥미진진한 구원의 이야기들이 창세기의 다음 책인 출애굽기에서 펼쳐질 것이다.

제3부 | 창세기의 신학적 주제

창세기의 신학적 주제

신구약성경 66권은 하나님의 구원에 관한 이야기를 기록해 놓은 책들이다. 창세기는 그 구원의 이야기를 여는 책이다. 즉, 창세기는 하나님의 주권적인 구원 계획에 기초를 놓은 책이다. 창세기는 만물과 신앙의 기원을 보여주는 책이지만, 성경 전반에 걸쳐 나오는 많은 중요한 교리들이 그 안에 들어 있다. 창세기는 오경의 서문이 되는 책(신구약성경 전체의 서문이기도 하지만)이기 때문에 오경의 주제들은 창세기에 이미 녹아들어 있다.

성경 전체의 주제(혹은 오경의 주제)를 '하나님 나라'로 보는 경우, 창세기는 하나님 나라의 서문으로 기능하고 있다. 이스라엘은 그 하나님 나라의 지상 백성이다. 창세기는 언약 백성인 이스라엘의 출현을 준비하고 있으며, 출애굽기는 이스라엘이 역사의 무대에 출현하고 있는 것을 극적으로 알려주고 있으며, 신명기는 이스라엘의 소명을 상세히 설명하고 있다. 창세기의 지배적인 관심사들을 상세하게 논한다는 것은 이 책에서는 가능하지 않다. 책의 지면이 제한되어 있고, 또 이 책이 개론에 주안점을 두고 있기 때문이다.

창세기의 독자들은 창세기 본문을 읽을 때 인간과 하나님과의 관계를 염두에 두고 죄로 말미암은 인간의 타락한 상황과 하나님의 은혜의 상황을 헤아려야 한다. 이 경우 독자들은 인간과 죄와 구원이라는 큰 은혜의 물줄기를 따라가며 창세기가 내뿜는 신학적인 메시지를 어렵지 않게 발견할 수 있다. 창세기의 많은 주제를 압축하면 하나는 기원이고, 또 하나는 언약이다. 그리고 그러한 위대한 구원 역사의 대 파노라마의 중심에 인간과 교제하시고 그 인간 가운데서 특별히 선택된 사람들을 통해 어떤 목적을 달성하시려는 하나님이 계신다. 따라서 본서는 창세기의 신학적 주제를 하나님, 기원, 언약의 세 측면에서 살펴보고자 한다.

1. 하나님

창세기의 독자들은 창세기의 주제들을 두 개로 보든 여러 개로 보든, 모든 주제의 중심에 하나님이 자리하는 것을 새겨둘 필요가 있다. 창세기 기자는 인간사 혹은 인간의 일상생활에서 자기를 분명하게 드러내지 않는 하나님을 묘사하려고 애쓴다. 창세기 기자에 따르면, 하나님은 자기의 능력과 인격을 보이시며 끊임없이 말씀하시고 행동하시는 분이시다. 그러므로 하나님은 창세기의 이야기를 이끌어가는 중심이 되는 분이시다.[481]

하나님은 '여호와'[482]라는 이름으로 창세기 2:4부터 나온다. 창세기는 여호와 하나님을 이 세상을 창조하신 유일한 창조주, 그 창조를 유지하는 분, 모든 민족을 심판하시는 분, 이스라엘을 선택하시고 이 백성을 통해 모든 인류에게 구원을 베푸실 분으로 증거하고 있다. 많은 구약학자는 하나님이 구약성경의 중심이라고 본다. 월터 아이히롯트(Walter Eichrodt)는 '하나님-인간-구원'이라는 체계를 가지고 역사비평적인 방법으로 '하나님과 백성-하나님과 세상-하나님과 인간'이라는 세

가지의 구조적 틀을 짜서 언약 개념을 설명하려고 하였다. 아이히롯트의 신학 사상에 '하나님'이 중심적인 위치에 있고 난 뒤로 하나님은 신구약성경 전체를 이해하는 가장 중요한 개념이 되어 왔다.

신학자들은 하나님을 언약 또는 교제라는 개념과 결합해 구약성경의 중심 주제를 설명하려는 경향이 강하다. 예를 들면, 힌슨(Hinson)은 "하나님께서 자신에 관해, 인간에 관해, 세상에 관해 계시한 것"[483]을 자기의 신학적 주제로 삼았다. 포러(Fohrer)는 하나님과 인간의 양면적인 개념에 착안해 "하나님의 통치와 신과 인간 사이의 교통(공존)"[484]을 주제로 삼았다. 프리젠(Vriezen)은 구약성경의 근본적인 메시지를 "거룩한 하나님과 백성 간의 교제"[485]라고 보고, 이를 구약성경 해석의 중심으로 삼았다. 침멀리(Zimmerli)는 "여호와 하나님"을 구약신학을 통합하는 역동적인 중심으로 생각한다. 그는 구약성경이 "하나의 응집된 전체"(a coherent whole)[486]로서 하나님에 관해 일관되게 말하고 있다고 주장했다. 하나의 구성 원리를 가지고 구약신학의 중심 잡기를 거부하는 클레멘츠(Clements)나 베스터만(Westermann)마저도 구약의 중심을 '하나님'이라고 보는데 인색하지 않다. 구약성경을 통일시켜주는 바람직한 접근법은 하나님 자신의 속성과 존재다.[487]

이처럼 '하나님'이란 개념은 신학자들에게 성경의 중심 잡기에 중요하고 결정적인 요소가 되었다. 하나님이란 개념은 하나님의 통치, 하나님의 축복, 하나님의 언약, 하나님의 복음,

하나님의 구원, 하나님의 선택, 하나님의 임재, 하나님의 섭리, 하나님의 율법, 하나님의 유일성, 하나님의 이름, 하나님의 나라, 하나님의 경험, 하나님의 행동, 하나님의 왕국, 하나님의 창조, 하나님의 활동, 하나님과 인간, 하나님의 계획과 목적 등 신학자들에게 독특하고 다양한 하나님에 관한 생각들을 낳게 했다. 이러한 하나님의 성품·본질·행동·목적 등 하나님이 인간과 자연과의 관계에서 누구이고, 그 분의 뜻과 계획이 무엇인지를 소개하는 구약 최초의 책이 창세기다.

'하나님'에 관해서는 모두 7권의 시리즈물로 출판하게 될 '미래세대를 위한 모세오경 시리즈 구약신학'(제6권)에서 심도 있게 다루려고 한다. 하나님에 관한 서술은 신구약성경 전체를 이끌어가므로 여기서는 길게 설명하지 않는다. 독자들은 앞으로 계속해서 하나님에 관한 이야기를 귀가 따갑도록 들을 것이다.

2. 기원

　　　　　'창세기' 하면 먼저 이 책이 기원에 관한 책이라는 것을 알아둘 필요가 있다. 창세기는 우주의 기원(1-2장), 인류의 기원(3-11장), 이스라엘의 기원(12-50장)을 차례대로 서술한다. 이 모든 것은 하나님이 창조자이시고 인간을 비롯한 피조물들은 창조자 하나님의 축복의 대상이라는 대전제로부터 그 존재의 의미와 뚜렷한 목적을 밝히는 데 있다. 창세기에서 '기원'이 무엇인지 이해하려면 '창조'에 대해 집중적인 공부를 하면 도움이 된다. 창세기에서 기원이 곧 창조이고 창조가 곧 기원이기 때문이다.

　창세기에서 '기원'은 '하나님', '언약'과 매우 긴밀한 관계를 맺는 개념이다. 이러한 개념들은 하나님의 경이로운 솜씨인 '창조'에 의해 네트워크로 연결되어 있다. 하나님은 하늘과 땅을 창조하셨다. 그리고 하나님은 사람을 포함한 동식물을 창조하셨다. 하나님은 말씀으로 자신을 계시하신다. 하나님의 창조물들 가운데 인간은 단연 창조의 중심에 있다. 그는 하나님의 형상대로 지음을 받은 존재로서 하나님을 대신해 만물을 통치할 수 있는 권한이 주어졌고, 오직 그만이 거룩하신 하나님과 교통할 수 있는 특별한 자격이 부여되었다. 그러므로 그는 생육하고 번성하여 땅에 충만한 축복을 받아야 마땅하다.

그러나 첫 사람 아담은 실패하였고, 기대를 모았던 노아(구약에서 두 번째 아담이라고 할 수 있는)도 실패하고 말았다. 노아로부터 확산된 인류는 문명을 발전시키고 바벨탑과 같은 이방종교의 체계를 고안해 냈다. 인간들은 끊임없이 범죄와 형벌이라는 패턴을 반복한다.[488] 인간들의 그러한 악한 모습은 "하나님께서 보시기에 심히 아름다웠다"라는 창조 당시의 품격 높은 차원과는 너무나 동떨어진 것이다. "하나님의 축복이 없다면 인류의 상황은 절망적이었던 것이다. 바로 이것이 창세기를 여는 서장(序章)들의 주요 논점인 것 같다."[489]

그러므로 창조의 올바르고 의로운 질서는 근본적으로 구원과 관련이 있다. 역사는 창조의 질서에 속해 있다. 이스라엘의 해방 역사는 그것을 증명한다. 세상을 창조하신 창조주는 여호와이시고, 여호와 하나님은 역사 속에서 이스라엘과 함께 계시면서 이스라엘을 돌보시고 절망적인 상황을 희망적인 상황으로 바꾸어 놓는 이스라엘의 구속자이시다. 하나님이 알파와 오메가이듯 창조는 성경의 시작이요 중심이요 마침이다. 따라서 창조신앙은 하나님을 이해하는 출발점이 된다. 침멀리(Zimmerli)는, 이스라엘의 창조신앙은 태초에 천지를 창조하신 하나님의 행위로부터 이스라엘 초기의 역사와 미래를 포괄하고 있으며, 현재까지도 그리스도인들의 신앙을 견인하는 추동력의 근거가 된다고 주장한다.[490] 창조신앙은 또한 신명기와 함께 구약을 관통하는 커다란 물줄기와 같다. 창조는 언약과 밀접히 연관되어 있다.[491] 창조와 언약은 이스라엘 신앙과 구약의 신학적인 주제들을 이해하는 데 매우 중요하다. 오경의 언약 구조는 창조에 뿌리를 두고 있다. 창조는 하나님의 언약에 계속 실어 날려지며 새 창조를 향해 중단 없이 나아간다.

그리스도인은 새 창조가 완성되는 때에 새 예루살렘에서 새 하늘과 새 땅을 경험할 것이다. 슈미트(H. H. Scumid)는 창조신앙을 통해 광활한 신학의 지평을 바라본다. 그는 하나님께서 이 세상을 창조하시고 보전하신다고 하는 창조신앙이야말로 성경신학의 변두리에 있는 주제가 아니라 가장 핵심이 되는 주제라고 생각한다.[492] 신학을 이성에까지 확장시켜 보편과학의 하나로 이해한 판넨베르크(Pannenberg)도 하나님은 자신을 온전하게 역사 속에서 현실화하기 위해 이 세계를 창조했다고 생각한다. 즉, 성부 하나님의 충만한 신성이 창조 사건들에 관여한 결과 하나님이 역사와 관계하며 존재하시게 되었다고 생각한다. 그는 인간의 운명이 하나님의 계획에 따라 펼쳐지는 것을 창조 이후부터 현재까지 보편적 역사 속에서 볼 수 있다면서 보편사를 구속사와 동일시한다.

죄에 물들어 하나님을 반역하고 하나님 없이도 살 수 있을 것처럼 허풍을 떠는 인류가 자기들이 추구하는 유토피아와는 전혀 다른 모습으로 절망을 향해 치달을 때, 하나님은 그러한 인간들을 외면하지 않으시고 구원의 팔로 감싸 안으신다. 그런 점에서 창세기는 낙관적이다. 인류를 축복하시려는 하나님의 마음은 아브라함을 불러내 그에게 일방적으로 축복하겠다고 약속한 데서 분명하게 확인된다. 아브라함은 강대한 나라가 되고 천하 만민은 그로 말미암아 복을 받게 될 것이다(창 18:18). 하나님의 아들, 하나님의 장자인 한 약소민족이 지구상의 한 곳에 자리 잡은 가나안 땅에 서서히 모습을 드러낼 것이다. 그 신기하고 놀라운 하나님의 성민으로 택함을 받은 백성이 바로 이스라엘이다. 이렇게 창세기는 처음부터 선택의 원리가 철저히 지배된다. 아브라함이 선택을 받은 것은 그가 특별한 사람이어서가 아니라 오로지 하나님의 은혜로 인한 것이었다. 야곱이 그러했고 유다도 그러했다. 이스라엘이 모든 민족 가운데 제사장 나라와 거룩한 백성으로 선택된 것도 하나님의 은혜로 인한 것이다.[493]

3. 언약

  언약이라는 개념은 창세기부터 때 이르게 나타난다. 언약은 창세기뿐 아니라 구약, 나아가 신약에 이르기까지 성경 전체를 관통하는 주제다. 신구약성경이 내뿜는 빛나는 신학적 주제들 가운데서 '언약'은 단연 창세기에서 돋보인다. 만물의 기원과 하나님의 웅대한 구원의 대 드라마를 펼쳐 나가기 시작하는 창세기는 하나님께서 이스라엘을 택하실 것을 예정하시고 족장들에게 하신 약속이 이야기의 중심에 있다. 하나님께서 이스라엘의 족장들에게 하신 약속은 말씀으로 하신 계약이기 때문에 이를 '언약'이라고 부른다.

  일찍이 아이히롯트(Eichrodt)는 구약의 복잡하고 방대한 메시지를 관통하는 단 하나의 체계적 원리는 언약 개념이라고 주장한 바 있다. 카이저(W. Kaiser)도 약속이라는 주제는 구약신학의 참되고 유일한 중심이라고 확신한다. 그는 축복이라는 개념을 곁들여 이 주제를 역사의 축을 따라 제시했다.[494] 구약성서의 탁월한 문학비평 학자인 클라인즈(Clines)는 자손, 축복, 땅이라는 세 가지 틀 안에서 하나님의 언약, 아브라함의 번성, 선택과 축복, 약속의 땅 증여 등을 창세기의 중요한 주제들로 삼아 자신의 독특한 논지를 펼쳐나갔다. 클라인즈는 이러한 약속들이 창세기에서는 완전히 이루어지지 않은 미완성의 성취라며 개인적인 우려를 표명한다. 그래서 그는 창세기의 주제를 콕 찍어 말하면 "족장들에 대한 약속들의 부분적인 성취"[495]라고 한다. 미국의 개혁주의 신학자요 목사인 그레이다누스(Greidanus)는 통일적인 성경신학적 측면에서 창세기에 6개의 주제 —하나님의 왕국, 하나님의 축복과 저주, 하나님의 언약, 언약의 약속들, 씨의 약속, 구속 역사의 시작— 가 있다고 본다.[496]

구약성경의 언약들은 모두 중요하지만, 그중 가장 중요한 언약은 아브라함 언약이다. 오경의 신학적 주제들을 모아 하나로 묶는 주제가 아브라함에게 주신 하나님의 언약에 제시되어 있다.[497] 창세기 1장부터 11장까지는 하나님을 떠난 인간들의 상황은 절망적이고, 그 대가는 가혹한 심판만이 그들 앞에 놓여 있다는 것을 말해 준다. 그러나 아브라함에게 주신 언약은 그 절망적인 상황을 희망적인 상황으로 전환시킨다. 하나님께서 아브라함을 부르시어 언약관계를 맺으시겠다는 약속은 창세기 12:1-3에 처음 나타난다. 이 세 절에 나타난 하나님의 약속은 그다음에 이어지는 12장부터 50장까지의 신학적인 주제일 뿐 아니라 오경 전체를 추동하는 주제다.

하나님이 아브라함을 부르신 이유는 하나님의 모양과 형상대로 창조된 모든 사람에게 복을 주시기 위함이다. "생육하고 번성하여 땅에 충만하라"는 축복의 선언은

10차례에 걸친 족보를 통해 점점 구체화되고 명확해진다.[498]
아브라함에 대한 언약은 창세기 1:28에 언급된 창조적 행위
안에 있는 본래적인 축복의 약속과 9:8-17에 언급된 노아에
대한 축복의 약속의 연장선상에 있다. 이것은 온 인류를
축복하시려는 하나님의 창조의 목적과 계획으로의 복귀뿐만
아니라 전혀 새로운 방법으로 그 일을 해나가신다는 것을
확실히 보여 준다. 아브라함에 대한 언약 본문에서 하나님께서
아브라함에게 주시겠다고 약속하신 축복을 다섯 번이나
반복한 사실은 족장 시대의 축복의 언약을 족장 이전의 원
역사 시대의 축복의 언약과 연결해주고 있다. 하나님의 축복과
그 축복을 성취하시겠다는 언약은 서로 밀접한 관계가 있다.
이것을 계시의 관점에서 보면 축복들은 개인적인 것이지만,
즉각적(혹은 현재적)이지는 않다. 그 역으로 언약은 공동체적인
것이지만, 미래적이지는 않다. 외려 축복과 언약은 하나님께서
현재와 미래에 하실 일의 보증과 예표가 되는 이스라엘 역사의
대표적인 인물들을 가지고 있던 전체 신앙인의 혈통 안에 있는
현재와 미래의 후손들에게 주신 것이다.[499]

  아브라함에게 주신 축복의 언약은 크게 세 가지이다.[500]
첫째는 자손에 대한 약속이고, 둘째는 땅에 대한 약속이며,
셋째는 관계의 복에 대한 약속이다. 자손에 대한 약속은
아브라함이 99세 되던 때에 실감나게 주어진다. 아브라함의
씨는 훗날 이스라엘 민족을 형성한다. 땅에 대한 약속은 구약의
여러 책, 특히 민수기와 신명기에서 집중적으로 나타나지만,
토라의 첫 권인 창세기에서 처음으로 언급되고 다양한 형태로

나타난다.[501) 클라인즈는 창세기에만 수많은 자손의 약속과 관련된 언급이 19회, 땅의 약속과 관련된 본문이 13회, 특별한 관계의 약속과 관련된 언급이 10회, 이러한 세 가지 약속을 암시하는 언급이 17회나 된다고 관찰했다.[502)

국가로서의 이스라엘의 윤곽을 감지하려면 시적인 분위기가 물씬 풍기는 창세기 48-50장을 주의 깊게 보면 된다. 야곱의 축복이 내러티브를 이끌어가는 이 세 장에서 "우리는 아직 어머니 뱃속에 있는 한 국가의 모습을 어렴풋이 관찰할 수 있다."[503) "생육하고 번성하여 땅에 충만하라"는 하나님의 약속은 족장들이 위기에 처할 때마다 반복해서 나타나다가 출애굽기 1:7을 마지막으로 더는 언급이 없다. 이것은 야곱의 허리에서 나온 70명을 통해 약속이 성취되었음을 의미한다. 바야흐로 국가적 면모를 지닌 이스라엘의 탄생이 임박한 것이다. 땅에 대한 약속은 아브라함이 막벨라굴을 돈을 주고 샀다든가, 야곱이 세겜에서 장막을 친 밭을 돈을 지급하고 샀다든가, 혹은 막벨라굴에 족장 부부들이 묻혔다든가, 요셉이 유언을 통해 자손들이 애굽을 빠져나갈 때 자신의 유골을 메고 하나님이 맹세하신 땅에 이르게 하라고 한 행위 등을 통해 약속의 성취를 향해 한발 한발 나아가고 있다.

이처럼 창세기 기자는 족장들의 삶에 관한 이야기들을 통해 약속들이 어떻게 성취되는지를 보여주려고 한다. 아마도 사도 요한이 예수님에 관한 이야기를 무진장하게 많이 갖고 있었던 것처럼(요 20:30-31), 창세기 기자도 족장들에 대해 기록한 것보다 훨씬 더 많은 이야기들을 갖고 있었던 것 같다. 그는 그중에서 약속들이 어떻게 실현되었는지를 보여주는 것들만 골라서 창세기를 썼다.[504] 그 때문에 창세기의 독자는 이 책 안에 있는 약속들을 잘 이해하기 위해서는 한 단락에서 그다음 단락으로 넘어가는 어구의 변화들을 주의 깊게 살피며 하나님의 말씀에 주목해야 한다.[505] 이러한 변화들은 족장들이 믿음과 순종으로 반응할 때는 하나님의 약속들은 더욱 명확하고 독단적인 것이 되지만, 그 반대인 경우에는 약속은 폐기되거나 혹은 느리게 성취될 것을 보여 준다.[506]

신약은 하나님의 약속이 예수 그리스도 안에서 성취되었다고 증거한다(고후 1:20). 첫 사람 아담이 빼앗겼던 그 약속 말이다. 성도 개개인은 마지막 아담인 예수님이 다시 찾은 그 약속을 축복으로 누리며 부활하신 예수님을 따라갈 것이다. 성경은 예수님이 다시 오시면 하늘과 땅이 새롭게 창조될 것이라고 말한다. 성도는 그날에 완전한 차원의 신세계를 경험하게 될 것이다(계 21:1-6).[507]

　　창세기를 캐스팅하다

미주

제1부

1) Roger T. Beckwith, *The Old Testament Canon of The New Testament Church And Its Background In Early Judaism* (Grand Rapids, Michigan: William B. Eerdmans, 1985), 128.

2) Claus Westermann, "Creation and History in the Old Testament," in *the Gospel and Human Destiny*, ed. Vilmos Vajta (Minneapolis: Augsburg, 1971), 23.

3) Martin G. Klingbeil, "Creation in the Prophetic Literature of the Old Testament: An Intertextual Approach," Journal of the Adventist Theological Society 20/1-2 (2009): 19.

4) 창세기의 톨레도트는 모두 11군데서 나타나지만, 에서의 족보가 두 군데서 나타나므로(36:1,9) 창세기의 족보를 논할 때는 편의상 10개로 보는 게 통례다. 10개의 톨레도트 중 5개는 원 역사에, 나머지 5개는 족장들의 역사에 나타난다. 창세기의 톨레도트는 이처럼 하늘과 땅의 내력(2:4)에서부터 출발해 야곱의 족보(37:2)에 이르기까지 내러티브를 결론 맺거나(논란이 있지만, 가령 2:4처럼), 아니면 도입하는 기능을 하고 있다. 특이하게도 족보는 인간의 범죄로 인해 형벌이 가해지고 난 후 나타난다는 점이다. 폰 라드(von Rad)는 족보를 구원과 연결하여 설명하려고 했지만, 베스터만(Westermann)은 "생육하고 번성하여 땅에 충만하라"(창 1:28)는 하나님의 축복의 선언을 톨레도트와 연관지어 창조행위의 결정(結晶)이라고 말한다. 베스터만에 따르면, 창세기의 저자는—베스터만은 창세기 1-11장의 저자를 P기자와 J기자로 생각하며—창조의 역사를 계속해서 실감나게 보여주려 하고 있으며, 이 창조의 역사에서 하나님은 다산의 능력을 가진 분이시다. Claus Westermann, "Creation and History in the Old Testament," in *the Gospel and Human Destiny*, 32 참조.

5) C. Marvin Pate et al., *The Story of Israel: A Biblical Theology* (Downers Grove, IL: InterVarsity, 2004), 29.

6) Leon R. Kass, *The Beginning of Wisdom: Reading Genesis* (Chicago: University of Chicago Press, 2003), 11.

7) Charles H. Dyer and Eugene Merrill, *Nelson's Old Testament*

Survey: Discover the Background, Theology and Meaning of Every Book in the Old Testament (Nashville, TN: Thomas Nelson, 1983), 130.

8) Martin G. Klingbeil, "Creation in the Prophetic Literature of the Old Testament: An Intertextual Approach," Journal of the Adventist Theological Society 20/1-2 (2009): 24-27.

9) Maarten J. J. Menken, "Genesis in John's Gospel and 1 John," in *Genesis in the New Testament*, eds. Maarten J. J. Menken and Steve Moyise (New York: Bloomsbury, 2012), 83-98.

10) 송제근, 『오경과 구약의 언약신학』 (서울: 도서출판 두란노, 2003), 59.

11) Walter Eichrodt, *Theology of the Old Testament*, Vol. 1, 4th ed. trans. J. A. Baker (London: SCM Press, 1975), 33-35.

12) Wolfhart Pannenberg, "Introduction," in *Revelation as History*, English trans. David Granskou (New York: Macmillan, 1968), 3.

13) Elmer A. Martens, *God's Design: A Focus on Old Testament Theology* (Grand Rapids, Michigan: Baker Book House, 1990), 34.

14) Andrew E. Hill & John H. Walton, *A Survey of the Old Testament*, 3rd ed. (Grand Rapids, Mich.: Zondervan, 2009), 82.

15) Meredith G. Kline, *The Structure of Biblical Authority*, 이용중 옮김, 『언약과 성경』 (서울: 부흥과개혁사, 2013), 41.

16) Meredith G. Kline, *Kingdom Prologue: Genesis Foundations for A Covenantal Worldview* (Eugene, Oregon, Wife & Stock Publishers, 2006), 356.

17) James Mckeown, *Genesis: The Two Horizons Old Testament Commentary* (Grand Rapids, Michigan: Wm. B. Eerdmans, 2008), 8.

18) John Barton, *Reading the old Testament: Method in Biblical Study* (London: Darton Longman and Todd, 1984), 20-26.

19) 앞의 책, 22.

20) Norman K. Gottwald, *The Hebrew Bible: A Socio-Literary Introduction* (Philadelphia: Fortress Press, 1985),『히브리 성서: 사회·문학적 연구』, 김상기 역 (서울: 한국신학연구소, 1987), 43.

21) Abraham Ben Meir Ibn Ezra, *Ibn Ezra's Commentary on the*

Pentateuch: Genesis(Bereshit), Vol. 1, trans. H. Norman Strickman and Arthur M. Silver (New York: Menorah, 1988), 151.

22) Benedict Spinoza, *Theologico-Political Treatise* (Cambridge Texts in the History of Philosophy), trans. Michael Silverstone and Jonathan Israel (Cambridge University Press, 2007), 122.

23) John Van Seters의 오경에 대한 충격적인 견해를 담은 그의 저서들인 *Abraham in History and Tradition* (New Haven: Yale University Press, 1975); idem, *Prologue to History, The Yahwist as Historian in Genesis* (Louisville: Westminster John Knox Press, 1992); idem, *The Life of Moses: The Yahwist as Historian in Exodus-Numbers* (Louisville: Westminster John Knox Press, 1994); idem, 그리고 전미 아카데미 종교서적상을 수상한 책인 *In Search of History: Historiography in the Ancient World and the Origins of Biblical History* (New Haven: Yale University Press, 1983) 등을 읽기 바란다.

24) John Van Seters, *Abraham in History and Tradition*, 315.

25) Leon R. Kass, *The Beginning of Wisdom: Reading Genesis*, 16.

26) Philip R. Davies, *In Search of 'Ancient Israel'*, JOSTSup 148 (Sheffield: Sheffield Academic Press, 1992).

27) Philip R. Davies, "The Future of Biblical History," in *Auguries: The Jubilee Volume of the Sheffield Department of Biblical Studies*, eds. David J. A. Clines and Stephen D. Moore (Sheffield: Sheffield Academic Press, 1998), 141.

28) J. Maxwell Miller, "Israel's Past: Our 'Best Guess Scenario', " in *Israel's Prophets and Israel's Past: Essays on the Relationship of Prophetic Texts and Israelite History in Honor of John H. Hayes*, eds. Brad E. Kelle & Megan Bishop Moore (New York: T & T Clark, 2006), 13-14.

29) 앞의 책, 20.

30) 앞의 책, 21.

31) 이른바 코펜하겐 학파라 불리는 학자들과 이들 학자들의 대표적인 저술은 다음과 같다. Thomas L. Thompson, *The Historicity of the Patriarchal Narratives: The Quest for the Historical Abraham* (1974); Keith W. Whitelam, *The Invention of Ancient Israel: The Silencing of Palestine History* (1996); Niels Peter Lemche, *Old Testament between Theology and History: A Critical Survey* (2008); Philip R. Davies, *The Origins of Biblical Israel* (2007);

idem, *Memories of Ancient Israel: An Introduction to Biblical History-Ancient and Modern* (2008), 그리고 유럽, 미국, 이스라엘 비평학자들은 다음과 같다. William G. Dever, *Archaeology and Biblical Studies: Retrospects and Prospects* (1974); Norman K. Gottwald, *The Tribes of Yahweh: A Sociology of the Religion of Liberated Israel* (1979); Israel Finkelstein, *The Archaeology of the Family in Ancient Israel* (1985); Jan P. Fokkelman, *Narrative Art in Genesis: Specimens of Stylistic and Structural Analysis* (1975); Robert Alter, *Genesis: A New Translation with Commentary* (1996); Megan Bishop Moore, *Philosophy and Practice in Writing a History of Israel* (2006); Diane Banks, *Writing the History of Israel* (2006); Lester L. Grabbe, *Ancient Israel* (2007); David M. Gunn and Danna Nolan Fewell, *Narrative in the Hebrew Bible* (1993).

32) Thomas L. Thompson, *Early History of the Israelite People from the Written & Archaeological Sources* (Leiden: Brill, 1992), 13.

33) 보수주의적인 학자들도 오경을 모세가 썼다고 인정할 수 없는 내용이 더러 있다고 시인해 왔다. 하지만 모세의 것이 아닌 표현이 다소 있다고 해서 오경의 저자가 모세가 아니라는 견해에는 많은 학자가 반대한다. 모세가 저술했다고 보는 오경의 원래 문서들에 모세 이후 누군가가 삽입하였거나 증보한 흔적의 가능성을 열어놓았다고 보는 오경 저작권에 대한 신중한 견해를 '본질적 모세 저작권'(the essential authorship of Moses)이라고 한다.

34) John H. Sailhamer, *The Pentateuch as Narrative: A Biblical-Theological Commentary* (Grand Rapids, Michigan: Zondervan, 1992), 23-25.

35) Gordon J. Wenham et al., *Genesis, in New Bible Commentary*, eds. Gordon J. Wenham, J. A. Motyer, D. A. Carson, R. T. France (London: InterVarsity Press, 1994), 54.

36) Gleason L. Archer, *A Survey of Old Testament Introduction* (Chicago: Moody Publishers, 1994), 120.

37) Raymond B. Dillard & Tremper Longman III, *An Introduction to The Old Testament* (Grand Rapids, Michigan: Zondervan, 1994), 47-48.

38) John E. Hartley, *Genesis*, New International Biblical Commentary, Vol. 1 (Peabody, Massachusetts: Hendrickson, 2000), 15-16.

39) 앞의 책, 17.

40) 우리는 하나님께서 우리에게 주시는 계시를 완전하게 안다고 할 수

없다. 완전한 지식과 완전한 예언은 존재하고 있지만 부족한 인간은 그것들을 부분적으로만 알 수 있다는 것을 겸손하게 인정해야 한다(cf. 고전 13:10-12). 부활이 없다고 생각하는 사두개인들에게 "너희가 크게 오해하였도다"란 예수님의 탄식 어린 호통은 성경을 좀 안다고 우쭐대는 모든 이에게 해당되는 경고다.

41) 예수님이 모세가 토라를 썼다고 인정하는 신약성경의 기록은 막 10:4; 눅 24:27,44; 요 5:46; 7:19,23 등이다.

42) John H. Sailhamer, *Genesis*, The Expositor's Bible Commentary, Vol. 2, ed. Frank E. Gaebelein (Grand Rapids, Michigan: Zondervan Publishing House, 1990), 3.

43) 독자들은 '최종 형태의 본문'이라는 말에 오해 없기를 바란다. 최종 형태의 본문이란 지금 우리가 보고 있는 창세기 본문이다. 창세기에 여러 문헌이 있고 이 문헌들이 오랜 기간에 걸쳐 발전한 과정의 흔적이 있다고 보는 학자들은 후대의 사람들이 모세가 원래 기록한 내용에 몇몇 내용을 첨가하였다고 본다. 그러나 구속사를 성경의 본문 자체와 동일시하려 하는 개혁주의 복음 노선을 취하는 우리로서는 창세기에 기록된 내용을 영감 된 하나님의 말씀으로 받아들이기 때문에 극히 예외적인 부분을 제외하고 창세기를 비롯한 오경 전체를 모세 혼자서 기록하였다고 본다. 이것을 편협하다거나 교조주의적이라고 몰아붙이는 사람들은 모세가 저작자가 아니라는 충분하고 설득력 있는 자료를 제시해야 한다. 분명한 사실은 이것은 미완으로 남아 있다는 것이다.

44) 성경이 하나님의 말씀인가, 아니면 인간의 글(인간의 손으로 기록한 글)인가 하는 것은 성경이 무엇인지를 판가름하는 결정적인 판단 기준이 된다. 둘 사이의 관계를 명확하게 나눌 수는 없겠지만, 기독교인이라면 어느 정도 수긍할 만한 설명은 해야 한다. 그래야만 우리는 성경의 규범을 구성하는 것들은 무엇이고, 어떻게 이런 진술들이 사실인지를 알고 믿을 수 있기 때문이다. 이와 관련해 2,000년 기독교 역사에서 계속해서 거론되어 온 말은 '영감'(inspiration)이다. 영감이란 성경을 기록하는 인간 저자의 마음에 하나님의 성령이 초자연적으로 작용하는 것을 의미한다. 그리하여 성경은 '영감 된 하나님의 말씀'이 되는 것이다. 성경이 '영감 된 하나님의 말씀'이란 뜻은 성경의 기록된 말씀이 비록 인간들에 의해 써진 것이지만, 그 기록된 말씀이 하나님께서 의도하시고 목적하는 것이 되도록 성령에 의해 감동된 것을 의미한다(cf. 딤후 3:16; 벧후 1:21).

45) John H. Sailhamer, *The Pentateuch as Narrative: A Biblical-Theological Commentary*, 6.

46) Victor Hamilton은 창세기 1-11장이 3개의 내러티브와 3개의 족보가 다음과 같이 번갈아 나타난다고 관찰한다. 내러티브(1:1-4:15), 족보(4:16-5:32), 내러티브(6:1-9:29), 족보(10:1-32), 내러티브(11:1-9), 족보(11:10-32). 해밀턴의 관찰을 더 자세히 보려거든 그의 책 *The Book of Genesis: Chapters 1-17*, New International Commentary

on the Old Testament (Grand Rapids: Michigan: Eerdmans, 1990), 11-22 참조.

47) '비옥한 초승달' 지역이란 메소포타미아에서부터 아프리카의 애굽에 이르는 가늘고 긴 지대를 말한다. 농사하기에 적합하고 사람 살기에 알맞은 이 서아시아 지역은 비옥한 데다 모양이 초승달과 닮았다고 해서 미국의 저명한 고고역사학자인 브레스테드 (James Henry Breasted, 1865-1935) 박사가 '비옥한 초승달' 지대라는 아름다운 이름을 붙여주었다. 고대 문명은 이 지역을 따라 발전하였고 물자와 식량이 풍부하였기 때문에 열강들이 서로 이곳을 차지하려고 수많은 전쟁을 일으켰다. 고대 성경의 역사도 이렇게 이해관계가 복잡하고 경쟁이 치열한 무대를 배경 삼는다. 족장들의 삶이 파란만장하고 훗날 이스라엘이 강국들의 틈에서 생존해보려고 몸부림쳤던 것은 바로 이러한 이유 때문이다.

48) 성경 연대기에 충실할 경우 아브라함이 출생한 연대는 기원전 2166년이다. 출애굽 연도를 1446으로 기준할 경우 모세가 죽은 해는 그로부터 40년 후인 1406년이 되므로 아브라함이 태어난 해로부터 모세가 사망할 때까지는 760년이 흘렀다는 얘기가 된다. 창세기 12장에 의하면 아브라함은 75세에 가나안에 들어왔으므로 결국 창세기 12장부터 모세의 죽음으로 끝나는 신명기 34장까지는 정확히 685년이란 세월이 흘렀다. 아브라함은 100세에 이삭을 낳아 175세에 죽었고, 이삭은 60세에 야곱을 낳아 180세에 죽었으며, 야곱은 130세에 가나안 땅을 떠나 애굽에 들어와 정착한 후 17년을 더 살고 147세에 죽었다. 요셉이 형제들에 의해 팔려 애굽에 들어갔을 때의 나이는 17세였고, 애굽에서 93년을 거주한 후 110세에 죽었다. 따라서 아브라함과 이삭과 야곱이 가나안에서 거주한 총기간은 215년이고, 히브리인들이 애굽에서 거주한 총기간은 약 350년 정도 된다. 요셉이 죽은 후 '요셉을 알지 못하는 왕'이 히브리인들을 탄압했다고 성경은 전하고 있다. 히브리인들을 탄압한 왕조가 이민족이 세운 힉소스인지 애굽의 토속민들이 세운 왕조인지는 학자들 간에 의견이 분분하다. 히브리인들은 요셉이 죽은 후 얼마 있다가 탄압을 받았을 것이므로 히브리인들이 애굽을 벗어날 때까지 탄압을 받았을 기간은 대략 250-300년이었을 것으로 보인다.

49) W. Graham Scroggie, *Know Your Bible*: *A Brief Introduction to the Scriptures*, Vol. 1 (Grand Rapids, Michgan: Kregel Publications, 1995), 21.

50) T. Desmond Alexander, *From Paradise to the Promised Land: An Introduction to the Pentateuch* (Grand Rapids, MI: Baker Academic, 2012), 161.

51) 창세기의 주제를 축복과 저주의 관점에서 보는 학자들도 더러 있다. 미국의 비슨 신학교 교수인 알렌 로스(Allen P. Ross)가 대표적이다. 알렌은 창세기의 주제를 "축복"이라고 본다. 축복은 창세기의 전체 이야기를 이끌면서 반주제인 "저주"라는 모티브와 충돌하고 있다. 알렌의 이런 주장은 그의 역작인 *Creation and Blessing: A Guide to the*

Study and Exposition of Genesis (Michigan: Bakerbook, 1998)에 잘 나타나 있다.

52) 이런 학자들로는 카수토(U. Cassuto), 사손(J. M. Sasson), 렌드버그(G. Rendsburg), 도르시(D. A. Dorsey), 왈키(B. K. Waltke) 등이 있다.

53) James Mckeown, *Genesis: The Two Horizons Old Testament Commentary*, 2.

54) Andrew E. Hill & John H. Walton, *A Survey of the Old Testament*, 60.

55) David J. A. Clines, *The Theme of the Pentateuch*, JSOTSup 10 (London: Sheffield Academic Press, 2006), 48-65.

56) Gordon J. Wenham, "Genesis," in *Theological Interpretation of the Old Testament: A Book-by-Book Survey*, eds. Kevin J. Vanhoozer, Craig G. Bartholomew and Daniel J. Treier (Grand Rapids, Michigan: Baker Academic, 2008), 33.

57) Leon R. Kass, *The Beginning of Wisdom: Reading Genesis*, 11.

58) Gerhard F. Hasel, *Old Testament Theology: Basic Issues in the Current Debates, 4th ed.* (Grand Rapids, Mich.: Eerdmans, 1998), 3 재인용.

59) Walter Eichrodt, *Theology of the Old Testament*, Vol. 1, 31. 아이히롯트(1890-1978)는 세 권이나 되는 이 방대한 책을 『*Theologie des Alten Testaments*』이란 제목으로 1933년부터 1939년까지 출간했다. 이 책들은 3부로 구성되어 있다. 제1부는 하나님과 백성, 제2부는 하나님과 세상, 제3부는 하나님과 인간이다. 두 권으로 된 영어 버전은 베이커(J. A. Baker)가 번역하였으며 첫 권은 1961년에 나왔다.

60) 내러티브(narrative)란 인과관계로 엮어지는 실제 혹은 허구적인 사건을 설명하거나 기술하는 행위에 내재되어 있는 이야기적인 성격을 지칭하는 용어이다. 내러티브는 단순한 이야기와 달리 어떤 이야기에 긴장과 구성, 그리고 합리적인 설명과 결말에 대한 예측 가능성 등 화자의 감정과 경험을 불어 넣는 스토리텔링(storytelling) 형식을 취한다. 내러티브 기법에 의한 분석을 내러티브 분석이라고 하는데, 내러티브 분석은 21세기 후반 성서해석의 한 방법으로 등장하게 되었다. 성서를 내러티브라는 문학형식으로 보는 것은 성서의 역사성을 감안해야 하는 필요성 때문이다. 그런데 내러티브에 대한 적합한 우리말을 찾기가 여간 곤란하지 않다. 일반적으로 '설화'라고 부르지만 어색하다. 내러티브 비평을 설화비평이라고 번역해서 부를 때 느끼는 어색함이다. 이 때문에 펜을 그냥 펜이라고 부르는 게 좋듯이 내러티브를 그냥 영어로 내러티브라고 부르는 게 좋을 것 같다. 내러티브를 이야기체의 문학에서 본다면

창세기부터 역대기까지의 문학적 장르는 내러티브이다. 성서의 본문을 '내러티브'라고 할 때와 '이야기'(story)라고 할 때는 어감 이상의 차이가 있다. '내러티브'라고 할 때는 텍스트가 하나님의 권위 있는 말씀으로서 역사성을 인정하는 것을 전제하지만, '스토리'라고 할 때는 텍스트의 진정성이 약화하며 역사성의 신뢰도도 떨어져 있는 것을 전제한다. 그러나 내러티브라는 용어는 어려운 영어단어인데다 우리말 번역도 쉽지 않아 통상 성경을 공부할 때는 일반적인 용어인 '이야기'라는 말을 사용해도 크게 잘못된 것은 아니다. 성경을 내러티브(설화)나 스토리(이야기)로 보려고 하는 것은 역사성 파악에 관심을 두는 역사비평적인 패러다임이 문학성 관찰에 관심을 두는 문학비평인 패러다임으로 현대인들의 취향이 변한 데서 나타난 현상이다. 현대인들은 내러티브도 좋아하지만, 이야기를 더 좋아하는 거 같다. 부담 없이 들려지고 쉽게 이해되기 때문이다. 바아(J. Barr)가 말한 것처럼 최근 성서신학 연구가 200년 동안 이어져 온 '역사적 모델'에서 '이야기 모델'로 분주하게 이동하고 있는 것이다(Scope and Authority of the Bible, 1-17). 그러나 하나님의 거룩한 말씀인 성서를 숫제 이야기 중심으로 보려고 하는 것은 위험하다. 이야기는 알게 모르게 성서의 권위를 잠식하게 할 뿐 아니라 거룩한 경전의 장르에 속하는 정경으로서의 성서의 규범적 성격을 모호하게 만들게 하기 때문이다.

61) Bruce C. Birch, Walter Brueggemann, Terence E. Fretheim & David L. Petersen, *A Theological Introduction to the Old Testament* (Nashville: Abingdon Press, 2005), 62.

62) Craig G. Bartholomew & Michael W. Goheen, *The Drama of Scripture: Finding Our Place in the Biblical Story* (Grand Rapids: Baker Academic, 2004), 19. 이 책에서 바솔로뮤와 고힌은 성경은 이야기라고 강조한다. 성경은 세상과 우리 자신들을 이해하기 위한 진정한 이야기이다. 그것은 광대하고 넓고 포괄적인 내러티브이므로 '큰 이야기'이며 '거대서사'이며 '메타내러티브'다. 성경을 하나의 큰 이야기라고 보는 바솔로뮤와 고힌의 견해를 자세히 알려거든 두 학자의 공동저서인 The Drama of Scripture의 서막 부분인 15-27면을 참조하시라.

63) 앞의 책, 26-27.

64) Mark Strom, *The Symphony of Scripture: Making Sense of the Bible's Many Themes* (Downers Grove, Illinois: InterVarsity, 1990), 26.

65) Roland K. Harrison, *Introduction to the Old Testament: with a comprehensive review of Old Testament studies and a special supplement on the Apocrypha* (Grand Rapids, Michigan: Eerdmans, 1969), 543-45.

66) John Barton, *Reading the old Testament: Method in Biblical Study*, 50.

67) John E. Hartley, *Genesis*, New International Biblical Commentary, 3.

68) Sidney Greidanus, *Preaching Christ from Genesis: Foundations for Expository Sermons* (Grand Rapids, Michigan: Eerdmans, 2007), 13.

69) 창세기에서 톨레도트가 나타나는 곳은 모두 11군데로 다음과 같다. 2:4a; 5:1; 6:9; 10:1; 11:10; 11:27; 25:12; 25:19; 36:1,9; 37:2. 톨레도트 표기는 모두 11군데이지만 통상 10군데로 보는 까닭은, 에서의 족보를 언급하는 36장에 톨레도트 표기가 두 차례 나오는 것을 하나로 통합해서 보기 때문이다. 숫자 10은 완전수를 의미한다. 10개의 톨레도트는 제각각 대단락과 소단락을 이끄는 표제이거나 아니면 결론적인 역할을 한다. 대단락과 관련된 톨레도트는 2:4a; 6:9; 11:27; 25:19; 37:2이고, 소단락과 관련된 톨레도트는 5:1; 10:1; 11:10; 25:12; 36:1이다.

70) 앞의 책, 546; James Mckeown, *Genesis: The Two Horizons Old Testament Commentary*, 29.

71) Matthew A. Thomas, *These are the Generations: Identity, Covenant, and the 'toledot' Fomula* (Maiden Lane, New York: T & T International, 2011), 131-32.

72) 예컨대 가인의 계보(4:17-22)가 셋의 계보(4:26)보다 먼저 나오고, 노아의 세 아들 중 셈의 계보(10:21-31)보다 야벳(10:2-5)과 함의 계보(10:6-20)가 먼저 나오고, 이삭의 계보(25:19-20)보다 이스마엘의 계보(25:12-16)가 먼저 나오고, 야곱의 계보(37:2)보다 에서의 계보(36:1-19)가 먼저 나온다. 엄밀히 말하면 가인은 톨레도트에 의한 계보가 없고 흉내만 냈을 뿐이다. 이것은 의로운 씨를 불의의 자녀들과 구별하려는 창세기 저자의 의도로 보인다. 아담이 아벨 대신에 다시 얻은 셋은 아담의 계보(5:1-31)에 들어가 신실하고 의로운 이미지로 후손인 노아(5:31)에게로 자연스럽게 연결되게 한다. 노아 시대의 타락한 사회상은 6장 초두에 나오고, 노아의 족보는 6:9부터 시작한다.

73) Herman Gunkel, *The Legends of Genesis* (New York: Schocken Books, 1984), 19.

74) Robert A. Oden, *The Bible Without Theology: The Theological Tradition and Alternatives to It* (San Francisco: Harper & Row, 1987), 40-91.

75) Bill T. Arnold, "The Genesis Narratives," in *Ancient Israel's History: An Introduction to Issues and Sources,* eds. Bill T. Arnold & Richard S. Hess (Grand Rapids, Michigan: Baker Academic, 2014), 31, 43.

76) 앞의 책, 43.

77) 앞의 책, 33.

78) Megan Bishop Moore and Brad E. Kelle, *Biblical History and Israel's Past: The Changing Study of the Biblical and History* (Grand Rapids, Michigan: William B. Eerdmans, 2011), 68-75.

79) John J. Collins, "Is a Critical Biblical Theology Possible?" in *The Hebrew Bible and Its Interpreters*, eds. William Henry Propp, Baruch Halpern, and David Noel Freedman (Winona Lake, Indiana: Eisenbrauns, 1990), 11.

80) Meir Sternberg, *The Poetics of Biblical Narrative* (Bloomington, Indiana: Indiana University Press, 1987), 25.

81) Robert Alter, *The Art of Biblical Narrative* (Princeton, New York: Princeton University Press, 1980), 23-46.

82) Vern S. Poythress, *Interpreting Eden: A Guide to Faithfully Reading and Understanding Genesis 1-3* (Wheaton, Illinois: Crossway, 2019), 111.

83) 앞의 책, 124.

84) 앞의 책, 124.

85) Robert Alter, *The Art of Biblical Narrative*, 43.

86) Hans Wilhelm. Frei, *The Eclipse of Biblical Narrative: A Study in Eighteenth and Nineteenth Century Hermeneutics* (New Haven: Yale University Press, 1974), 12, 258.

87) C. John Collins, "Adam and Eve as Historical people, and Why It Matters?" in *Perspectives on Science and Christian Faith*, Vol. 62, No. 3 (September 2010): 149.

88) Gerhard von Rad, *Old Testament Theology: The Theology of Israel's Historical Traditions,* Vol. 1, trans. D. M. G. Stalker from Theologie des Alten Testaments, Band I (Louisville, Kentucky: Westminster John Knox Press, 2001), 106.

89) 앞의 책, 108-09.

90) Gerhard von Rad, *Old Testament Theology: The Theology of Israel's Prophetic Traditions*, Vol. 2, trans. D. M. G. Stalker from *Theologie des Alten Testaments*, Band II (Louisville, Kentucky:

Westminster John Knox Press, 2001), 106.

91) Gerhard von Rad, *Genesis: A Commentary*, original trans. John H. Marks from the German (London: SCM Press, 1972), 63.

92) 앞의 책, 63-64.

93) Claus Westermann, "Creation and History in *the Old Testament,*" *in the Gospel and Human Destiny*, 32.

94) Claus Westermann, Genesis: *A Practical Commentary*, trans. David E. Green (Grand Rapids, Michigan: Eerdmans, 1987), 85-86.

95) James Mckeown, *Genesis: The Two Horizons Old Testament Commentary*, 7.

96) Walter Kaiser Jr,, "The Literary Form of Genesis 1-11," in *New Perspectives on the Old Testament*, ed. J. Barton Payne (Waco, Tex.: Word, 1970), 59.

97) William F. Albright, *The Biblical Period from Abraham to Ezra: An Historical Survey* (New York: Harper Torchbooks, 1963), 5.

98) John H. Sailhamer, *The Pentateuch as Narrative: A Biblical-Theological Commentary*, 23.

99) Ronald Hendel, *Reading Genesis: Ten Methods*, ed. Ronald Hendel (Cambridge, New York: Cambridge University Press, 2010), 28. 헨델이 제시한 10가지 방법론은 다음과 같다. 1. 문학, 2. 문화적 기억, 3. 자료들과 편집, 4. 성과 성적 관심, 5. 성경 내적인 해석, 6. 랍비적 해석, 7. 초대교회의 해석, 8. 번역, 9. 현대 문학, 10. 현대 신학.

100) Gerhard von Rad, *Old Testament Theology: The Theology of Israel's Prophetic Traditions*, Vol. 2, 105.

101) Patrick D. Miller, *Israelite Religion and Biblical Theology: Collected Essays*, JSOTSup 267 (Sheffield: Sheffield Academic Press, 2000), 487.

102) Christopher J. H. Wright, *Living as the People of God: The Relevance of Old Testament Ethics* (Leicester, England: InterVarsity, 1983), 19-24.

103) Paul R. House, *Old Testament Theology* (Downers Grove, Illinois: InterVarsity Press, 1998), 57.

104) 앞의 책, 85.

105) Bruce K. Waltke, *An Old Testament Theology: An Exegetical, Canonical, and Thematic Approach* (Grand Rapids: Zondervan, 2007), 143-69.

106) Bruce K. Waltke, "The Creation Account in Genesis 1:1-3, Part IV: The Theology of Genesis 1," *Bibliotheca Sacra 132* (1975): 334.

107) *Creation and Blessing: A Guide to the Study and Exposition of Genesis*, 65-69,

108) G. Ernest Wright and Reginald H. Fuller, *The Book of the Acts of God* (New York, Anchor Books, 1957), 31.

109) David J. A. Clines, *The Theme of the Pentateuch*, 30.

110) 앞의 책, 37-38. 아브라함에게 하신 약속은 9회(창 12:1,7; 13:14-15,17; 15:7,13-16,18; 17:8; 22:17), 이삭에게 하신 약속은 1회(26:2-4), 야곱에게 하신 약속은 3회(28:13-15; 35:12; 46:3).

111) Christopher J. H. Wright, *Living as the People of God: The Relevance of Old Testament Ethics*, 46-64, 88-102.

112) Walter Brueggemann, *The Land: Place as Gift, Promise and Challenge in Biblical Faith* (Philadelphia: Fortress Press, 1977).

113) Michael S. Northcott, *Place, Ecology, And the Sacred: The Moral Geography of Sustainable Communities* (New York: Bloomsbury Academic, 2015), 15.

114) Raymond B. Dillard & Tremper Longman Ⅲ, *An Introduction to The Old Testament*, 51.

115) Walter Brueggemann, *Theology of the Old Testament: Testimony, Dispute, Advocacy* (Minneapolis: Fortress Press, 1997), 145-64, 333-58.

116) Ben C. Ollenburger et al., *The Flowering of Old Testament Theology: A Reader in Twentieth-Century Old Testament Theology*, eds. Ben C. Ollenburger (Winona Lake, Indiana: Eisenbrauns), 478.

117) 콜린스(C. J. Collins)는 창세기 1:1-2:3절은 "이것은 …의 계보니라"라는 표현으로 시작하는 계보의 역사 중 일부가 아니라고 하면서 1장 1절을 문학적 예술성을 띤 "고양된 산문"(exalted prose)이라고 했다.

그의 책 *Reading Genesis Well: Navigating History, Poetry, Science, and Truth in Genesis* 1-11 (Grand Rapids, MI: Zondervan, 2018), 36, 44 참조.

118) Charles H. H. Scobie, *The Ways of Our God: An Approach to Biblical Theology* (Grand Rapids, Michigan: Eerdmans, 2003), 154.

119) James L. Kugel, *The Bible As It Was* (Cambridge, MA: Havard University Press, 1977), 53.

120) 앞의 책, 56.

121) Cornelius Van Til, *An Introduction To Systematic Theology: Prolegomena and the Doctrines of Revelation, Scripture, and God*, ed. William Edgar (New Jersey: P & R Publishing, 2007), 50-55.

122) 앞의 책, 34.

123) Kenneth D. Keathley and Mark F. Rooker, *40 Questions about Creations and Evolution*, ed. Benjamin L. Merkle (Grand Rapids, Michigan: Kregel Publications, 2014), 59-60.

124) Bruce K. Waltke, "The Creation Account in Genesis 1:1-3, Part IV: The Theology of Genesis 1", 327-42.

125) Hans Heinrich Schmid, "Creation, Righteousness, and Salvation: 'Creation Theology' as the Broad Horizon of Biblical Theology," in *Creation in the Old testament*, ed. B. W. Anderson (Philadelphia: Fortress, 1984), 111.

126) H. H. Schmid, "Schöpfung, Gerechtigkeit und Heil, 'Schöpfungstheologie' als Gesamthorizant biblischer Theologie," *ZTK 70* (1973): 15.

127) Terence E. Fretheim, *God and World in the Old Testament: A Relational Theology of Creation* (Nashville: Abingdon Press, 2005), 10-21.

128) Joseph Blenkinsopp, *The Pentateuch: an introduction to the first five books of the Bible* (New York: Doubleday, 1992), 218.

129) John Sailhamer, *The Pentateuch as narrative: a biblical-theological commentary*, 298-99.

130) 창세기 1:1은 종종 해석상 두 가지의 난점이 있다. 이것은 무엇보다 맨

먼저 나오는 단어 '베레쉬트'(태초에)가 정관사가 없이 쓰였기 때문이다. 이로 인해 이 절을 어떻게 번역해야 옳은가 하는 문제와 이 절을 그다음에 나오는 1:2와 1:3-31과 어떻게 조화해야 하는 문제가 대두된다. 전통적인 번역은 이 절을 독립적으로 이해하지만, Anchor Bible 등 몇몇 성경에서는 이 절을 부사절(종속절)로 이해하여 "하나님께서 하늘과 땅을 창조하실 때에"라고 번역하고 있다. 이 단어를 히브리어 명사 구문론상 절대형으로 보는 경우에는 1:1은 독립절이 될 것이고, 연계형으로 보는 경우에는 종속절이 될 것이다. 차일즈(B. Childs)는 두 가지 번역의 가능성을 인정하였지만, "눈에 보이는 세계는 창조의 결과이지 이미 존재하는 물질을 재구성한 결과가 아니다."라며 이 절이 독립하여 있는 완전한 구문인 것으로 보았다. 이 문제에 깊이 접근하려거든 1962년 런던 SCM Press가 발간한 차일즈의 저서 *Myth and Reality in the Old Testament* 참조하라.

131) Hank Hanegraaff, *Fatal Flaws* (Nashville, Tennessee: W Publishing Group, 2003), 80.

132) Peter C. Craigie, *The Old Testament: Its Background, Growth, and Content* (Nashville: Abingdon Press, 1991), 107.

133) Derek Kidner, *Genesis*, TOTC (Downers Grove: InterVarsity, 1967), 43.

134) Daniel M. Berry, "Understanding The Beginning of Genesis: Just How Many Beginnings Were There?", Jewish Bible Quarterly 31. 2 (2003): 90-93 .

135) Terrence E. Fretheim, *Creation, Fall, and Flood: Studies in Genesis 1-11* (Minneapolis: Augsburg Publishing House, 1969), 51.

136) John H. Sailhamer, *The Pentateuch as Narrative: A Biblical-Theological Commentary*, 82.

137) Claus Westermann, *What Does the Old Testament Say About God?* ed. Friedemann W. Golka (Atlanta: John Knox Press, 1977), 14-15.

138) Claus Westermann, *Genesis: A Practical Commentary*, 8.

139) Bruce C. Birch, Walter Brueggemann, Terence E. Fretheim & David L. Petersen, *A Theological Introduction to the Old Testament*, 36.

140) Robert C. Dentan, *Preface to Old Testament Theology* (New York: Yale University Press, 1963), 61.

141) Derek Kidner, *Genesis: An Introduction and Commentary* (Downers Grove: InterVarsity, 1967), 26-31; John Stott, *The Message of Romans* (Downers Grove: InterVarsity, 1994), 162-66.

142) Claus Westermann, *Genesis: A Practical Commentary*, 13.

143) Ronald L. Numbers, *The Creationists: From Scientific Creationism to Intelligent Design* (Cambridge, Massachusetts: Harvard University Press, 2006), 279 재인용.

144) Terence E. Fretheim, *God and World in the Old Testament: A Relational Theology of Creation*, 4.

145) Richard E. Averbeck, "The Lost World of Adam and Eve: A Review Essay," Themelios 40.2 (2015): 227 재인용. 존 왈톤(John Walton)의 이러한 견해를 보려거든 그의 책 *The Lost World of Adam and Eve: Genesis 2-3 and the Human Origins Debate* (Downers Grove, IL: InterVarsity Press, 2015)에서 서문인 11-14면과 결론 및 요약부분인 198-210면을 참조하라.

146) Edward. J Young, *An introduction to the Old Testament* (Grand Rapids, MI: Eerdmans. 1964).

147) 앞의 책, 97.

148) Philip G. Ryken, "We Cannot Understanding the World or Our Faith Without a Real, Historical Adam," in *Four Views on the Historical Adam*, eds. Matthew Barrett and Ardel B. Caneday (Grand Rapids: Zondervan, 2013), 267-79.

149) Tryggve N. D. Mettinger, *The Eden and Religio-historical Study of Genesis 2-3* (Winona Lake, Indiana: Eisenbrauns, 2007), 16.

150) Hans Madueme and Michael Reeves, "Introduction: Adam Under Seige," in *Adam, the Fall, and Original Sin: Theological, Biblical, and Scientific Perspectives*, ed. Hans Madueme and Michael Reeves (Grand Rapids: Baker Academic, 2014), vii.

151) Peter Enns, *The Evolution of Adam: What the Bible Does and Doesn't Say about Human Origins* (Grand Rapids, MI: Brazos Press, 2012).

152) Julian Huxley, *Essays of a Humanist* (New York: Harper & Row, 1964), 125.

153) 앞의 책, 222.

154) "당신이 누구라고 생각하느냐" 「중앙일보」, 2017년 1월 6일, 31면.

155) 지적 설계(ID)란 생명을 비롯한 모든 존재가 지적 존재에 의해 의도적으로 설계되었다는 것을 탐구하여 과학적 논증을 통해 그 설계의 가능성을 증명하려는 이론으로서 이 이론의 현재적 형태는 1980년대 중반에 나타났다. 즉 지적 설계란 생명을 발생시키는 복잡한 과정의 근원에 신적 창조의 개입이 있다고 함으로써 생물학적 기원을 '지적 존재에 의한 지적 설계'로 설명하려는 운동이다. 여기서 '지적 존재'(초자연적인 원인자)란 하나님을 의미한다. 그러나 지적 설계 또는 지적 설계론은 전통적인 기독교 창조론과는 다르다. 왜냐하면 지적 설계는 기독교 창조론에서 이 세상의 창조자인 하나님이라는 신학적 요소를 제거하여 그 탐구 내용을 과학적 논증이 가능한 것에만 한정한 것이기 때문이다. 지적 설계는 창조론에 대한 언급은 가급적 배제하되 다윈주의에 대해서는 철두철미하게 비판적인 입장을 견지해나가는 학문적인 운동이다. 이 운동의 초기 주창자들은 생화학자인 미카엘 덴톤(Michael Denton), 법률 교수인 필립 존슨(Phillip Johnson), 생물학자인 미카엘 베헤(Michael Behe), 수학자인 윌리엄 뎀스키(William Dembski) 등 개신교 과학자들이다. 지적 설계는 미국 펜실베니아주의 고등학교 학부모들이 공립 고등학교의 생물 수업에 진화론과 함께 이 이론을 정식으로 가르쳐야 한다는 재판을 청구해 일반인들에 널리 알려지게 되었는데, 이것이 그 유명한 키즈밀러 대 도버(Kitzmiller v. Dover) 재판이다. 재판이 진행되던 2005년 8월 조지 부시 대통령은 학부모들의 손을 들어줘 화제가 됐었다. 하지만 존 E. 존스 3세(John E. Jones Ⅲ) 연방법원 판사는 지적 설계는 과학이 아니며 창조론과 분리할 수 없다고 판시해 학부모들이 뜻을 이루지 못했다. "공립학교의 과학 수업시간에 ID를 진화론의 대안으로 가르치는 행위는 헌법에 위반된다."는 연방법원의 판시는 이 이론의 주창자인 캘리포니아 대학의 법학교수 필립 존슨(Philip E. Johnson)이 '유신론적 사실주의'(theistic realism)라고 부른 것과는 사뭇 대조적이다.

156) Philip Clayton, "Where Did the Universe Come from, and Does it Matter?" in *Process Perspective: Newsmagazine of the Center for Process Studies*, Vol. 29. 3 (Winter 2007): 1.

157) 'BioLogos'는 biology(생물학)과 logos(하나님의 말씀)의 합성어로, 이것을 우리말로는 '생물학과 하나님의 말씀'으로 번역할 수 있다. 이 희한한 신조어는 미국의 저명한 의사이자 유전학인인 프란시스 콜린스(Francis Collins)가 2006년 "BioLogos"라는 관점으로 유신론적 진화론을 옹호하는 화제의 책(*The Language of God: A Scientist Presents Evidence for Belief*)을 출간한 데서 유래되었다. '인간 게놈 프로젝트'(Human Genome Project)를 지휘해서 세상에 널리 이름이 알려진 콜린스는 현재는 미국의 국민건강연구소의 소장으로 일하고 있다. 콜린스는 창세기에 나타난 하나님의 창조 언어와 그 언어로 말미암은 인간 창조가 생물학적인 과학세계의 인간과 너무나 다르다고 생각하고, 서로 대립하는 종교와 과학의 두 영역을 조화시킬 대화의 통로를 열어 후기 포스트모던 시대를 사는 현대 기독교인들의 신앙을 어떻게 지키면

좋을까 고민했다. 그는 자신의 생각을 책으로 출간한 데 이어 2007년에는 'BioLogos Foundation'이란 기독교 옹호기관을 설립해 자신이 직접 초대 총재로 취임, 기독교 신앙의 수호와 복음의 정당성을 입증하는 일에 힘쓰고 있다. 그는 하나님이 창조한 인간 안에는 창조적 인간만이 가질 수 있는 DNA가 있다고 한다. 이 DNA가 수많은 인구를 증식시킴으로써 인류는 지구 곳곳에 퍼지며 하나님의 창조적 능력과 섭리 안에서 진화를 거듭해 왔다고 주장한다. 그는 성경이 영감 된 하나님의 권위 있는 말씀이고 예수 그리스도의 부활도 인정한다. 그러면서 그는 지구상의 다양한 생명체들이 계속적인 창조활동을 통해 진화되어 간다고 생각한다. 그는 '진화론적 창조'(EC: Evolutionary Creationism)의 관점으로서만 모든 생명체의 실체가 존재하는 원리를 규명할 수 있다고 믿는다. 그 원리는 'BioLogos'이다. 'BioLogos'는 진화, 지적 설계, 창조가 어떻게 다른지를 설명한다. 진화는 과학의 한 종류이므로 자연세계를 설명하는 데 한계가 있는 반면, 'BioLogos'는 기적 같은 초월적인 자연현상도 설명할 수 있다고 이 과학자는 자신한다. 'BioLogos'에 의해 생명에 대한 진화 과학적 설명은 우주의 지적 설계자요 창조자이시며 유지자이신 하나님에 관한 튼튼한 신학적 이해를 보충해줄 수 있는 유일한 이론이라는 것이다. 그러나 그의 이론은 참신한 것 같지만 순수한 창조설의 변형에 다름 아니다. 콜린스의 주장대로라면 결국 인간의 역사는 진화론적 창조의 역사가 되고 만다. 그뿐만 아니라 아담과 하와는 생물학적으로 지구상에 살았던 사람들이 아니라는 것을 스스로 증명하고 셈이니 어찌 이 이론이 기독교 신앙을 수호하기에 적합한 이론이라고 할 수 있겠는가.

158) Ronald L. Numbers, *The Creationists: From Scientific Creationism to Intelligent Design*, 431.

159) 앞의 책, 431.

160) Philip Clayton, "Where Did the Universe Come from, and Does it Matter?" in *Process Perspective: Newsmagazine of the Center for Process Studies*, 2-3.

161) John H. Walton, *The Lost World of Adam and Eve: Genesis 2-3 and the Human Origins Debate* (Downers Grove, IL: InterVarsity Press, 2015), 74-77, 114.

162) 앞의 책, 115, 177.

163) 앞의 책, 114-115.

164) 유신론적 진화론과 진화론적 창조론에 대한 학자들의 견해를 살펴려거든 John M. Otis, *Theistic Evolution: A Sinful Comprise* (McLeansville, NC: Triumphant Publications Ministries, 2013); Norman L. Geisler and J. Kerby Anderson, *Origin Science: A Proposal for the Creation-Evolution Controversy* (Grand Rapids, Michigan: Baker Book House, 1987), 167; Henry M. Morris and Gary E. Parker,

What Is Creation Science? (San Diego: Creation-Life Publishers, 1982); Howard J. Van Till, Davis A. Young, and Clarence Menninga, *Science Held Hostage* (Downers Grove, IL: InterVarsity Press, 1988); Denis O. Lamoureux, *Evolutionary Creation: A Christian Approach to Evolution* (Eugene, OR: Wipf and Stock Publishers, 2008) 등 저서들을 참조하라.

165) Kenneth D. Keathley and Mark F. Rooker, *40 Questions about Creations and Evolution*, 37-78.

166) Norman Geisler, *Systematic Theology: God and Creation*, Vol. 2 (Minneapolis, MN: Bethany House, 2003), 644.

167) Richard E. Averback, "The Lost World of Adam and Eve: A Review Essay," Themelios 40.2 (2015): 233.

168) John H. Walton, "Response to Richard Averbeck," Themelios 40.2 (2015): 241.

169) Philip Clayton, "Where Did the Universe Come from, and Does it Matter?" in *Process Perspective: Newsmagazine of the Center for Process Studies*, 5.

170) Henri Blocher, *In the Beginning: The Opening Chapters of Genesis* (Downers Grove: InterVarsity Press, 1984), 27.

171) Vern S. Poythress, *Interpreting Eden: A Guide to Faithfully Reading and Understanding Genesis 1-3*, 105-130.

172) Terence E. Fretheim, *God and World in the Old Testament: A Relational Theology of Creation*, 27.

173) Michael Horton, *The Christian Faith: A Systematic Theology for Pilgrims on the Way* (Grand Rapids: Zondervan, 2011), 325.

174) Gordon J. Wenham, "Genesis," in *Theological Interpretation of the Old Testament: A Book-by-Book Survey*, 31.

175) C. John Collins, "Adam and Eve as Historical People, and Why It Matters?" in *Perspectives on Science and Christian Faith*, 152.

176) 앞의 책, 147-150.

177) William D. Barrick, Denis O Lamoureux, John H. Walton, C. John Collins, *Four Views on the Historical Adam*, eds. Matthew Barrett & Ardel B. Caneday (Grand Rapids: Zondervan, 2013), 199-200.

178) 앞의 책, 222.

179) Kenneth D. Keathley and Mark F. Rooker, *40 Questions about Creations and Evolution*, 335, 345-56, 363-75.

180) Merrill F. Unger, *Guide to the Old Testament*, 엄성옥 역 『구약개론』(서울: 은성, 1998), 204.

181) Gerhard von Rad, "The Biblical Story of Creation," in *God at Work in Israel*, trans. John H. Marks (Nashville: Abingdon, 1980), 99.

182) Jürgen Moltmann, *God in Creation: An Ecological Doctrine of Creation* (London: SCM Press, 1985).

183) Ted Peters, *Playing God?: Genetic Determinism and Human Freedom* (New York: Routledge and Taylor & Francis Books, 2012), 15.

184) Nicolaas A. Rupke, "Five Discourses of Bible and Science 1750-2000," in *A Master of Science History: Essays in Honor of Charles Coulston Gillispie*, ed. Jed Z. Buchwald (New York: Springer, 2012), 185-88.

185) Charles Coulston Gillispie, *Genesis and Geology: A Study in the Relations of Scientific Thought, Natural Theology, and Social Opinion in Great Britain*, 1790-1850 (Cambridge, Massachusetts: Havard University Press, 1996), 3.

186) Professor H. Enoch, *Evolution or Creation* (Grand Rapids, Michigan: Evangelical Press, 1976), 121-23.

187) Davis A. Young, *Christianity and the Age of the Earth* (Grand Rapids, Michigan: Zondervan, 1982), 25.

188) A.M.은 라틴어 'anno mundi'의 약어로 '천지창조 이래로'(in the year of the world)란 뜻이다. 어셔는 하나님께서 아담을 창조하신 시점을 원년으로 삼아 노아 시대의 홍수를 1656년, 아브라함의 출생을 2008년, 야곱의 애굽 이주를 2298년, 출애굽을 2513년, 그리스도 탄생을 4000년으로 계산했다. 예수 그리스도의 탄생 시점을 기준으로 만든 서력기원(B.C./A.D.)으로는 천지창조는 기원전 4004년, 노아의 홍수는 기원전 2349년, 아브라함의 출생은 기원전 1997년, 야곱의 애굽 이주는 기원전 1707년, 출애굽은 기원전 1492년이다.

189) 여기에서 느부갓네살 왕은 바벨론의 마지막 왕인 벨사살의 부친으로 나와 있으나 벨사살의 역사상 실제 부왕은 나보니두스다.

190) J. Ligon Duncan III, David W. Hall, Hugh Ross, Gleason L. Archer, Lee Irons, & Meredith G. Kline, *The Genesis Debate: Three Views on the Days of Creation*, ed. David G. Hagopian (Mission Viejo, Calif.: Crux Press, 2001).

191) 앞의 책, 125.

192) Norman Geisler, *Systematic Theology: God and Creation*, Vol. 2, 643-44.

193) Lee Irons with Meredith G. Kline, "The Framework Reply," in *The Genesis Debate: Three Views on the Days of Creation*, ed. David G. Hagopian (Mission Viejo, CA: Crux Press, 2001), 221-22.

194) Derek Kidner, *An Introduction and Commentary* (Leicester, England and Downers Grove, IL: InterVarsity, 1967), 55.

195) Andrew S. Kulikovsky, *A Review of The Genesis Debate: Three Views on the Days of Creation* (Mission Viejo, CA: Crux Press, 2001).

196) Walter C. Kaiser Jr., *The Promise-Plan of God: A Biblical Theology of the Old and New Testament* (Grand Rapids, Michigan: Zondervan, 2008), 39.

197) Gordon J. Wenham, Word Biblical Commentary: *Genesis 1-15*, Vol. 1 (Zondervan, 1987), 12-13; C. John. Collins, *Genesis 1-4: A Linguistic, Literary, and Theological Commentary* (NJ: P&R Publishing, 2005), 51-55.

198) John H. Sailhamer, *Genesis Unbound* (Sisters, Oregon: Multnomah, 1996), 174.

199) Jon D. Levenson, *Creation and the Persistence of Evil* (San Francisco: Harper Row, 1988), 5.

200) Philo, De Opificio Mundi, I, i, 1.

201) U. Cassuto, *A Commentary on the Book of Genesis* (Jerusalem: The Magnes Press, 1961), 19-23; Kenneth A. Matthews, *The New American Commentary: Genesis 1-11:26* (Nashville: Broadman & Holman Publishers, 1996), 139; Hermann Gunkel, *Genesis* (Macon, Georgia: Mercer University Press, 1997), 103. Victor P. Hamilton, *The Book of Genesis: Chapters 1-17*, NICOT (Grand Rapids: Eerdmans, 1990), 103-108. Terence E. Fretheim, *The Book of Genesis*, NIB vol. 1 (Nashville: Abingdon Press, 1994), 342.

202) Bruce K. Waltke, *Creation and Chaos* (Portland, OR: Western Conservative Baptist Seminary, 1974), 33.

203) Bruce K. Waltke, with Cathi J. Fredricks, *Genesis: A Commentary* (Grand Rapids, MI: Zondervan, 2007), 58-59.

204) 앞의 책, 218.

205) 앞의 책, 219.

206) 헹스텐버그(W. K. Hengstenberg), 델리취(F. Delitzsch), 쿠르츠(Kurtz), 폰 마이어(F. von Meyer), 찰머스(T. Chalmers), 히치코크(E. Hitchcock), 쿠스탄스(A. C. Custance) 등이 갭 이론을 옹호하는 학자들이다.

207) Gleason L. Archer, *A Survey of Old Testament Introduction*, 196-203.

208) James W. Watts, *A Survey of Old Testament Teaching* (Nashville, TN: Broadman, 1947), 1:16..

제2부

209) Vern S. Poythress, *Interpreting Eden: A Guide to Faithfully Reading and Understanding Genesis 1-3*, 272.

210) 어떤 학자들은 창조기사의 이러한 점에 착안하여 창조를 연대기적으로 다루지 않고 비연대기적으로 접근하는 이론(framework theory)을 개발해냈다. 이 경우 처음 3일은 영역과 본질의 창조이고, 나중 3일은 이 영역과 공간에 천체들과 식물들과 동물들과 사람을 채워 넣는 창조이다.

211) Claus Westermann, *Creation*, trans. John J. Scullion (Philadelphia: Fortress Press, 1974), 7.

212) Henri Blocher, *In the Beginning: The Opening Chapters of Genesis*, 77.

213) Claus Westermann, *Genesis: A Practical Commentary*, 10.

214) Cornelius Van Til, *An Introduction To Systematic Theology: Prolegomena and the Doctrines of Revelation, Scripture, and God*, 117-19. 반틸은 사람이 하나님의 형상을 따라 창조되었다고 하는

것은 사람의 지식 이상으로도 하나님을 완전히 알 수 없다는 사실과, 그럼에도 불구하고 사람의 지식이 참되다는 것을 함의한다고 주장한다.

215) Laurence A. Turner, *Announcements of Plot in Genesis* (Sheffield: Sheffield Academic Press, 1990), 21.

216) D. A. Carson, R. T. France, J. A. Motyer & G. J. Wenham, *New Bible Commentary* (Downers Grove, Illinois: InterVarsity Press, 1994), 61.

217) Gregory K. Beale, *The Temple and the Church's Mission: A Biblical Theology of the Dwelling Place of God* (Downers Grove, IL: Inter-Varsity Press, 2004), 3장 전체.

218) 앞의 책, 84-85.

219) 앞의 책, 301.

220) Margaret Barker, *King of The Jews: Temple Theology in John's Gospel* (London: Society for Promoting Christian Knowledge, 2014), 51-52.

221) Meredith G. Kline, *Kingdom Prologue: Genesis Foundations for A Covenantal Worldview*, 43.

222) Tikva Frymer-Kensky, *Studies in Bible and Feminist Criticism* (Philadelphia, PA: The Jewish Publication Society, 2006), 91.

223) C. S. Lewis, *Miracles: A Preliminary Study* (London: Geoffrey Bles, the Centenary Press, 1947), 134.

224) Bruce C. Birch, Walter Brueggemann, Terence E. Fretheim & David L. Petersen, *A Theological Introduction to the Old Testament*, 37.

225) Horst Dietrich Preuss, *Old Testament Theology*, Vol. I, trans. Leo G. Perdue from *Theologie des Alten Testaments*, Band II (Louisville, Kentucky: Westminster John Knox Press, 1995), 116.

226) Philip Hefner, *The Human Factor: Evolution, Culture, and Religion* (Minneapolis: Fortress, 1993), 38.

227) Bruce C. Birch, Walter Brueggemann, Terence E. Fretheim

& David L. Petersen, *A Theological Introduction to the Old Testament*, 37.

228) C. John Collins, "Adam and Eve as Historical People, and Why It Matters?" in *Perspectives on Science and Christian Faith*, 155-56.

229) Walter Brueggemann, *Theology of the Old Testament: Testimony, Dispute, Advocacy*, 163.

230) Th. C. Vriezen, *An Outline of Old Testament Theology* (Newton Centre, Mass.: Charles T. Branford Company, 1966), 144.

231) Jean Jong-koo, *Covenant Theology: John Murray's and Meredith G. Kline's Response to the Historical Development of Federal Theology in Reformed Thought* (Lanham, Maryland: University Press of America, 1999), 196.

232) Michael S. Horton, *Introducing Covenant Theology* (Grand Rapids, MI: Baker Books, 2006), 9-14.

233) Phyllis A. Bird, "Male and Female He Created Them: Genesis 1:27b in the Context of the Priestly Account of Creation," in *I Studied Inscriptions From Before The Flood: Ancient Near Eastern, Literary, and Linguistic Approaches to Genesis 1-11*, Vol. 4, eds. Richard S. Hess and David Toshio Tsumura (Winona Lake, Indiana: Eisenbrauns, 1994), 361.

234) Elizabeth Cady Stanton, *The Woman's Bible: The Original Feminist Attack on the Bible* (New York: European Publishing, 1898), 21.

235) Claus Westermann, *Creation*, trans. John J. Scullion (Philadelphia: Fortress Press, 1974), 57.

236) Gerhard von Rad, *Old Testament Theology: The Theology of Israel's Historical Traditions*, Vol. 1, 144.

237) Gerhard von Rad, *Genesis: A Commentary*, 57-58.

238) Horst Dietrich Preuss, *Old Testament Theology*, Vol. I, 115.

239) 앞의 책, 146.

240) Gregory K. Beale, *Erosion of Inerrancy in Evangelicalism: Responding to New Challenges to Biblical Authority* (Wheaton,

Illinois: Crossway Books, 2008), 53, 64, 75.

241) 고대 근동 지역에서 구약성서의 창조와 비슷한 창조 설화는 두 개가 있다. 하나는 '에누마 엘리쉬'(Enuma Elish)라는 서사시 형태의 설화다. 에누마 엘리쉬의 편집연대는 학자마다 차이가 있으나 대체로 기원전 2천 년 중반 무렵 만들어졌다는 견해가 설득력 있게 받아들여진다. 또 하나는 '아트라하시스 서사시'(Atrahasis Epic)인데, 이것은 초기 사본이 기원전 1700년경의 것으로 추정된다.

242) Gregory K. Beale, *Erosion of Inerrancy in Evangelicalism: Responding to New Challenges to Biblical Authority*, 33

243) Victor P. Hamilton, *Handbook on the Pentateuch: Genesis, Exodus, Leviticus, Numbers, Deuteronomy*, 2nd ed. (Grand Rapids, Michigan: Baker Academic, 2005), 34-39.

244) 그리스 신화에 나오는 반인반어(半人半魚)의 바다에서 사는 신. 반은 물고기고 반은 사람처럼 생겼다.

245) 그리스 신화에 나오는 반인반마(半人半馬)의 괴물. 머리와 팔 등 상체는 사람의 형상을 하고 허리 아래는 말의 형상을 하였다.

246) Annewies van den, Hoek & John J. Herrmann, Jr., *Pottery, Pavements, and Paradise: Icon Graphic and Textual Studies on Late Antiquity* (leiden: Brill NV, 2013), 172.

247) Gleason L. Archer, *A Survey of Old Testament Introduction*, 212.

248) Jiri Moskala, "The Sabbath in the First Creation Account," *JATS* 13/1 (2002): 57.

249) William J. Dumbrell, *The Faith of Israel: Its Expression in the Books of the Old Testament* (Grand Rapids, Michigan: Baker Book House, 1988), 18.

250) Meredith G. *Kline, Kingdom Prologue: Genesis Foundations for A Covenantal Worldview*, 19.

251) Meredith G. Kline, *The Structure of Biblical Authority*, 이용중 옮김 『언약과 성경』, 116-17.

252) John H. Walton, *The Lost World of Adam and Eve: Genesis 2-3 and the Human Origins Debate*, 46.

253) 앞의 책, 35-45 (Proposition 3).

254) Vern S. Poythress, *Interpreting Eden: A Guide to Faithfully Reading and Understanding Genesis 1-3*, 163.

255) C. John Collins, "Review of The Lost World of Genesis One," Reformed Academic 26 (November 2009), 6.

256) John H. Walton, *The Lost World of Adam and Eve: Genesis 2-3 and the Human Origins Debate*, 24-34 (Proposition 2); idem, *Human Origins and the Bible, Zygon* 47, No. 4 (December 2012): 875-889.

257) John H. Walton, *Genesis 1 as Ancient Cosmology* (Winona Lake, IN: Eisenbrauns, 2011), 110.

258) Gregory K. Beale, *Erosion of Inerrancy in Evangelicalism: Responding to New Challenges to Biblical Authority*, 161-218.

259) Gregory K. Beale, *The Temple and the Church's Mission: A Biblical Theology of the Dwelling Place of God* (Downers Grove, IL: Inter-Varsity Press, 2004), 60-66.

260) 앞의 책, 79-80.

261) 앞의 책, 58.

262) Gregory K. Beale, *A New Testament Biblical Theology: The Unfolding of the Old Testament in the New* (Grand Rapids, Michigan: Baker Academic, 2011), 40, 912.

263) Gregory K. Beale, *The Temple and the Church's Mission: A Biblical Theology of the Dwelling Place of God*, 32.

264) 앞의 책, 913.

265) Gordon J. Wenham, "Sanctuary Symbolism in the Garden of Eden Story," in *I Studied Inscriptions From Before The Flood: Ancient Near Eastern, Literary, and Linguistic Approaches to Genesis 1-11*, Vol. 4, eds. Richard S. Hess and David Toshio Tsumura (Winona Lake, Indiana: Eisenbrauns, 1994), 399-404.

266) Gregory K. Beale, *A New Testament Biblical Theology: The Unfolding of the Old Testament in the New*, 924.

267) Issac M. Kikawada, "The Double Creation of Mankind in Enki and Ninmah, Atrahasis I 1-351, and Genesis 1-2," in *I Studied Inscriptions From Before The Flood: Ancient Near Eastern, Literary, and Linguistic Approaches to Genesis 1-11*,

Vol. 4, eds. Richard S. Hess and David Toshio Tsumura (Winona Lake, Indiana: Eisenbrauns, 1994), 169-74; I. M. Kikawada and A. Quinn, *Before Abraham Was: The Unity of Genesis 1-11* (Nashville: Abingdon, 1985), 39ff; Leon R. Kass, *The Beginning of Wisdom: Reading Genesis*, 10.

268) Marva J. Dawn, *In the Beginning, God: Creation, Culture, and the Spiritual Life* (Downers Grove, IL: InterVarsity Press, 2009), 67-73.

269) Gerhard von Rad, *Old Testament Theology: The Theology of Israel's Historical Traditions*, Vol. 1, 140.

270) Tryggve N. D. Mettinger, *The Eden Narrative: A Literary and Religio-historical Study of Genesis 2-3*, 134-35.

271) 앞의 책, 140.

272) Werner. H. Schmidt, *Old Testament Introduction*, trans. Matthew J. O'connell, 2nd ed. (Louisville: Westminster John Knox Press, 1999), 80.

273) Richard E. Friedman, *Who wrote the Bible?* (New York: Harper & Row, 1987), 50.

274) Tamara Cohn Eskenazi, "Torah as Narrative and Narrative as Torah," in *Old Testament Interpretation: Past, Present, and Future, Essays in Honor of Gene M. Tucker*, eds. James Luther Mays et al. (Nashville: Abingdon Press, 1995), 17.

275) 앞의 책, 17.

276) T. Desmond Alexander, *From Paradise to the Promised Land: An Introduction to the Pentateuch*, 162

277) 구약성경에서 이 단어가 나오는 곳은 창 3:23, 출 3:5, 사 14:2; 15:9; 19:17, 슥 2:12 등.

278) Umberto Cassuto, *A Commentary on the Book of Genesis, Part One: From Adam to Noah,* trans. Israel Abrahams (Jerusalem: Magnes Press, 1961), 89-92.

279) Th. C. Vriezen, *An Outline of Old Testament Theology*, 143.

280) William J. Dumbrell, *The Faith of Israel: Its Expression in the*

Books of the Old Testament, 19.

281) Bruce K. Waltke, *Creation and Chaos*, 32-33. 왈키가 관찰한 두 단락의 평행 구조는 다음과 같다. 1. 서문적 요약 성명(1:1=2:4), 2. 부대절(1:2=2:5-6), 3. 주절(1:3=2:7).

282) D. A. Carson, R. T. France, J. A. Motyer & G. J. Wenham, *New Bible Commentary*, 59.

283) James Mckeown, Genesis: *The Two Horizons Old Testament Commentary*, 30.

284) S. G. F. Brandon, *Creation Legends of the Ancient Near East* (Hachette UK: Hodder and Stoughton, 1963), 120-21.

285) Victor P. Hamilton, *Handbook on the Pentateuch: Genesis, Exodus, Leviticus, Numbers, Deuteronomy*, 23.

286) Gudmundur Olafsson, "Genesis 2-A Special 'Creation'?: An Introductory Study of an Old Problem," in *To Understand the Scriptures: Essays in Honor of William H. Shea*, ed. David Merling (Michigan: Institute Archaeology of Andrews University, 1997), 6.

287) Jiri Moskala, "A Fresh Look at Two Genesis Creation Accounts: Contradictions?" in Andrews University Seminary Studies, 49.1 (2011): 52. 모스칼라는 창조의 두 내러티브가 창조의 날들의 수, 하나님의 이름, 하루의 시간적 길이, 창조에 대한 하나님의 평가, 창조의 장소적 공간, 죄와의 연관성, 창조의 정교성, 인간에 대한 하나님의 축복의 조건, 강조점 등에서 차이가 있다는 것을 발견한다. 그러나 두 내러티브는 이질적인 게 아니고 본질적으로 동일한 내용을 지닌 하나의 자료라고 주장한다.

288) Ivan Engnell, "'Knowledge' and 'Life' in the Creation Story," Wisdom in Israel and in the Ancient Near (VTSup 3; ed. Martin Noth and D. Winton Thomas; Leiden: E. J. Brill, 1969), 103.

289) Craig G. Bartholomew, "Covent and Creation: Covent Overload or Covenantal Deconstruction," CTJ 30 (1985): 26.

290) Jean Jong-koo, *Covenant Theology: John Murray's and Meredith G. Kline's Response to the Historical Development of Federal Theology in Reformed Thought*, 194.

291) 앞의 책, 194.

292) 앞의 책, 195; Meredith G. Kline, *Kingdom Prologue: Genesis Foundations for A Covenantal Worldview* (Eugene, Oregon: Wife

& Stock Publishers, 2006), 15.

293) Gregory K. Beale, *A New Testament Biblical Theology: The Unfolding of the Old Testament in the New*, 42-43.

294) 비일(Beale)은 창세기 1-3장에는 '언약'이란 단어가 직접적으로 나타나지는 않지만, 이 단원은 구약의 일반적인 언약의 전형을 이룬다고 주장한다. 그는 창세기 1-3장에서 다음과 같은 네 가지의 언약적인 요소가 있다고 한다. 1. 하나님-인간 두 당사자의 등장, 2. 순종의 조건이 제시, 3. 계약 위반에 대한 저주의 위협, 4. 순종에 대한 축복의 함축.

295) Gregory K. Beale, *The Temple and the Church's Mission: A Biblical Theology of the Dwelling Place of God*, 87.

296) R. W. L. Moberly, *Old Testament Theology: The Theology of the Book of Genesis* (Cambridge: Cambridge University Press, 2009), 74.

297) 김준수, 『에덴의 언어』 (서울: 북센, 2021), 71-85. 하나님의 언어에 대해 좀 더 알고 싶거든 필자의 이 책을 참고하기 바란다. 필자는 이 인문학 책에서 에덴의 언어가 무엇인지에 대해 먼저 질문을 한 후, 하나님도 우리들 인간처럼 말을 한다고 밝히고 '신의 언어'와 '아담의 언어'에 대해 고찰했다.

298) Philip R. Davies, "Genesis and the Gendered World," in *The World of Genesis: Persons, Places, Perspectives*, eds. Philip R. Davies & David J. A. Clines (JOST Supplement Series 257; Sheffield, England: Sheffield Academic Press 1998), 7.

299) Edwin Zulu, "Sin, Gender, and Responsibility: A Contextual Interpretation of Genesis 3," in *Genesis*, eds. Athalya Brenner, Archie Chi Chung Lee, and Gale A. Yee (Minneapolis, MN: Fortress Press, 2010), 55-63.

300) Gerhard von Rad, *Genesis: A Commentary*, 91.

301) Alvin Plantinga, *God, Freedom and Evil* (Grand Rapids, Michigan: Eerdmans, 2002), 30.

302) 앞의 책, 30.

303) Horst Dietrich Preuss, *Old Testament Theology*, Vol. II, trans. Leo G. Perdue from *Theologie des Alten Testaments*, Band II (Louisville, Kentucky: Westminster John Knox Press, 1996), 171.

304) Paul Helm, *The Providence of God: Contours of Christian Theology* (Downers Grove, Illinois: InterVarsityPress, 1993), 185.

305) Carol Meyers, *Discovering Eve: Ancient Israelite Women in Context* (Oxford: Clarendon, 1988).

306) Bruce K. Waltke, *An Old Testament Theology: An Exegetical, Canonical, and Thematic Approach*, 150.

307) 앞의 책, 151.

308) James Barr, *The Garden of Eden and the Hope of Immortality* (Minneapolis, MN: Fortress, 1993), 4-6; Claus Westermann, *Genesis 1-11: A Commentary*, trans. John J. Scullion (Minneapolis: Augsburg, 1984), 276-77.

309) Nahum M. Sarna, *Understanding Genesis: The Heritage of Biblical Israel* (New York: Schocken Books, 1970), 23-28.

310) James Montgomery Boice, *Genesis: An Expositional Commentary* (Grand Rapids, Michigan: Ministry Resource Library), 168-69.

311) 창세기 3-11장은 하나님의 피조물들이 저지른 갖가지 죄와 반역들의 이야기다. 베스터만(Westermann)은 인간의 급속한 타락상을 보여주는 이 이야기에서 다섯 개의 중요한 이야기(3장의 타락, 4장의 가인, 6장의 하나님의 아들들, 6장과 7장의 홍수, 11장의 바벨탑)를 관찰한 결과 공통점이 있는 것을 발견했다. 즉 이야기들은 한결같이 '인간의 죄→하나님의 말씀→심판의 완화→심판'이라는 일정한 사이클로 내러티브가 전개된다는 것이다. 창세기 주제에 대한 베스터만의 관찰은 클라인즈의 아래 논고를 참조하면 도움이 된다. D. J. A. Clines, "Theme in Genesis 1-11," in *I Studied Inscriptions From Before The Flood: Ancient Near Eastern, Literary, and Linguistic Approaches to Genesis 1-11*, Vol. 4, eds. Richard S. Hess and David Toshio Tsumura (Winona Lake, Indiana: Eisenbrauns, 1994), 289-90.

312) 구약성경 창세기에 기록된 대홍수 사건과 비슷한 이야기로는 메소포타미아의 길가메쉬 서사시(Gilgamesh)와 아트라하시스 서사시(Atrahasis)가 있다. 성경의 권위를 좀처럼 인정하지 않으려는 진보적인 학자들은 창세기 기자가 메소포타미아에서 전해 내려오는 홍수 설화들을 빌려와 노아의 홍수를 꾸며냈다고 강변한다. 그들은 왜 성경의 역사적 사건을 이스라엘의 주변 문화권이 차용했으리라는 점은 무시하고 이스라엘 주변문화권의 저급한 이야기들을 성경이 그럴듯하게 가공했다고 주장하는 걸까? 성경의 기록 말고도 고대 근동에 대홍수 —그것이 전 세계적이든 국지적이든— 에 관한 이런 기록들이 있는 것을 보면 역사상 실제로 큰 홍수가 있었다는 것을 방증해준다. 정신 나간 사람이 아닌 다음에야 메소포타미아의 홍수에 관한 두 신화의 저변에 흐르는 정신과 세계관은 성경의 사상과 세계관과 도저히 어울리지 않는다는 것을 깨닫게 된다. 유사점보다는 차이점이 많다는 말이다. 양자 간에는 특히 윤리적

신관과 인류의 건강한 도덕관에 있어서 결정적인 차이가 있다. 고대 근동의 홍수 설화들과 성서의 홍수 기록 간 유사점과 차이점에 대해 더 자세히 알려거든 아래 책들을 참고하기 바란다. Derek Kidner, *Genesis: An Introduction and Commentary* (Downers Grove: InterVarsity, 1972), 96; James M. Boice, *Genesis: An Expositional Commentary, Genesis 1:1-11:32*, Vol. 1 (Grand Rapids: Zondervan, 1982), 285-87; Jack P. Lewis, "Flood," ABD, Vol. 6, ed. David Noel Freedom (New York: Doubleday, 1992), 2:798; Nahum Sarna, *Genesis*, JPS Commentary (Philadelphia: Jewish Publication Society, 1989), 48; John Skinner, *A Critical and Exegetical Commentary on Genesis*, ICC (Edinburgh: T & T Clark, 1910), 178.

313) John Mcray, *Bible Archaeology: An Exploration of the History and Culture of Early Civilizations* (Grand Rapids, Michigan: Baker Books, 2005), 44.

314) 고대 근동에서 홍수에 관한 바벨론 이야기는 세 개 ─수메르 홍수(Sumerian Flood), 길가메쉬 서사시(Gilgamesh Epic), 아트라하시스 서사시(Atrahasis Epic)─ 가 전해 온다. 세 개의 이야기 중 창세기와 유사한 이야기는 길가메쉬 서사시와 아트라하시스 서사시다. 아트라하시스의 가장 오래된 사본은 기원전 17세기의 것이고, 길가메쉬 서사시의 가장 오래된 사본은 기원전 2000-1500년 사이의 것으로 추정되는 수메르어 판본이다. 창세기에 나오는 노아 시대의 대홍수 사건은 메소포타미아 바벨론에서 회자되는 홍수 이야기를 본뜬 것이라고 주장하는 학자들이 있지만, 최근 연구들은 창세기의 홍수와 바벨론의 홍수는 관점 자체가 상당히 다른 것으로 확인해주고 있다.

315) Derek Kidner, *Genesis: An Introduction and Commentary*, 96; Todd S. Beall, "Contemporary Hermeneutical Approaches to Genesis 1-11," in *Coming to Grips with Genesis*, ed, Terry Mortenson and Thane H. Ury (Green Forest, Ark: Master, 2008), 140.

316) Clare Amos, *The Book of Genesis, Epworth Commentaries*, ed. Ivor H. Jones (Werrington, Peterborough: Epworth Press, 2004), 45-46.

317) Ronald Youngblood, *The Genesis Debate: Persistent Questions About Creation and the Flood* (Grand Rapids, Michigan: Baker Book, 1990), 180.

318) Herbert C. Leupold, *Exposition of Genesis*, Vol. 2 (Grand Rapids, Michigan: Baker Book House, 1942), 1:301-02; G. Charles Aalders, *Genesis*, Vol. 2 (Grand Rapids, Michigan: Zondervan Publishing, 1981), 1:193; Franz Delitzsch, *A New Commentary on Genesis*, trans. Sophia Taylor, Vol. 2 (Minneapolis, MN: Klock

& Klock, 1978), 1:235; Steven A. Austin, "Did Noah's Flood Cover the Entire World?" in *The Genesis Debate*, ed. Ronald Youngblood (Grand Rapids: Baker Book, 1990), 212; Gerhard von Rad, *Genesis: A Commentary*, 128.

319) Steven A. Austin, "Did Noah's Flood Cover the Entire World?" in *The Genesis Debate*, 227-28.

320) David J. A. Clines, *The Theme of the Pentateuch*, 82; idem, "Theme in Genesis 1-11," in *I Studied Inscriptions From Before The Flood: Ancient Near Eastern, Literary, and Linguistic Approaches to Genesis* 1-11, Vol. 4, eds. Richard S. Hess and David Toshio Tsumura (Winona Lake, Indiana: Eisenbrauns, 1994), 302-04.

321) 노아 이야기와 창조 이야기가 비슷하게 병행하는 내용으로는 생육하고 번성하여 땅에 충만하라는 하나님의 명령(창 9:1,7↔1:22,28), 사람이 하나님의 형상대로 지으심을 받았다는 말씀(창 9:6↔1:26-27), 날과 계절의 순환을 재확립하시는 하나님의 명령(창 8:22↔1:14-19) 등이 있다.

322) Jean-Pierre Isbouts, *The Biblical World: An Illustrated Atlas* (Washington, DC: National Geographic, 2007), 48.

323) Bernard Anderson, "From Analysis to Synthesis: The Interpretations of Genesis 1-11," JBL 97 (1978): 38.

324) John Goldingay, *Approaches to Old Testament* (Leicester, Eng.: Apollos, 1990), 60.

325) Tikva Frymer-Kensky, *Studies in Bible and Feminist Criticism*, 92.

326) 창조 언약이 그 뒤에 나오는 구약의 모든 언약의 유효성을 담지하고 있으며 사실상 그 정신을 이끌어 가고 있다는 덤브렐(William J. Dumbrell)의 논조는 그가 출간하는 저서들에서 한결같이 나타난다. *Covenant and Creation: A Theology of Old Testament Covenants*; idem, *The End of the Beginning: Revelation 21-22 and the Old Testament* (Eugene, Oregon: Wipf and Stock Publishers, 2001); idem, *The Search for Order: Biblical Eschatology in Focus* (Eugene, Oregon: Wipf and Stock Publishers, 2001) 등 저서들을 참조하기를 바란다.

327) William J. Dumbrell, *The Search for Order: Biblical Eschatology In Focus*, 장세훈 옮김, 『언약신학과 종말론』 (서울: 기독교문서선교회, 2011), 43.

328) 앞의 책 43.

329) Paul R. Williamson, "Covent," in *Dictionary of Old Testament: Pentateuch*, eds, T. D. Alexander & David W. Baker (Downers Grove, Leicester: InterVarsity Press, 2003), 141.

330) Paul R. Williamson, *Sealed with and Oath: Covenant in God's Unfolding Purpose*, NSBT 23 (Downers Grove: InterVarsity Press, 2007), 75.

331) Paul R. Williamson, *Abraham, Israel and the Nations: The Patriarchal Promise and Its Covenantal Development in Genisis* (JSOTSup, 2000), 197-98.

332) Gordon J. Wenham, Word Biblical Commentary: *Genesis 1-15*, Vol. 1, 175; J. Gordon McConville, *New International Dictionary of Old Testament Theology & Exegesis*, Vol. 1, ed. William A. VanGemeren (Grand Rapids: Zondervan, 1997), 748-49.

333) Meredith G. Kline, *Kingdom Prologue: Genesis Foundations for A Covenantal Worldview*, 230-34.

334) Nahum M. Sarna, *Understanding Genesis: The Heritage of Biblical Israel*, 75.

335) Gerhard von Rad, *Genesis: A Commentary*, 149.

336) 구약성경과 고대 근동의 언어 연구에 탁월한 식견을 가졌던 사이러스 고든(Cyrus H. Gordon, 1908-2001) 박사는 일반인들이 추측하는 것처럼 바벨탑 사건을 계기로 한 개의 통일된 언어가 여러 개의 언어로 나뉘게 되었다고 여기지 않는다. 그는 하나님께서 이 탑의 건설에 참여한 사람들 모두가 이해할 수 있는 만국 공용어를 알아들을 수 없는 언어로 만들어버렸다고 생각한다. 고든 박사의 이 견해를 더 깊이 있게 알려면 *Before Columbus: Links between the Old World and Ancient America* (New York: Crown, 1971), 107, 165-66을 참조하기 바란다.

337) David J. A. Clines, *The Theme of the Pentateuch*, 74.

338) 바벨탑 이야기(11:1-9)의 앞뒤는 셈의 족보(10:21-31, 11:10-26)가 둘러싸고 있다. 사람의 죄악이 세상에 가득함을 말하는 하나님의 아들들과 사람의 딸들에 관한 이야기(6:1-7)의 앞뒤에는 노아의 세 아들에 관한 설명(5:32; 6:9-10)이 둘러싸 있다. 홍수 이야기(6:11-9:17)의 앞뒤에는 노아의 세 아들에 관한 이야기(6:9-10, 9:18-19)가 둘러싸고 있다.

339) William J. Dumbrell, *The Search for Order: Biblical Eschatology In Focus*, 장세훈 옮김, 46.

340) 레온 카스(Leon Kass)는 창세기 1-11장은 특별한 인물들과 독특한 사건들을 다룬 "우주적 인간 역사"(universal human history), 12-50장은 성경의 하나님과 특별한 관계 안에서 사는 종족의 독특하고 유별난 이야기를 다룬 "인간 역사"(human history)라고 한다. *The Beginning of Wisdom: Reading Genesis*, 9 참조.

341) John H. Sailhamer, *The Meaning of the Pentateuch: Revelation, Composition, and Interpretation,* 김윤희 옮김, 『모세 오경 신학』 (서울: 새물결플러스, 2013), 49.

342) Mary Sylvia C. Nwachukwu, *The Creation-Covenant Scheme and Justification by Faith: A Canonical Study of the God-Human Drama in the Pentateuch and the Letter to the Romans* (Rome: Gregorian University Press, 2002), 106.

343) Jeff S. Anderson, *The Blessing and the Curse: Trajectories in the Theology of the Old Testament* (Eugene, Oregon: Cascade, 2014), 112.

344) Terrence E. Fretheim, *God and World in the Old Testament: A Relational Theology of Creation*, 94.

345) Leon R. Kass, *The Beginning of Wisdom: Reading Genesis*, 10.

346) Gerhard von Rad, *Genesis: A Commentary*, 153.

347) C. Marvin Pate et al., *The Story of Israel: A Biblical Theology* (Downers Grove, IL: InterVarsity Press, 2004), 23, 29.

348) 앞의 책, 152-55.

349) John Goldingay, *Theological Diversity and the Authority of the Old Testament* (Grand Rapids, Michigan: Eerdmans, 1987), 205-06.

350) Meredith G. Kline, *Kingdom Prologue: Genesis Foundations for A Covenantal Worldview*, 357.

351) David W. Cotter, *Genesis: Berit Olam-Studies in Hebrew Narrative & Poetry* (Collegeville, Minnesota: Liturgical Press, 2003), 79.

352) Walter C. Kaiser Jr., *Toward an Old Testament Theology* (Grand Rapids, Mich.: Zondervan Publishing House, 1991), 84-99.

353) 아브라함 내러티브는 원 역사, 야곱, 요셉 내러티브와 함께 4개 구조로 이루어진 창세기의 두 번째 골격을 형성한다. 클라인즈(*The Theme*

of the Pentateuch, 84-86)는 원 역사와 족장사를 연결하여 약속과 성취의 전주곡이 시작하는 곳을 셈의 족보까지 거슬러 올라가 11:10부터 아브라함 내러티브가 시작한다고 보고 있지만, 대다수 학자는 데라의 족보가 시작하는 11:27부터라고 본다. Rendsburg, *The Redaction of Genesis*, 50-51 (1985): 27; D. Sutherland, "The Organization of the Abraham Promise Narratives," ZAW 95 (1983): 337-39; J. P. Fokkelman, *Narrative Art in Genesis: Specimens of Stylistic and Structural Analysis* (Sheffield: Sheffield Academic Press, 1991), 239; Claus Westermann, *Genesis: A Practical Commentary*, 196; T. L. Thompson, *The Origin Tradition of Ancient Israel: The Literary Formation of Genesis and Exodus 1-23*, JOSTSup 55 (Sheffield: Sheffield Academic Press, 1987), 83; Wenham, *Genesis*, 256-64; Bruce K. Waltke, *An Old Testament Theology: An Exegetical, Canonical, and Thematic Approach*, 311-12 참조하라.

354) 대다수 학자는 창세기 25:1-11을 아브라함 내러티브가 끝이 난다고 보고 있지만, 이삭 번째 사건을 다루는 22장까지가 아브라함 내러티브의 종결이라고 보는 학자들도 있다. 그러한 학자들로는 Rendsburg, *The Redaction of Genesis*, 50-51; R. M. A. Davidson, Genesis 1-11, 12-50, CBC, NEB (Cambridge & New York: Cambridge University Press, 1979), 98; D. Sutherland, "The Organization of the Abraham Promise Narratives," 337-39; Bruce K. Waltke, *An Old Testament Theology: An Exegetical, Canonical, and Thematic Approach*, 311-12가 있다.

355) David J. A. Clines, *The Theme of the Pentateuch*, 30.

356) 앞의 책, 30.

357) Andrew E. Hill & John H. Walton, *A Survey of the Old Testament*, 23.

358) 힐과 왈톤이 밝힌 구약과 신약성경에 나타난 하나님 현존의 일곱 가지 단계는 다음과 같다. 1. 에덴, 2. 언약, 3. 출애굽(떨기나무/시내), 4. 성막(성전), 5. 성육신(임마누엘), 6. 오순절, 7. 새 창조.

359) Gerhard von Rad, *Old Testament Theology: The Theology of Israel's Prophetic Traditions*, Vol. 2, trans. D. M. G. Stalker from *Theologie des Alten Testaments*, Band II (Louisville, Kentucky: Westminster John Knox Press, 2001), 4.

360) D. A. Carson, R. T. France, J. A. Motyer & G. J. Wenham, *New Bible Commentary*, 6-7.

361) John Bright, *A History of Israel*, 4th ed. (Louisville, Kentucky: Westminster John Knox Press, 2000), 92.

362) Lester L. Grabbe, *Ancient Israel: What Do We Know and How Do We Know It?* (New York, NY: T & T Clark), 39-40. 그라베의 고고학에 의한 고대 근동의 시대 분류법에 따르면, 중기 청동기 시대(MB: Middle Bronze Ages)는 대략 2000-1600년, 후기 청동기 시대(LB: Late Bronze Ages)는 대략 1600-1200년이다. 이를 더욱 세분화한 시대별 분류는 아래와 같다. MB I(2000-1800 BCE), MB II(1800-1650 BCE), MB III(1650-1500 BCE), LB I(1500-1400 BCE), LB IIA(1400-1300), LB IIB(1300-1200). 미국 휘튼 칼리지 신학교의 존 맥레이(John Mcray) 교수는 초기 청동기 시대는 3300-2300년, 첫 번째 중기 청동기 시대는 2300-2000년, 두 번째 중기 청동기 시대는 2000-1550년이라는 견해를 취한다. 그의 주장대로라면 창세기의 족장 내러티브들은 2000-1550년 사이의 중기 청동기 시대에 부합된다. 이에 관한 맥레이의 견해는 그의 책 *Bible Archaeology: An Exploration of the History and Culture of Early Civilizations*, 100-02 참조하라.

363) 앞의 책, 92.

364) Roland de Vaux, *The Early History of Israel*, Vol. 1, trans. David Smith (London: Darton, Longman & Todd, 1978), 200.

365) Kenneth A. Kitchen, *Ancient Orient and Old Testament* (London: InterVarsity, 1966), 19.

366) R. Norman, Whybray, *Introduction to the Pentateuch* (Grand Rapids, Michigan: Eerdmans Publishing, 1995), 50-51.

367) 앞의 책, 50.

368) 앞의 책, 50.

369) 앞의 책, 57-58.

370) Claus Westermann, *Genesis: A Practical Commentary*, trans. David E. Green (Grand Rapids, Michigan: Eerdmans, 1987), 35-38.

371) Lester L. Grabbe, *Ancient Israel: What Do We Know and How Do We Know It?*, 220.

372) Eugene H. Merrill, *Kingdom of Priests: A History of Old Testament Israel* (Grand Rapids, Michigan: Baker Academic, 2008), 42, 96; Leon J. Wood, *A Survey of Israel's History* (Grand Rapids, Michigan: Zondervan, 1984), 26.

373) 출애굽과 애굽 체류 기간이 얼마인지는 족장들의 연대를 추정하는 데 도움이 된다. 성경의 기록들을 종합하면 야곱이 가족들을 데리고 애굽에 이주하였던 때는 기원전 1876년이다. 이때 야곱의 나이 130세였으므로

야곱은 기원전 2006년에 태어났다. 야곱이 2006년에 태어났다면 그를 60세에 낳은 이삭은 2066년에 태어났을 것이고, 이삭을 100세 때 낳은 아브라함은 2166년에 태어났다고 봐야 한다. 그리고 야곱이 애굽에 이주하였을 때 나이 130세를 감안해 요셉이 태어난 해를 추산하면 요셉의 출생연도는 1916년이라는 결론에 이른다. 요셉이 상인들에게 팔려 애굽에 내려갔을 때 나이는 17세였으므로(창 37:2) 그가 보디발의 집에 왔을 때는 1899년 되던 해였다. 요셉은 30세 때인 1866년 총리대신이 되었고, 그로부터 11년 후(풍년 7년+흉년 2년+형제들의 첫 번째 애굽 방문 1년+형제들의 두 번째 애굽 방문 1년)인 1876년 야곱이 가족들을 이끌고 애굽에 내려오게 되었다(창 46:28). 이때 요셉의 나이는 40세(1916-1876)였다. 이렇게 본다면 요셉이 애굽에서 총리대신의 자리에 오르고 그의 가족들이 애굽에 이주한 것은 23년이란 세월이 흐른 뒤였다. 그로부터 요셉은 애굽 땅에서 70년을 더 살았다. 즉 요셉은 가나안에서 17년, 애굽에서 93년을 살고 110세의 나이인 1806년(1876-70) 눈을 감았다. 그렇다면 요셉이 1899년 애굽에 들어와 93년 동안을 살고 1806년 그가 세상을 떠났을 때까지의 시기는 애굽 왕조의 황금기인 제12왕조(1991-1786)에 해당된다. 이 시기를 애굽 왕들의 통치시기와 대조해보면, 요셉은 암메네메스 2세(1929-1895)의 통치 끝 무렵에 애굽에 들어와, 세소스트리스 2세(1897-1878), 세소스트리스 3세(1878-1843), 암메네메스 3세(1842-1797)로 이어지는 세 왕을 받들며 애굽을 위해 봉사했을 것이다.

374) Iain W. Provan, V. Philips Long, and Tremper Longman Ⅲ, *A Biblical History of Israel*, 2nd ed. (Louisville, Kentucky: Westminster, 2003) 114.

375) John E. Hartley, *Genesis, New International Biblical Commentary*, 26.

376) Daniel E. Fleming, "Genesis in History and Tradition: The Syrian Background of Israel's Ancestors, Reprise," in *The Future of Biblicalogy: Reassessing Methodology and Assumptions: The Proceedings of a Symposium, August 12-14, 2001 at Trinity International University*, eds. James K. Hoffmeier and Alan R. Millard (Grand Rapids: Eerdmans, 2004), 193-232.

377) Cyrus H. Gordon, "Hebrew Origins in the Light of Recent Discoveries," Biblical and Other Studies, ed. Alexander Altmann (Cambridge: Harvard University Press, 1963), 5-6.

378) Andrew E. Hill & John H. Walton, *A Survey of the Old Testament*, 64.

379) John Van Seters, *Abraham in History and Tradition*, 38, 121.

380) 앞의 책, 121-22.

381) 앞의 책, 310.

382) 앞의 책, 304-08.

383) 앞의 책, 263-69, 272-78.

384) Hans Heinrich Schmid, *Der sogenannte Jahwist: Beobachtungen und Fragen zur Pentateuchforschung* (Zürich: Theologischer Verlag, 1976); Rolf Rendtorff, *Das überlieferungsgeschichtliche Problem des Pentateuch*, trans. John J. Scullion (Berlin: de Gruyter, 1976), English translation: *The problem of the process of transmission in the Pentateuch* (JSOTSup, 1990).

385) John H. Walton, *Chronological and Background Charts of the Old Testament* (Grand Rapids: Zondervan, 1994), 99.

386) Gregory K. Beale, *Erosion of Inerrancy in Evangelicalism: Responding to New Challenges to Biblical Authority*, 29, 31, 36, 38, 71, 74, 75.

387) Geerhardus J. Vos, *Notes on Biblical Theology* (Grand Rapids, Michigan: Eerdmans, 1948), 67.

388) P기자는 아브람의 고향이 갈대아의 우르임을 애써 부각한다. 아브람이 세상의 이름난 중심지에서 태어나 자란 사람이 되게 하는 것은 인류의 시작을 메소포타미아로 삼은 P기자의 의도와 잘 어울리는 것이다. 문서비평학자들에 따르면, 아브람이 가나안에 이주하는 도중 하란에서 살았다고 하는 하란 전승은 아브라함 본래의 전승에 속하지 않는다고 한다. 의심의 여지없이 야곱 전승의 흔적이라고 간주하기 때문이다. 아브람이 이름을 아브라함으로 고쳐 부르게 된 것은 그가 할례를 행한 99세 때였다(창 17:24). 아브람이란 이름의 뜻은 '존귀한 자'이고, 아브라함은 '여러 민족의 아버지'란 뜻이다(창 17:5).

389) 아브라함이 하나님과의 특별한 관계에서 그가 어떻게 주변 사람들에게 축복의 매개체가 될 수 있었는지는 비슷한 장면이 세 번이나 반복되는 창세기의 아내-여동생 내러티브(창 12:10-13:1; 20:1-18; 26:1-11) 중 두 번째 전형장면에서 잘 드러난다. 하나님은 아브라함의 아내 사라를 탐하려던 그랄 왕 아비멜렉에게 꿈에 나타나 사라가 아브라함의 아내라는 사실을 밝히시고, 그녀를 즉시 남편에게 돌려보내라고 하시면서 "그는 선지자라 그가 너를 위하여 기도하리니 네가 살려니와 네가 돌려보내지 아니하면 너와 네게 속한 자가 다 반드시 죽을 줄 알지니라"(창 20:7)고 말씀하셨던 것이다. 시편 기자가 훗날 "나의 기름 부은 자를 손대지 말며 나의 선지자들을 해하지 말라"(시 105:15, cf. 대상 16:22)고 한 것은 이를 염두에 두고 말한 것 같다.

390) Walter C. Kaiser Jr., *Toward an Old Testament Theology*, 87.

391) Werner. H. Schmidt, *Old Testament Introduction*, 82.

392) Edward J. Young, *The Study of Old Testament Theology Today*, 『구약 신학 입문』 (도서출판 바울: 서울, 1994), 113.

393) William J. Dumbrell, *The End of the Beginning: Revelation 21-22 and the Old Testament* (Wipf and Stock, 2001), 134.

394) 구약의 중심 개념을 축복과 성취로 보는 월터 카이저는 반복되는 단어인 '축복'이란 단어를 유념할 것을 당부한다. 카이저에 따르면, 창조 질서에 나오는 축복은 태아에 머문 축복이지만 하나님의 은혜와 사랑의 손길로 성숙되는 축복의 말씀과 언약의 말씀과의 상호관계를 가진 축복이다. 그다음 축복은 아담과 노아로 이어지는 가족과 민족에 대한 축복이다. 축복의 절정은 아브라함에게 베푸신 창세기 12:1-3에 나타난 물질적이고 영적인 축복들을 포함한 다섯 가지 축복이다. 이 내용에 대한 카이저의 견해를 자세히 알려거든 그의 저서 *Toward an Old Testment Theology*, 86-88을 참고하라.

395) Gerhard von Rad, "Faith Reckoned as Righteousness," in *From Genesis to Chronicles: Explorations in Old Testament Theology*, ed. K. C. Hanson (Minneapolis, MN: Fortress Press, 2005), 70-74.

396) 앞의 책, 74.

397) 창세기 15장의 이른바 '횃불 언약'에서 하나님이 아브라함에게 주시겠다고 약속하신 땅의 경계는 애굽강에서부터 큰 강 유브라데까지였다. 이것은 가나안 땅보다 몇 배나 큰 규모다. 이스라엘의 전통적인 경계는 단에서부터 브엘세바였다(삼상 3:20; 삼하 3:10; 17:11; 24:2; 왕상 4:25; 대하 30:5). 터무니없이 큰 이 경계를 어떻게 해석할 것인가? 성경은 다윗과 솔로몬 시대 때 두 걸출한 왕의 실질적인 통치력이 이 영역에 미쳤다고 증거한다. 이에 따라 이스라엘 백성에게는 단에서부터 브엘세바까지의 최소한의 영토는 자기네들의 영토라고 주장할 수 있는 정당성을 확보해둔 셈이다. 현대 이스라엘 국가가 사용하는 국기는 흰색 바탕에 위아래로 파란색의 선이 수평으로 그어져 있고, 그 가운데에 파란색의 선으로 다윗 왕의 방패를 상징하는 삼각형의 별 두 개가 겹쳐 있다. 이스라엘의 극우 보수주의자들은 수평으로 그어져 있는 윗쪽의 파란색의 선이 유브라데를 가리키고, 아래쪽의 선이 애굽강을 가리킨다고 생각한다. 오늘날 팔레스타인 땅을 놓고 이스라엘과 무슬림이 치열하게 대립하는 까닭은 이 땅의 소유권을 이스라엘은 성경에서 찾으려 하고, 무슬림은 실제적인 점유에서 찾으려 하기 때문이다.

398) 할례 언약이 체결된 때는 아브라함이 99세였다. 아브라함은 이 언약이 체결된 직후 할례의식을 행하였다. 아브라함이 할례를 행했을 때 13세 소년 이스마엘도 할례를 받았다. 할례의식 이듬해인 아브라함의 나이 100세 때 하나님의 약속대로 이삭은 태어났고(창 21:1-2), 태어난 지 8일 만에 할례를 받았다(창 21:4). 애굽을 탈출한 이스라엘 남자들은 시내

광야에서 유월절을 지키며 일제히 할례를 행했고(민 9:5), 1년 뒤 가나안 땅에 들어가서는 길갈에서 할례를 행했다(수 5:3).

399) Rolf Rendtorff, *The Canonical Hebrew Bible: A Theology of the Old Testament*, trans. David E. Orton (Leiderdorp, The Netherlands: Deo Publishing, 2005), 443.

400) 이를테면, 창 12:1-3; 17:2; 17:9-14; 22:16; 26:5; 28:20-21; 31:3 등.

401) Brevard S. Childs, *Introduction to the Old Testament as Scripture* (Philadelphia: Westminster, 1979), 151.

402) 하나님과 아브라함의 언약관계가 편무적이라고 해서 인간의 책임이 완전히 배제된다고 오해해서는 곤란하다. 편무적인 계약이라고 하더라도 인간의 책임이 어느 정도는 뒤따른다고 봐야 한다. 하나님의 은총은 불가항력적인 어떤 것이지만 인간의 자유의지도 어느 정도는 작용한다고 봐야 하지 않을까? 그렇더라도 우리는 신학적으로 인간의 자율과 책임은 하나님의 약속의 말씀에 종속되어 있다는 것을 잊어서는 안 된다.

403) L. R. Helyer, "The Separation of Abram and Lot: Its Significance in the Patriarchal Narratives," JOST 26 (1983): 77-78.

404) 이를테면, 아브람이 아내 사라를 바로에게 빼앗길 뻔했던 일(창 12:10-20), 조카 롯의 존재로 인해 약속의 땅이 상실할 뻔했던 일(창 13:5-13), 엘리에셀을 상속자로 삼을 뻔했던 일(창 15:1-3), 사라가 아브람에게 대리모 하갈을 통해 상속자를 삼을 것을 제안하여 태어난 이스마엘이 하마터면 상속자가 될 뻔했던 일(창 16:1-16), 그랄 왕 아비멜렉이 사라의 아름다움에 반해 잠자리를 함께하려 했던 일(창 20:1-18) 등이 아브라함 앞에 놓인 줄장애물이었다.

405) James McKeown, *Genesis: The Two Horizons Old Testament Commentary*, 94.

406) 이런 현상은 한국의 고려조, 조선조에서도 흔히 있었다. 예를 들면 조선시대 권력투쟁과 몰락을 다룬 150부 작 《여인천하》(2001년 2월 5일부터 2002년 7월 22일까지 방영된 SBS 월화드라마)가 실감나게 보여주듯, 당대의 세도가인 윤원형의 부인인 연안 김씨와 첩 정난정(연안 김씨와 정난정은 모두 실존인물이다) 사이에 벌어진 암투가 좋은 예라고 하겠다. 첩(妾)은 소실(小室) 또는 측실(側室)로 불렸으며 모든 면에서 본부인(정실부인)보다 신분과 대우가 현저하게 낮았다. 첩에게서 낳은 아들을 서자(庶子)라 했는데, 서자는 정실부인에게서 낳은 아들인 적자(嫡子)와는 태어날 때부터 신분이 근본적으로 달랐다. 허균(許筠)의 《홍길동전(洪吉童傳)》의 주인공인 홍길동도 서자로 태어났다.

407) Cynthia Gordon, "Hagar: A Throw-Away Character among

the Matriarchs?" in the Society of Biblical Literature Seminar 24 (1985): 271-77.

408) Philip R. Davies, "Genesis and the Gendered World," in *The World of Genesis: Persons, Places, Perspectives*, 10.

409) Phyllis Trible, "Hagar: The Desolation of Rejection," in *Texts of Terror: Literary-Feminist Reading of Biblical Narratives 9-35*, Overtures to Biblical Theology 13 (Philadelphia: Fortress, 1984).

410) Nina Rulon-Miller, "Hagar: A Woman With an Attitude," in *The World of Genesis: Persons, Places, Perspectives*, 62.

411) Gordon J. Wenham, Word Biblical Commentary: *Genesis 16-50*, Vol. 2 (Waco, Texas: Word Books, 1994), 175.

412) Tikva Frymer-Kensky, *Studies in Bible and Feminist Criticism*, 170.

413) 하갈과 달리 하나님과 대화한 사라는 아들을 주시겠다는 하나님의 말씀을 듣고 속으로 웃고 하나님의 능력을 부인했다. 그 일로 사라는 하나님께 꾸지람을 들어야 했다(창 18:11-15).

414) James Mckeown, *Genesis: The Two Horizons Old Testament Commentary*, 346.

415) John Goldingay, "The Place of Ishmael," in *The World of Genesis: Persons, Places, Perspectives*, eds. Philip R. Davies and David J. A. Clines. JSOTSup 257 (Sheffield: Sheffield Academic Press, 1998), 148.

416) James Mckeown, *Genesis: The Two Horizons Old Testament Commentary*, 116-17.

417) R. W. L. Moberly, *Old Testament Theology: The Theology of the Book of Genesis*, 183.

418) Peter Stevenson & Stephen I. Wright, *Preaching the Atonement* (New York: T&T Clark International, 2005), 6.

419) 아브라함의 순종을 보여주는 이 극적인 사건은 후대에 어린아이를 산 채로 제물을 바치지 못하도록 금지한 율법(레 18:21; 20:2)에 정면으로 위배되는 행동이 들어 있다.

420) John H. Sailhamer, *The Pentateuch as Narrative: A Biblical-Theological Commentary*, 178.

421) Brevard. S. Childs, *Old Testament Theology in a Canonical Context* (Philadelphia: Fortress Press, 1986), 219-20.

422) 앞의 책, 220.

423) 단군이 역사적 인물이라는 주장도 있다.

424) Bruce K. Waltke, *An Old Testament Theology: An Exegetical, Canonical, and Thematic Approach*, 345.

425) Ann W. Engar, "Old Testament Women Tricksters," in *Mappings of the Biblical Terrain: The Bible as Text,* eds. Vincent L. Tollers and John R. Maier (Cranbury, NJ: Associated University Presses), 144.

426) Giovanni Garbini, *Myth and History in the Bible* (London: Sheffield Academic Press, 2003), 1 재인용.

427) 요셉 솔로베이치크(Joseph Soloveitchik, 1903-1993)는 미국의 정통 유대교 랍비였다. 그는 창세기 1-2장에 나오는 아담에게 힌트를 얻어 두 가지 유형의 본성을 지닌 인간형이 있다는 것을 발견하고 자기의 생각을 정리하여 1965년 『고독한 신앙인』(*Lonely Man of Faith*)이란 제목의 책을 발간해 화제를 모았다. 요셉 솔로베이치크는 인간에게 두 가지 상반된 유형이 있다고 한다. 첫 번째 유형은 환경을 지배하기 위해 창조적 재능을 마음껏 발휘하는 당당한 인간형(majestic man)으로 이러한 성향의 인간을 '아담 Ⅰ'이라고 부른다. 두 번째 유형은 자신의 부족과 죄의 성품을 깨닫고 자신을 하나님께 굴종시켜 자신을 낮추고 자기주장을 포기하는 언약적 인간형(covenantal man)으로 이러한 성향의 인간을 '아담 Ⅱ'라고 부른다. '아담 Ⅰ'은 외적인 세속의 성공을 추구하고 경력과 야망에 충실한 본성을 지니고 있으면서 늘 이 세상이 어떻게 돌아가는지에 대해 관심을 갖고 있다. 반면 '아담 Ⅱ'는 고요하고 평화로운 내적 인격을 갖추고 사물에 대한 옳고 그름을 분별하며 이웃과의 관계를 중시하여 사랑을 실천하고 진리에 순응한다. 그는 또 창조의 목적을 이해하여 그 창조의 목적에 자신의 존재 가치와 이유를 부여하고 회복과 구원을 경험하며 자신이 왜 존재하는지에 대해 항상 관심을 갖고 있다. 요셉 솔로베이치크에 따르면, 이상적인 삶은 완벽한 인간형인 '아담 Ⅰ'의 삶이 아니라 치열한 고독과 종교적인 갈등과 투쟁을 통해 획득하는 진정한 안식과 그 안식의 삶을 누리는 '아담 Ⅱ'의 삶이라고 한다. 요셉 솔로베이치크의 주장은 일견 수긍이 가면서도 성경의 가르침을 철학적으로 변용한 것이어서 꼭 옳은 것이라고 할 수 없다. 오히려 그가 창세기 32장의 야곱이 얍복 나루에서 하나님과 씨름하는 장면을 소재로 세속적이고 성공지향적인 인간형을 '아담 Ⅰ'로, 영적이고 종교적 인간형을 '아담 Ⅱ'로 그렸더라면 성경에도 충실하고 철학적 적용도 훨씬 더 공감을 얻었을 것이다.

428) Jonathan Sacks, *Covenant & Conversation: A Weekly Reading of the Jewish Bible, Genesis, the Book of Beginnings*, 김대옥 역

『랍비가 풀어내는 창세기』(경기도 고양: 한국기독교연구소, 2023), 86..

429) Geerhardus J. Vos, *Biblical Theology: Old and New Testament* (Grand Rapids, Michigan: Eerdmans, 1948), 93.

430) Bruce K. Waltke, *An Old Testament Theology: An Exegetical, Canonical, and Thematic Approach*, 344.

431) Gerhard von Rad, *Genesis: A Commentary*, 325.

432) Israel Finkelstein and Thomas Römer, *Comments on the Historical Background of the Jacob Narrative in Genesis*, DE Gruyter, zaw 2014; 126(3), 317-338 참조.

433) Thomas Römer, *Introduction à l'Ancien Testament*, Vol 1. trans. Kim Gun-Tai(수원: 수원가톨릭대학출판사, 2019), 321. 325.

434) 앞의 책, 325.

435) 앞의 책, 325.

436) D. A. Carson, R. T. France, J. A. Motyer & G. J. Wenham, *New Bible Commentary*, 82.

437) Iain W. Provan, V. Philips Long, and Tremper Longman Ⅲ, *A Biblical History of Israel*, 121.

438) Gerhard von Rad, "The Joseph Narrative and Ancient Wisdom," in *The Problem of the Hexateuch and Other Essays* (Philadelphia: Fortress Press, 1984), 292.

439) Donald B. Redford, *Egypt, Cannan, and Israel in Ancient Times* (Princeton: Princeton University Press, 1992), 409-15; idem, "An Egyptological Perspective on the Exodus Narrative," in *Egypt, Israel, Sinai: Archaeological and Historical Relationships in the Biblical Period*, ed. Anson F. Rainey (Tel Aviv: Tel Aviv University, 1987), 137-51.

440) Donald B. Redford, *A Study of the Biblical Story of Joseph* (Genesis 37-50), VTSup 20 (Leiden, Netherlands: E. J. Brill, 1970), 17.

441) Roland de Vaux, *The Early History of Israel*, trans. David Smith (Philadelphia: Westminster, 1978), 295-96.

442) Bill T. Arnold, "The Genesis Narratives," in *Ancient Israel's History: An Introduction to Issues and Sources*, 43.

443) 앞의 책, 43.

444) Iain Provan, V. Philips Long, and Tremper Longman Ⅲ, *A Biblical History of Israel*, 108.

445) 앞의 책, 122.

446) James K. Hoffmeier, *Israel in Egypt: The Evidence for the Authenticity of the Exodus Tradition* (New York: Oxford University Press, 1997), 223-26; Daniel E. Fleming, "From Joseph to David: Mari and Israelite Pastoral Traditions," in *Israel: Ancient Kingdom or late Invention?* ed. Daniel I. Block (Nashville: B & H Academic, 2008), 78-96.

447) R. Norman Whybray, *Introduction to the Pentateuch*, 59, 61.

448) S. Bar-Efrat, "Some Observations on the Analysis of Structure in Biblical Narrative," VT 30 (1980): 159.

449) Esther Marie Menn, Judah and Tamar (Genesis 38) in *Ancient Jewish Exegesis: Studies in Literary Form and Hermeneutics*, (Leiden, New York: Brill, 1997) 1.

450) Thomas W. Franxman, *Genesis and the Jewish Antiquities of Flavius Josephus* (Rome: Biblical Institute Press, 1979), 215.

451) Steven D. Mathewson, "An Exegetical Study of Genesis 38," Bibliotheca Sacra 146 (1989): 382.

452) George W. Bush, *Notes on Genesis Critical and Practical on the Book of Genesis*, Vol. 2 (New York: Ivison, Phinney & Co., 1860; reprint, Minneapolis: James Family Christian Publishers, 1979), 238.

453) Eugene H. Merrill, Kingdom of Priests: *A History of Old Testament Israel*, 64-65.

454) Esther Marie Menn, *Judah and Tamar (Genesis 38) in Ancient Jewish Exegesis: Studies in Literary Form and Hermeneutics*, 78.

455) Eryl W. Davies, "The Bible in Ethics," in *The Oxford Handbook of Biblical Studies*, eds. J. W. Rogerson and J. M. Lieu (Oxford: Oxford University Press, 2006), 732-53.

456) 이 말은 유대인 출신 독일 철학자인 Eric Auerbach의 대표적 저작인 『미메시스: 서구 문학에서 실제의 표상』(*Mimesis: The Representation of Reality in Western Literature*) 제1장의 제목이다. 이 책은 1953년

윌라드 트라스크(Willard R. Trask)에 의해 영어로 번역되어 1953년 프린스톤대학교 출판사에서 출판되었다. 에릭 아우어바하는 이 책에서 고대로부터 현대문학에 이르기까지 서구문학의 표상의 역사에 관해 해박한 지식을 나타냈다. 아우어바하에 따르면 성경이나 호머(Homer)의 오딧세이는 서로 다른 유형의 문학이지만 사물에 대한 시각적인 구현이라는 점에서 볼 때는 둘 다 진실한 것이다. 이 책은 사실주의의 고전으로 문학도들에게 많이 읽힌다.

457) Gerhard von Rad, *Genesis: A Commentary*, 357.

458) Esther Marie Menn, *Judah and Tamar (Genesis 38) in Ancient Jewish Exegesis: Studies in Literary Form and Hermeneutics*, 28.

459) '실로'란 말은 '그것이 속한 자'란 뜻의 히브리어로 성경에서는 지명으로도 많이 나타난다(수 18:1; 삿 21:19; 삼상 1:3, 4:4; 렘 7:12; 왕상 14:2). 기독교는 전통적으로 창세기 49:10에 언급된 이 단어를 메시아와 연관시켜 훗날 메시아가 도래하면 그가 이스라엘뿐 아니라 전 세계를 다스릴 것으로 해석해오고 있다.

460) Renan Levine, "Judah and His Brothers: Becoming the Leader of His Pride," *Reading Genesis: Beginnings*, ed. Beth Kissileff (London: Bloomsbury T & T Clark, 2016), 204.

461) 앞의 책, 204.

462) Ann W. Engar, "Old Testament Women Tricksters," in *Mappings of the Biblical Terrain: The Bible as Text*, 144.

463) Walter Brueggemann, *Genesis: Interpretation: A Bible Commentary for Teaching and Preaching*, ed. James Luther Mays (Atlanta: John Knox, 1982), 308.

464) Eugene H. Merrill, *An Historical Survey Old Testament* (Grand Rapids, Michigan: Baker Book, 1991), 92.

465) 그랄 땅에서 위기에 처한 아브라함의 씨가 보존된 것도 아브라함 자신이 아니라 의로운 아비멜렉 때문이었다(창 20:4). 동일한 주제가 창세기 26:6-11 단락에서도 나타난다. 이삭이 언약 백성의 씨를 보존하게 된 것도 암시적이긴 하지만 블레셋 왕 아비멜렉의 의로움 때문이었다.

466) Emil Brunner, *The Christian Doctrine of Creation and Redemption, Dogmatics*, Vol. Ⅱ (Philadelphia: The Westminster Press, 1949), 155.

467) 기원전 1880년 무렵에는 20세겔은 노예 한 사람의 값으로 지급되는 액수였다고 한다. 기원전 15세기에는 노예 한 사람에게 지급되는 값이 30세겔로 올랐고, 그로부터 500년 후에는 50세겔로 올랐다고 한다.

노예의 값에 대한 정보는 키친(Kenneth Kitchen)이 저술한 *Ancient Orient and Old Testament*, 52-53 참조하라.

468) Esther Marie Menn, *Judah and Tamar (Genesis 38) in Ancient Jewish Exegesis: Studies in Literary Form and Hermeneutics*, 78.

469) George Steindorff and Keith C. Seele, *When Egypt Ruled the East*, 2nd ed (Chicago: University of Chicago Press, 1957), 82.

470) Barbara O. P. Green, "The Determination of Pharaoh: His Characterization in the Joseph Story (Genesis 37-50)," in *The World of Genesis: Persons, Places, Perspectives*, eds. Philip R. Davies and David J.A. Clines, JSOTSup 257 (Sheffield: Sheffield Academic Press, 1998), 150.

471) 요셉 내러티브를 고대 근동의 지혜문학과 연결하여 분석한 폰 라드(von Rad)의 아래 글들을 참조하기 바란다. "The Story of Joseph," in *God at Work in Israel*, trans. John H. Marks (Nashville, TN: Abingdon, 1980), 19-35; "The Joseph Narrative and Ancient Wisdom," in *From Genesis to Chronicles: Explorations in Old Testament Theology*, ed, K. C. Hanson (Minneapolis, MN: Fortress, 2005), 75-88; *Genesis: A Commentary*, original trans. John H. Marks from the German (London: SCM Press, 1972).

472) 요셉을 통해 역사하신 하나님의 구원 계획은 요셉의 꿈(37장), 애굽에서의 요셉(39-40장), 형제들과 재회(42장), 베냐민과 재회(43장), 야곱과 재회(46장), 꿈의 성취(50:15-21) 순으로 진행한다.

473) Laurence A. Turner, *Announcements of Plot in Genesis*, 168.

474) 앞의 책, 169.

475) Benjamin Wirt Farley, *The Providence of God* (Grand Rapids, Michigan: Baker Book, 1988), 220.

476) 앞의 책, 220.

477) Johannes M. T. Barton, *Freedom and Providence*, Vol. 22, Twentieth Century Encyclopedia of Catholicism (New York: Hawthorn Books, 1960), 9.

478) 숫염소의 피에 적신 요셉의 채색옷을 들에서 돌아온 아들들에게서 받아 든 야곱은 그 섬뜩한 옷이 요셉이 평소 입고 다녔던 옷이라는 걸 알아채고(창 37:33) 요셉이 살아 있을 가망성을 완전히 접고 말았다. 유다의 아이를 임신한 다말이 사람들에게 끌려 나가면서 시아버지에게 도장과 그 끈과 지팡이를 증거로 제시하자 유다는 그제야 그것들을 알아보고(창 38:26) 올바른 판단을 할 수 있었다. 애굽에 곡식을 사러

들어온 요셉의 형제들이 첩자로 오인될까 봐 전전긍긍하고 있을 때 요셉은 그의 형들을 알아보았으나 형제들은 요셉을 미처 알지 못했다(창 42:8).

479) Gerhard von Rad, *Genesis: A Commentary*, 435.

480) Alfred Edersheim, *Bible History Old Testament*, 190.

제3부

481) D. A. Carson, R. T. France, J. A. Motyer & G. J. Wenham, *New Bible Commentary*, 54.

482) '여호와(야웨)'라는 말은 구약성경에서 하나님의 이름을 가리키는 고유명사다. 이 용어는 구약성경에서 6,800회 이상 나온다. 이 용어는 하나님께서 자신을 인간에게 드러내실 때(계시하실 때) 사용하는 이름으로, '인간을 구원하기 위해 지금 여기서 행동하시는 분'이라는 뜻이다. 하나님이 모세에게 자신의 이름을 '스스로 있는 자'라는 뜻을 지닌 '여호와'라고 알려주셨다고 기록된 곳은 출애굽기 3:14와 6:2지만, 이 용어가 처음 등장하기 시작하는 곳은 창세기 2:4부터다. 히브리성경에서는 하나님의 이름이 'hwhy'로 나온다. 이스라엘 사람들은 하나님의 신성한 이름을 직접 부르기를 두려워한 나머지 '나의 주님'(The Lord)이란 뜻의 '아도나이'(Adonai)로 불렀다. 히브리어의 이 신명을 영어식으로 음역해 놓은 말이 'YHWH'이다. 영어성경은 이 4자음문자에 '아도나이'의 모음을 넣어 'Jehovah' 혹은 'Yahweh'로 표기했다. 하나님의 신명을 '여호와'라고 한 개역개정성경 등 우리말 성경은 'Jehovah'를 소리 나는 대로 음역해 놓은 것이다. 개신교에서는 순복음교회 등 극히 일부 교단을 제외하고는 '여호와'라고 쓰지만, 천주교와 독일의 자유주의 신학자들과 그들의 영향을 받은 현대주의자들은 '야웨'(Yahweh)라는 명칭으로 쓰기를 선호한다.

483) David F. Hinson, *Theology of the Old Testament* (London: SPCK, 1976), 41.

484) George Fohrer, *Introduction to the Old Testament*, trans. David E. Green (Nashville: Abingdon Press, 1968).

485) TH. C. Vriezen, *An Outline of Old Testament Theology*, 128-47. 프리젠은 그가 주장하는 구약의 중심 사상("거룩한 하나님과 백성 간의 교제")을 "거룩한 존재인 하나님과 인간과 세계의 직접적인 영적 교제"라는 다른 말로도 표현한다. "거룩한 존재인 하나님과 인간과 세계의 직접적인 영적 교제"가 이스라엘의 하나님에 대한 개념의 기초가 된다는 것이다.

프리젠은 하나님에 대한 지식은 본질적으로 하나님과의 교제이며 그것을 종교적 차원의 신앙이라고 규정한다.

486) Walther Zimmerli, *Old Testament Theology in Outline*, trans. David E. Green (Edinburgh: T & T Clark, 1978), 12.

487) Ronald E. Clements, *Old Testament Theology: A Fresh Approach* (London: Marshall, Morgan & Scott, 1978), 23; *Claus Westermann, What Does the Old Testament Say About God?*, 11-12.

488) 사람들의 범죄는 주로 관계성에서 나타난다. 인간과 하나님과의 관계에서 인간이 하나님과 같이 되려고 하는 행위나 가정의 구성원들 사이에 일어나는 갈등과 반목 행위가 그러한 범죄이다. 가인과 아벨, 에서와 야곱, 요셉의 형제들과 요셉의 경우와 같이 창세기의 저자는 가까운 가족들 간의 갈등과 대립을 사실적으로 묘사한다. 이것은 창세기의 세상이 타락한 인간군상의 집합소와 같은 느낌을 주기에 충분하다.

489) Gordon J. Wenham, Word Biblical Commentary: *Genesis 1-15*, Vol. 1, li.

490) Walther Zimmerli, *Old Testament Theology in Outline*, 38.

491) Patrick D. Miller, *Israelite Religion and Biblical Thelogy: Collected Essays*, 476.

492) Hans Heinrich Schmid, "Schöpfung, Gerechtigkeit und Heil, 'Schöpfungstheologie' als Gesamthorizont biblischer Theologie", ZThK 70 (1973): 15.

493) 신명기 7:6-10에는 하나님께서 이스라엘 민족을 성민으로 택한 명백한 이유들이 나온다.

494) Walter C. Kaiser Jr., *Toward an Old Testament Theology*; idem, "The Promise Theme and the Theology of Rest," BibSac, 130 (1973), 135-150; idem, "The Centre of Old Testament Theology: The Promise," Themelios 10 (1974): 1-10.

495) David J. A. Clines, *The Theme of the Pentateuch*, 140.

496) Sidney Greidanus, *Preaching Christ from Genesis: Foundations for Expository Sermons*, 17.

497) Andrew E. Hill & John H. Walton, *A Survey of the Old Testament*, 60.

498) 창세기 1:28에 나타난 하나님의 창조적 행위의 축복은 창세기에서 족장들의 생애를 통해 계속해서 반복된다. 예를 들면, 12:1-3; 13:14-

17; 15:5,18; 17:6; 22:17-18; 25:11; 26:2-4; 27:27-29; 28:13-15; 35:11-12; 46:3; 48:3-4; 49:28 등.

499) Walter C. Kaiser Jr., *Toward an Old Testament Theology*, 88-89.

500) 창세기에서 자손, 땅, 복에 관한 본문이 가장 선명하게 나타난 곳은 22:15-18이다. 특히 땅은 '여호와께서 준비하신다'란 뜻을 지닌 '여호와 이레'와 호응하며, 가나안 땅이 하나님께서 그를 경외하는 백성들을 위해 미리 준비해놓으신 땅이라는 점을 암시하고 있다.

501) 창 13:14-17; 15:18-21; 출 23:30-31; 민 34:1-12; 신 1:7; 11:24; 수 1:3-4 등.

502) David J. A. Clines, *The Theme of the Pentateuch*, 40.

503) R. E. Longacre, *Joseph: A Story of Divine Providence* (Winona Lake, Ind.: Eisenbrauns, 1989), 23.

504) D. A. Carson, R. T. France, J. A. Motyer & G. J. Wenham, *New Bible Commentary*, 56-57.

505) 그러한 구절들은 다음과 같다. 12:1-3,7; 13:14-17; 15:1-7,13-21; 16:11-12; 17:1-21; 18:10-32; 21:12-13,17; 22:11-18; 25:23; 26:2-5,24; 28:13-15; 31:3; 32:27-29; 35:1,9-12; 46:3-4. *New Bible Commentary*, 56 참조.

506) 앞의 책, 56.

507) Gregory K. Beale, *A New Testament Biblical Theology: The Unfolding of the Old Testament in the New*, 918-19.